译林英语教育实践丛书

中学英语“核”动力特色教学

Characteristic English Teaching Motivated by Key Competencies

张光明　等　著

译林出版社

图书在版编目（CIP）数据

中学英语“核”动力特色教学 / 张光明等著. —南京：译林出版社，2018.12
ISBN 978-7-5447-7507-6

Ⅰ.①中… Ⅱ.①张… Ⅲ.①英语课－教学研究－中学 Ⅳ.①G633.412

中国版本图书馆 CIP 数据核字（2018）第 206587 号

中学英语“核”动力特色教学　张光明等／著

责任编辑　项文婷
特约编辑　沈　竹
装帧设计　胡　苨　韦　枫
校　　对　朱静亚　小　小
责任印制　颜　亮

出版发行　译林出版社
地　　址　南京市湖南路 1 号 A 楼
邮　　箱　jiaocai@yilin.com
网　　址　www.yilin.com，edu.yilin.com
编辑热线　025-83658349，83672889
排　　版　南京展望文化发展有限公司
印　　刷　江苏凤凰通达印刷有限公司
开　　本　787 毫米 ×1092 毫米　1/16
印　　张　19
版　　次　2018 年 12 月第 1 版　2018 年 12 月第 1 次印刷
书　　号　ISBN 978-7-5447-7507-6
定　　价　56.00 元

前言

从三维目标，到素质教育，到学生核心素养培养，变的是形式与内容，不变的是目标与方向——面向学生的发展。把学生培养成什么样的人，关系到学生自身的幸福与发展，关系到国家的发展与未来，因此，我们教育工作者的使命重大。培养核心素养，课堂是主阵地。在这种背景下，我们来探讨英语课堂教学，更感到这种探讨需要迫切，意义重大，也感到自身任务艰巨，使命光荣。学好英语，师夷之长技，一切为我所用；学好英语，传播中华文明，用英语讲中国故事，因此，英语教学，责无旁贷，应有良方，在英语教学中，注重培养学生的核心素养，更值得认真研究，大力推行。由此，我们组织各学校的精英才俊，历时八年，完成了这本《中学英语“核”动力特色教学》。该书从概括提炼各学校的教学特色入手，针对实际，望闻问切，反复实验，形成适合各校特色的教学方法，并经多次实践，反复打磨，基本成型。这些特色教学法，都基于学生核心素养这样一个核心，正是这样一个核心，使教学有了方向，多了内涵，增了色彩，注了活力，添了动力，因此，我们把本书叫做《中学英语“核”动力特色教学》。本书共十四章，每个章节设置六个版块，各版块特色如下：

激活内涵　分析教学特色，解释标题的含义。显性与隐性、内涵与概要、写实与写意相结合。采用导图的形式。

聚焦核心 聚焦核心素养，基于核心素养，为了核心素养。将核心素养内化成学科核心素养，细化成在英语课堂教学中的落实，简化成在课堂教学中的可操作形式，美化成问题化、思维化的情景活动。

点击缘由 分析学情，分析校情，基于现状，因地制宜，因材施教，说明为何会提出这样的特色教学形式。

亮化创新 创新才能发展，创新才有动力，创新才会有教学实效。介绍这种教学形式在继承传统、继承经典的基础上，有什么创新，有什么创意，用精练的语言、精辟的概括来说明。

全屏步骤 操作是基本，落实是关键。所以，本版块把具体的操作步骤全屏化，清楚地展示给读者。一步一步，详细道来；一环一环，精心展示，让读者有一个操作指南，有一个动作具象，有一个精准导航。

连线课堂 落实核心素养，课堂是主阵地。核心素养与教学内容相结合，与课堂活动相结合，与课堂文化氛围相结合，这样才能潜移默化，润物无声。这些，需要一个成品的示范。这个成品，应该是一个精品。这个精品的内容包括：教学过程优化，课堂活动精选，设计说明详解，课堂悬念巧设，教学高潮水到渠成，教学实效瓜熟蒂落。

张光明

于神农湖畔月明园

2018年8月

目　录

第一章

一核五环戏剧式情境英语教学

一、激活内涵

“一核五环戏剧式情境英语教学”突出三个关键词，即“戏剧式情境”、“五环”和“英语学科核心素养”。英语教学中，教师要最大限度地为学生创设英语学习的情境，让学生置身其中，感受到语言学习的氛围。要做到这一点，对于英语这样的语言课程而言并不难，教师只需把每一节英语课以导演戏剧的方式去设计，而学生则是这台戏剧的一个个表演者，随着剧情的开始和发展，逐步升华，进入高潮，随之收尾。在这样的课堂情境中，教师通过“序曲（warming-up）、发展（presentation）、悬念（suspense）、高潮（climax）、结尾（ending）”五个环节的步步推进，“目标引领、任务驱动、情境烘托、自主构建、合作创新、琅琅书声”课堂六要素的全面把握，为学生的英语学科核心素养培育创设更好的落地基础。学生在浓厚的语言学习氛围中，其学习能力和语言能力能得到充分锻炼，其文化意识和思维品质随之提升，这样的课堂教学被称为“一核五环戏剧式情境英语教学”，如下图所示。

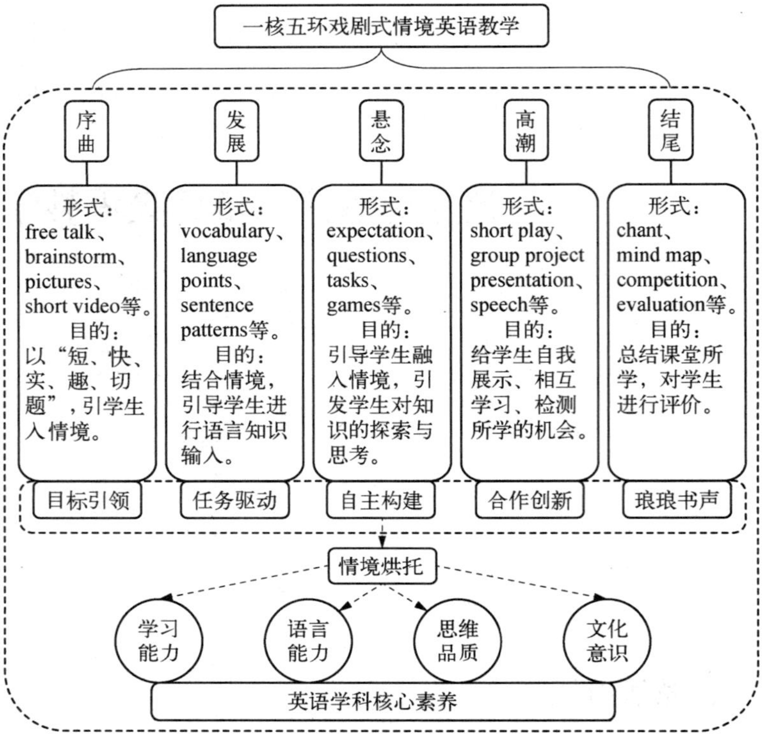

图 1：一核五环戏剧式情境英语教学

“一核五环戏剧式情境英语教学”赋予了课堂活力，这样的课堂不是平淡无奇，不是毫无波澜，不是题海战术，不是学用分离，有的是教师的用心设计，有的是学生的全情参与，有的是知识的步步推进，有的是语言的情境感知，这就是“一核五环戏剧式情境英语教学”的特色所在。

二、聚焦核心

“一核五环戏剧式情境英语教学”是英语学科核心素养落地的有效课堂教学模式。英语学科核心素养包含的学习能力、语言能力、思维品质和文化意识四个方面的培育在这样的课堂中如鱼得水，结合课堂中的“序曲、发展、悬念、高潮、结尾”五环和“目标引领、任务驱动、情境烘托、自主构建、合作创新、琅琅书声”六要素，英语学科核心素养环环相扣、层层呼应，步步细化成可操作的形式。

（一）目标引领与任务驱动提高学习能力

英语学科核心素养中的学习能力，指学生积极运用和主动调适英语学习策略、拓宽英语学习渠道、努力提升英语学习效率的意识和能力（中华人民共和国教育部，2018：5）。学生学习能力的培养能帮助学生在英语学习过程中保持持久的学习兴趣、树立主动的学习态度、确定明确的学习目标，运用多样化的学习方法如自主学习、合作学习和探究学习，有效监控和管理自己的英语学习，学会多渠道获取学习资源，提升自身英语学科素养。“一核五环戏剧式情境英语教学”中，教师在“序曲”环节进行情境导入，引出课堂目标，学生在目标的引领下，明确课堂所学，展开课堂学习，同时，教师根据课堂的实际需要，精心设计任务，在“发展”环节，以课堂任务驱动学生主动学习，体验各种学习方式，如自主学习、合作学习和探究学习，在课堂学习层层开展的过程中，学生获取知识的能力逐步提高，学习能力得到充分培养。

（二）自主构建与合作创新提升思维品质

英语学科核心素养的思维品质，指思维在逻辑性、批判性、创新性等方面所表现的能力和水平（中华人民共和国教育部，2018：5）。学生通过思维品质的培养，能够辨析语言和文化表现的各种现象，能够梳理、概括信息并建构新概念，能够分析、推断信息的逻辑关系，能够正确评判各种思想观点和创造性地表达自己的观点，能够形成英语思维习惯及提高多元思维能力。在“一核五环戏剧式情境英语教学”的“悬念”环节中，学生在教师的引导下，不断获取信息、探索新知、发现规律、总结经验，在此过程中，学生的创新思维、求异思维得到充分挖掘，学生一步步构建起课堂相关知识脉络。在“高潮”环节中，学生其实已经完成了课堂知识的输入，这是一个知识输出展示的环节，学生在师生互动、生生互动过程中，有机会表达自己对知识的理解并获取他人的观点，共同经历彼此观点的冲突、思想的交锋、智慧火花的碰撞，产生新的知识概念。“悬念”和“高潮”两个环节是课堂中学生的思维活动达到顶峰的时段，学生的思维品质得以充分发展。

（三）情境烘托滋养文化意识

对中国学生而言，英语课程就是英语语言国家的语文课程，英语学习中渗透不同国家的文化内涵以及在文化内涵中蕴含意识培养是必然的。文化意识指对中外文化的理解和对优秀文化的认同，是学生在全球化背景下表现出的跨文化认知、态度和行为取向（中华人民共和国教育部，2018：4）。学生在英语课程的学习过程中，能获得文化知识，理解文化内涵，比较文化异同，吸收文化精华，形成正确的价值观和自信、自尊、自强的品格，具备一定的跨文化沟通和传播中华优秀文化的能力。“一核五环戏剧式情境教学”是具备足够语言学习情境的教学模式，它改变脱离语境的语言知识学习，让学生置身课堂的主题环境中，最大程度上将文化内涵融入课堂的主题、语境、语篇和语用之中，促进学生的文化理解形成，激发学生进行文化异同比较的意识和能力，引导学生文化意识的发展。

（四）角色介入锻炼语言能力

英语学科核心素养中的语言能力，指在社会情境中，以听、说、读、看、写等方式理解和表达意义的能力，以及在学习和使用语言的过程中形成的语言意识和语感（中华人民共和国教育部，2018：4）。在英语的语言学习和运用过程中，学生不断发展语言意识和英语语感，获得语言知识，并在语境中整合并运用所学知识；学生逐步理解口语和书面语语篇所传递的意义，识别其恰当表意的语言手段，最后达到有效地使用口语和书面语传递意义和进行人际交流的目的。学习语言，最重要的是要有语言环境。在母语环境里学习一门外语，更需要这样的语言环境。“一核五环戏剧式情境英语教学”恰好就创设了这样的环境，无论是课堂开始的“序曲”，课中的“发展”“悬念”“高潮”，还是课末的“结尾”环节，教师最大限度依据课堂主题创造情境，帮助学生以戏剧主角的身份参与到课堂中。在这样的学习环境中，学生有了特别明显的语用优势，在情境里深度体会和感悟到语言的实际运用，充分展开英语语言的听、说、读、看和写的能力培养，真正做到了学用结合。

三、点击缘由

“一核五环戏剧式情境英语教学”源于外语教学法的理论基础和英语学习的实际需求，符合语言学习规律和学生英语学科核心素养的培养规律。

（一）外语教学法的理论指引

1. 直接法

直接法（Direct method）指直接运用外语教外语，不用学生的母语，不用翻译，也不注重形式语法，即直接学习、直接理解和直接应用（罗忠民、何高大，2011：6—7）。直接法有效地为英语课堂营造语言学习情境，利用实物、图画、手势、动作等直观手段进行英语教学，帮助学生在课堂学习中摒弃母语翻译这一中介，利用英语与客观事物建立直接联系，以培养英语思维的能力。

2. 视听说法

视听说法（Visual-aural-oral method）由视听法和听说法组成，即在语言教学的课堂上利用现代化电教手段展示给学生一个直观、生动、声像并茂的接近真实语言环境的场景，使学习者在逼真的环境中学习语言（罗忠民、何高大，2011：10—11）。在学习过程中，听懂了才能张口说，通过说，才能更好地理解和表达。在英语课堂上，视听说法体现在语言和情境的结合，从日常生活中选择、安排语言材料，并创造尽可能接近真实的情境进行听说读写活动。语言信息与课堂的情境结合起来，不仅有助于多维化信息的传递，也能提高语言输入率、促进语言输出，进一步培养学生跨文化交际的能力。

3. 交际法

交际功能是语言在社会中运用的最本质的功能，交际功能又是外语教学的最根本的目的，所以交际法（Communicative approach）在语言教学中至关重要（罗忠民、何高大，2011：17—18）。交际法是以语言功能项目为纲，培养在特定的社会语境中运用语言进行交际的一种教学法体系。它具有交际性和情境性的特点。交际法指引下的语言学习侧重言语交际活动，需在特定的情境中进行和完成。英语教学中选择最常用的、典型的言语交际情境进行教学，让学生身临其境地感受氛围，用英语进行交际，是交际教学的精髓。

4. 自觉实践法

自觉实践法（Self-conscious practice teaching approach）是一种在自觉掌握一定语言理论知识的基础上，通过大量言语实践活动达到直觉运用目的语的第二语言教学法（罗忠民、何高大，2011：14—16）。"自觉"的含义是以语言理论知识为指导，以理解为前提，从自觉到直觉；"实践"的含义是通过大量言语实践活动形成外语实践能力，即实际运用语言进行交际的能力。自觉实践法的课堂基本模式"导入—内容呈现—理论讲解—自觉训练—检测评价"的各环节，对"一核五环戏剧式情境英语教学"有极大的指导作用。

（二）英语课堂的真实需求

在母语环境中，绝大部分学生感知到的英语情境少之又少，看英语、读英语、说英语、写英语和用英语的主要阵地只能是英语课堂。然而，英语课堂上，教师在教学生识记单词和如何用语法知识做题等方面所花工夫较多，在听、说方面的学法指导较少，对学生的语言交际能力培养未充分重视，教师的教学更是很少涉及教学生如何从宏观层面上用英语进行思考，学生缺乏机会体验语言情境，也不善于把所学知识运用于真实语言情境中。

具体体现为如下几个方面：第一，教学目标呈现简单。课堂上仅限于教师指导课堂要讲什么，学生对于学习目标谈不上认识，对一节课该掌握哪些知识，掌握到何种程度，做不到心中有数。第二，学生学习没有自主性。老师对课堂的主观干涉过大，对学生需求关注不够、放手不够，学生学习没有自主性，处于被动学习状态。第三，学生缺乏合作学习的机会。教师没有给学生创设互动互助的学习平台，课堂组织形式单一，缺乏创新。第四，未关注学科素养的培养。教师课堂上更多注重知识传授，学生的学习能力培养还很欠缺，语言能力、思维品质和文化意识三个方面的培养更未受到重视。第五，课堂评价几乎没有。大部分情况下，一节英语课，老师满满当当讲下来，还有可能超时，对于学生在课堂中的表现或学习状况，大部分老师仅做到心中有数，没有及时给学生反馈、点评，不利于激发学生的内在动力。总的说来，传统英语教学缺乏整体意识，不能像故事一样把内容连接起来，只是机械地、生硬地、毫无趣味地把各个部分展示出来，这也就是我们常说的教师在灌知识，学生在这样的课堂是不快乐、不轻松的，学习效果可想而知。

所有这些现状，有悖于外语教学法，不符合语言学习的基本规律，更不利于学生英语学习的终身发展。作为语言学科，我们的英语课堂应该是鲜活的、灵动的、趣味的，是语言情境的真实再现，学生在情境的烘托下、在目标的引领下、在任务的驱动下、在自主合作的相互交融中，在轻松愉快的氛围里不知不觉地收获知识、提升能力、养成品格，因此，我们提出“一核五环戏剧式情境英语教学”。

四、亮化创新

“一核五环戏剧式情境英语教学”是在“五环戏剧式情境英语

教学”的基础上逐步完善的。“五环戏剧式情境英语教学”把英语课堂教学打造成戏剧式教学，就是把一堂课当作一个整体，有“序曲、发展、悬念、高潮、结局”五个环节，各环节在共同情境背景下连在一起，就像一部完整的戏剧。教师通过语言、动作、设置情景等调动整个课堂，让学生参与进来，教师导、学生演，共同来完成这一课堂活动的大戏。

基于“五环戏剧式情境英语教学”，“一核五环戏剧式情境英语教学”不仅有五个环节的课堂衔接，更融入了如下三个新元素。

（一）七案式备课的课堂准备

“一核五环戏剧式情境英语教学”对教师提出了更高的要求，这样的英语课堂既要有情境与课堂知识的深度融合，又要基于学生学科核心素养的培养，还要着力彰显学生课堂中的自主学习和合作学习。因而，这就需要全体备课组老师的集体智慧，七案式备课恰好是打造“一核五环戏剧式情境英语教学”的最佳方式。七案式备课中的七案分别是：草案、共案、个案、定案、预案、翻案和精案。同备课组老师在个体构思、课堂实践和集体研讨的过程中，逐步生成这样的备课模式。具体环节分七步：研读文本，酝酿构思，拟出草案；各抒己见，碰撞交融，集成共案；斟酌打磨，体现特色，做出个案；博采众长，小心求证，初成定案；面对实际，随机应变，构思预案；反思咀嚼，推陈出新，再创翻案；打磨整理，资源共享，终成精案。七案式备课能够更有效地激发同备课组教师之间的思维碰撞，在此基础上的“一核五环戏剧式情境英语教学”更能博采众长，营造最适合自己学生的英语情境课堂。

（二）学科核心素养的课堂融合

普通高中英语课程倡导指向学科核心素养发展的英语学习活动观和自主学习、合作学习、探究学习等学习方式。教师应设计具有综合性、关联性和实践性特点的英语学习活动，使学生通过学习理解、应用实践、迁移创新等一系列融语言、文化、思维为一体的活动，获取、阐释和评判语篇意义，表达个人观点、意图和情感态度，分析中外文化异同，发展多元思维和批判性思维，提高英语学习能力和运用能力（中华人民共和国教育部，2018：2—3）。“一核五环戏剧式情境教学”紧密围绕《普通高中英语课程标准（2017年版）》所提出的英语学习活动观，在课堂情境英语学习中，以课堂活动和学习任务为载体，使语言、文化和思维高度融合，从而促进学生学科核心素养的培养。

（三）六要素的课堂呈现

七案式备课基础上的“一核五环戏剧式情境英语教学”除了在五环的情境驱动下，给学生一台置身其中、乐在其中、收获其中的大戏，更是具体提出了此种课堂的必备六要素，即“目标引领、任务驱动、情境烘托、自主构建、合作创新和琅琅书声”。在课堂六要素的指引下，教师能够在“五环戏剧式情境英语教学”的五环基础上，使教学设计更有针对性，教学思路更趋清晰，对学生活动方向更为明确。同时，六要素的提出充分保障了学生在课堂上能运用自主学习、合作学习和探究学习等多种学习方式，符合语言学习规律，有助于提升学生的学习能力、语言能力、思辨能力和创新能力，在情境烘托下，学生对中外文化的理解和鉴赏能力更会逐步增强，文化自信更为坚定。六要素是“五环戏剧式情境英语教学”的有力补充。

“五环”“六要素”“七案”相互融合的英语教学，既是教师课堂教学水平和个人专业素养提升的重要途径，又为学生学科核心素养培育找到了更好的落地方式。

五、全屏步骤

“一核五环戏剧式情境英语教学”正如一台好戏，好戏离不开好的导演，好的导演成就好的演员，最终收获巨大。如何让英语课堂教学化身为一台台好戏，让学生乐学、会学、善学，在探索中我们逐步精化操作步骤。

首先，七案式备课给“一核五环戏剧式情境英语教学”提供了充分的准备基础。这样的课堂是一个主题式课堂，就像戏剧一样，各个环节构成一个整体，环环相扣，首尾相连。因此，教师在设计课堂的时候应该结合课堂，注重前后呼应，注意埋下伏笔，前面的言语、提问以及情境的设置，都是为后面的内容做好铺垫，从而营造语言学习情境。这样的课堂是学生主体课堂，教师备课时要充分预估所教学生的课堂参与情况，量体裁衣，围绕培养学生学科核心素养，把学生的能力和品格培养细化到课堂中的每一环，给学生提供一个连续思维的空间，通过连续的思维、完整的情节，使学习变得生动有趣。

课堂的第一分钟即拉开了大剧的帷幕。序曲的方式有很多种，如故事导入、复习导入、联系导入、问答导入、竞赛导入、舞蹈导入、朗读导入、变装导入、歌曲导入、对话导入、测验导入、幽默导入、流行因素导入、猜谜导入、游戏导入、音乐导入、视频导入等等，这些都是为大剧营造情境氛围，让学生第一时间进入角色，在情境中激发学生的学习兴趣和求知欲望。如高三“雾霾”(haze)主题复习课，教师采用雾霾现状的图片展示，配上浅灰色背景的PPT，从一开始就给学生营造一种雾霾给生活带来的不适感，激发学生强烈的情境感知，引发共鸣，并让学生情不自禁地想为之采取相应的行动。又如《牛津高中英语》模块五第二单元Reading版块，文本内容是围绕环境(environment)和经济(economy)展开的，教师以班上两个学生关于environment和economy哪个更重要的辩论微视频引入文章话题，激起全班学生兴致，大家都想一探究竟，因而自然就过渡到了经济专家钱立伟和环保专家林水清的访谈对话。不论以何种方式展开课堂，要遵循“短、快、实、趣、切题”的特点，并且目的都是相同的，即让学生迅速地感知语言学习环境，明确本课的学习目标，在目标引领下，展开后续课堂活动。

“一核五环戏剧式情境英语教学”课堂的第二环我们称之为“发展”，在这个过程中，教师引导学生进行知识的输入，借助“任务驱动”，推动剧情发展。如《牛津高中英语》模块一第一单元Word power，内容是与“人格”(personality)有关的形容词，教师可以引导学生把话题导入时学生头脑风暴提到的形容词根据positive和negative、synonym和antonym进行分类并拓展，也可以就地取材，找出班上的学生，用这些形容词对其进行描述，在课堂营造的情境中鼓励学生多表达，现学现用，提升学生的语言能力。

学生顺着情境继续进入“悬念”环节，教师根据授课知识设置悬念，以引发学生思考为目的，最大限度地吸引学生的注意力，推进知识学习的展开，学生在这个过程中继续进行知识输入的同时，又做到知识的自主建构。悬念根据授课内容或课型差异而设置，可以是习题的重难点思考与讲解，也可以是各种多媒体的特殊效果处理或教师的肢体语言等，只要是超乎学生意料、又一切在情理之中、符合剧情(学习)需求并能给学生深刻印象的手段都可以。在此环节，学生能够建构新的概念，能够分析、推断信息的逻辑关系，能够对各种思想观点做出正确评判，理性表达自己的观点，形成英语思维习惯，深层次地体会语言的真实运用。

课堂中的“高潮”环节就像戏剧中最让人难忘的经典片段回顾，它是整堂课学生知识学习情况的一个总的反馈时段，也就是输出时节，如果是小组活动(group work)常以短剧(short play)或课题(project)展示的形式呈现，如果是个人活动(indivicual work)则可以充分发挥生生互动的作用。此刻，学生有机会展示自己本课所学，合作创新并相互学习，在互动中产生思想的交锋和智慧的碰撞，教师有机会在学生的活动参与或展示中对学生本课所学进行观察，对学习效果进行验收，对学生的学习能力、语言能力、思维品质和文化意识的培养情况全盘把握。

好的戏剧总是留下耐人寻味、让人印象深刻的结尾，并对整个剧的剧情有一个交代，“一核五环戏剧式情境英语教学”的课堂也是如此。课堂的“结尾”环节不可缺少，这是一个总结环节，就像画龙点睛，这个环节让整堂课得到升华，更是学生思维品质和文化意识养成的关键环节。这一环节常用的方式是思维导图（mind map）和吟诵（chant），学生通过思维导图的总结，充分发挥英语思维，对课堂所学内容了然于心；通过反复吟诵，提升情境情愫，熟记知识要点。如《牛津高中英语》模块十第一单元Reading版块“Teach a man to fish”结束时，教师引导学生得出如下总结：During the process of learning English, we should learn to accumulate as many problem-solving methods as we can. The methods are just like ways to fish. Only by learning how to fish can one feed himself. Only by mastering how to solve our problems in English study can we achieve more. 全班学生一起吟诵，特别有感染力，学生的学习信心倍增，极大贴合课堂的情境，是情境服务于学习最好的体现。

要想导演好“一核五环戏剧式情境教学”其实并不难，只需基于课堂内容，找准学生需求点，锁定主题，每一堂英语课都可以是一台精彩纷呈的大戏。

六、连线课堂

“一核五环戏剧式情境英语教学”带给教师和学生很多惊喜，学生在课堂上可以化身成各种身份，充分感受语言情境带来的学习乐趣并学有所获，真正做到了知识学习、语言情境、核心素养、学习实效的深度融合。以下是《牛津高中英语》模块八第三单元Project版块的教学设计，在这堂课中，教师围绕unusual pictures展开整个课堂教学，学生化身unusual painters。这是一堂英语课，但又是一堂艺术创作课；这是一堂阅读与写作课，但又是一堂活动课。整节课环环相扣、动静结合、层层铺垫、升华煽情，很好地呈现了“一核五环六要素七案式”的英语课堂。具体如下：

Module 8 Unit 3 Project Making a small book about unusual pictures

Teaching objectives

By the end of this period, the students will be able to:

1. have a better understanding of some unusual ways to create pictures by reading an article about unusual pictures;

2. create an unusual picture and write a short article about how to make it in groups;

3. learn to use or recycle the surrounding things to make art.

【整体设计思路】

本节课以完成Project任务making a small book about unusual pictures为目标，学生通过阅读Project的文本，获取背景信息，小组合作完成an unusual picture的制作，并把制作过程以一篇小短文的形式呈现出来。学生课堂上输入信息、动手体验、形成文字，课后打磨汇总，最终完成本单元的Project任务。课堂组织形式多样，包括头脑风暴、生生互动、小组合作、小组展示、齐声诵读，在这些活动过程中，学生的动手能力、创造力和英语说写能力均得到极大的锻炼。教师充分整合教材，精心设计思维导图，巧妙融合各种生活元素于教学中，帮助学生不断体验感悟、培养其创造性的思维模式和积极乐观的生活态度。

Teaching procedures

Step 1 Warming-up

Have a chat with students as follows and lead them to the topic of this lesson:

T: There are many plants in our classroom. Do you like them?

Ss: Yes.

T: I like plants, too. They look very beautiful. Whether the leaves are green or yellow, we can enjoy their beauty. Here I'll show you a picture made of fallen leaves, dry fruits and paddy rice. It is made by my son. Is it a good picture?

Ss: …

T: It is an unusual picture. Sometimes we don't paint in oils or with pencils and brushes. There are many unusual things we can use to create pictures, right? Can you list some of them?

Ss: …

T: Amazing! You know so many things! Then, how can we use them to make some unusual pictures? In this lesson, we will learn more.

【设计意图】 通过看似随意的聊天切入主题unusual pictures，运用“头脑风暴”这一活动，让学生说出制作别具一格的图画所需要的材料的词汇，为本堂课热身，迅速激活学生的大脑，又为课堂后面的活动做好铺垫。

Step 2 Presentation

Ask students to read the article on Pages 46–47 and complete the mind map. They are required to find out the things for each unusual picture, write them in the circles and then complete the ways to make each unusual picture.

Unusual pictures

- **Pizza faces:** different foods like 1. ________ ________ ________
  - First, prepare foods to help make a face.
  - Second, make a 2. ________ with the foods on a pizza.
  - Third, take a photo of it.

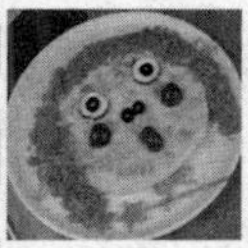

- **String pictures:** 3. ________ ________ ________

  - First, think about what picture to make.
  - Second, draw the outline on the card.
  - Third, spread the glue on the card.
  - Fourth, make solid 4. ________ by using string circles.
  - Fifth, paint the string.

- **Feather & seashell Pictures:** 5. ________ ________ ________

  - First, think about the pattern or picture.
  - Second, **lay** all the pieces **out** on the card.
  - Third, 6. ________ them down.

- **Rubbish pictures:** 7. ________ ________ ________

  - First, put the rubbish on a card.
  - Second, stick the rubbish onto the card.
  - Third, **spray** the different sections of the picture with 8. ________.

- **Rubbish prints:**

  - **Tin:** 9. ________ one end of a tin into paint and use it to make circles on the card.
  - **Old cloth:** use old cloth pieces as 10. ________ or **wrinkle** the cloth together to form a pattern.
  - **Other rubbish:** cut shapes, **dip** them into the paint and press the painted rubbish on the card.

Check the answers and remind students to pay more attention to the new words and phrases like lay out, spray, wrinkle, dip and so on.

【设计意图】 把文章内容以思维导图的形式呈现，能够帮助学生通过对Project中文章的阅读，快速理清文章中提及的unusual pictures所需要的材料和制作这些图画的方法及步骤。简洁明了的思维导图也为后面环节中的write a short article about how to make an unusual picture 提供了清晰的思路。学生通过阅读，能在语境中更好地掌握文章中的新单词。

After finishing the reading exercise, show some unusual pictures mentioned in the article on the screen like pizza faces, string pictures, rubbish pictures and so on. Then ask students some questions:

1. Which idea of making unusual pictures in the article is the most interesting?
2. Have you ever tried any of the ideas yourself?
3. Do you want to make an unusual picture with your group members?

【设计意图】 此处用图片把学生的注意力从文本阅读转移到直观形象的图片，从视觉层面再一次激发他们对这些别具一格的图画的兴趣，并且通过问题的提出，勾起他们对尝试制作类似图画的欲望，为下一个环节的group work热身。

Step 3 Suspense

Activity 1 Painting and writing

Get students to cooperate in groups. During this period, they are required to create an unusual picture with the given materials and write a short article giving directions on how to make this unusual picture. Give each group a long piece of paper with a sample like this and ask students to finish their article in the given time:

> ______________
>
> We have made a(n) ______________. As you see, the picture shows ______________________.
>
> The things we use to make this picture are ________ ______________________________________.
>
> Now we will introduce the steps to make this picture. First, ______________________ ______________________. Next, ____________ ______________________________________. Last, ______________________________________.
>
> Above are our directions on how to make the ______________.

When students write the short article in groups, play a short video about sand painting as background for painting atmosphere.

【设计意图】 老师准备好6袋作画材料，包括食品组、黏土组、旧布组、颜料组、干植物组、塑料物品组，每个小组用老师给出的材料合作一幅画，同时把制作过程以一篇小短文的形式呈现出来。考虑到学生在限定时间内写文章有一定难度，在布置小组任务时，可给出短文的框架。学生在小组合作过程中，可根据需求有选择地运用课文和学案中涉及的词和短语，最终呈现他们的设计内容。同时，8分钟左右的沙画视频起到了“润物细无声”的情境衬托作用，无形中做了本次小组合作的计时器。屏幕上的沙画制作，教室里学生的热烈讨论和静心制作，把美感与动感融合在一起，相得益彰。

Step 4 Climax

Activity 2 Presentation

Have each group pin their short articles and pictures on the blackboard. After that, have a talk like this:

T: All your pictures are amazing! Good job! Seeing your work, I also want to make an unusual picture. May I?

Ss: ...

Then create three Chinese characters“十 三 中”with the pieces of paper. Add some photos of the students on the blackboard and make all the items form a big picture.

【设计意图】 小组展示自己的作品，分享本节课所学，是对本节课前面知识输入情况的一个检测，也是学生相互交流的一个过程。通过鼓励小组之间相互评价来培养学生的文化意识与核心素养，帮助学生在语言学习环境中逐步形成自己的文化立场与态度、文化认同感和文化鉴别能力。同时，借用黑板上学生贴的纸条，就地取材做一个unusual picture——班级相框。老师和学生一起参与unusual picture的创作，既给学生一个惊喜，又让他们进一步明白素材无处不在，创意无处不在。

Step 5 Ending

Comment on all the group projects and praise them for what they have done. Then stress what unusual pictures mean to us and how they affect our behaviours and our attitudes to life.

Then have students chant together.

From: Miss Liu	To: all the students
As a bright student, you must be active. Studying makes you creative. You learn to be imaginative. Every day will be a new day. You insist on keeping positive. Everything will be your paintbrush. Cheers! I believe all your efforts will be effective.	As bright students, we must be active. Studying makes us creative. We learn to be imaginative. Every day will be a new day. We insist on keeping positive. Everything will be our paintbrush. Cheers! We believe all our efforts will be effective.

【设计意图】 本文的unusual pictures这个话题传递的信息是：每个人都要有一双善于发现美的眼睛，一个富有创造力与想象力的大脑和一颗善感的心，很多时候我们只要换一个角度、换一种方式就可以感受到生活中的美，生活如此，工作如此，学习同样如此。课堂结尾通过这样一个信息的传递，培养学生树立积极乐观的生活态度，明白生活中一切都可以是画笔，且画笔永远掌控在自己手中这个道理。最后以

类似《朗读者》节目的形式，师生轮流朗读以上语句，从而加深学生对本课传递的情感的认知，画龙点睛。

Homework

1. Polish the short article and design a cover for the small book about unusual pictures in groups.

2. Improve their own unusual pictures in groups and put them up to decorate the classroom.

3. Finish Parts D3 and D4 on Page 120 of the Workbook.

参考文献

[1] 中华人民共和国教育部.普通高中英语课程标准（2017年版）[S].北京：人民教育出版社，2018.

[2] 罗忠民、何高大.外语新课程教学论[M].南京：南京大学出版社，2011.

第二章

一核一路

一、激活内涵

株洲市八中是湖南省示范性高中。近年来，该校首创“一个学生一条发展路径，一个学生一套成长方案”的学生培养模式，以学生为中心，重视学生潜能的激发，重视学生能力的培养，注重学生的个体差异，着力培养每一个学生的学术素养、专业精神和审美情趣。学校的这一办学思想是符合美国哈佛大学教授霍华德·加德纳(Howard Gardner)在1983年提出的“多元智能(Multiple intelligence)”理论的。加德纳认为每个人的各项智能发展程度不一样，有些强有些弱。正是由于个体各项智能的强弱不同形成了个体之间的差异(王岚，2010：3)。因此，学校和教师要能够观察出学生的倾向，并借助他们擅长的智能，应用各种不同的教学方式来让每个层次的学生更有效地学习，培养他们能够适应终身发展和社会发展需要的必备品格和关键能力。目前，该校每个年级均设有创新班、985班、艺体特长班、舞蹈特长班。这种“多层”班级的现状，给教学带来了挑战。针对该校的具体校情，在基于核心素养的英语课程理念的指导下，学校英语组成功申报成立了株洲市“高中英语多层教学课程基地”，也成功申报了湖南省教育学会“十三五”教学科研重点课题——《高中英语分层教学校本课程开发的研究》，大力推进“一核一路”英语教学模式，对全校各个层次的学生进行分层教学。

该校的“一核一路”高中英语特色教学是以“六分”分层教学——学生管理分层、教师备课分层、课堂教学分层、作业设计分层、教学辅导分层和教学评价分层为手段，以培养学生英语学科核心素养为中心，为每一个学生打造一条英语学习的路径，为学生的自主学习创造有利条件，以培养他们作为21世纪的公民必须具有的终身学习的意识和自主学习的能力。该校的“六分”分层教学的具体内容如图1所示。

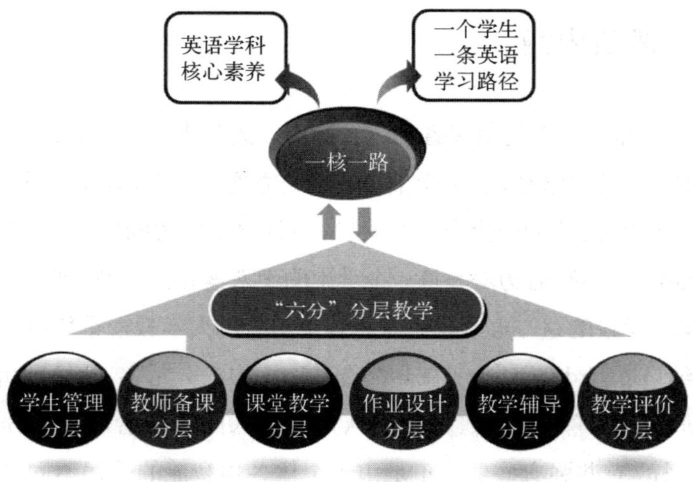

图1：
“六分”分层教学

（一）学生管理分层

根据霍华德·加德纳的多元智能理论，学生的智能可分为语言智能、数理逻辑智能、空间视觉智能、运动智能、音乐智能、人际交往智能、内省智能、自然观察智能八种。每个学生基本上都具备这八项智能，个人之间所不同的是每个人的各项智能发展程度不一样（有些强有些弱），正是各项智能的强弱不同形成了个体之间的差异。加德纳的这一理论与教育界全面推行素质教育、培养中国学生发展核心素养的观点是一致的。该校和该校教师根据这一理论，承认学生的个体差异，研究每一个学生所擅长的智能，将学生进行分层管理，以达到培养每一个学生能够适应终身发展和社会发展需要的必备品格和关键能力的目的。目前学校每个年级均设有创新班、985班、艺体特长班、舞蹈特长班。语言智能与数理逻辑智能强的学生被编进创新班（A层），各项智能均衡发展、语言智能与数理逻辑智能较强的学生被编进985班（B层），音乐智能、身体运动智能、空间视觉智能或自然观察智能强的学生被编进艺体特长班和舞蹈特长班（C层）。这样的学生分层有利于因材施教，有利于学生未来的发展。

（二）教师备课分层

该校每个年级设有创新班、985班、艺体特长班、舞蹈特长班的“多层”班级的现状，给教学带来了挑战，因为各个班级学生的文化基础存在巨大差异，一个老师要同时教不同层次的班级。如果老师用同一个教案教不同层次的学生，显然是不利于每个学生的发展的。要让每位学生走上一条适合自己发展的路，找到一条适合自己的英语学习路径，全体老师就必须做到对不同层次的班级进行分层备课、认真研究每位学生，每个备课组就必须凝聚集体的力量进行集体备课、建立资源库，从而做到有甄别的资源共享。

目前，该校英语备课组按照A层（创新班）、B层（985班）、C层（艺体特长班和舞蹈特长班）进行分层备课。每一个层次的备课由一个老师担任主要负责人，根据每个层次班级的学情在教学目标、教学内容、教学方法等方面进行整体设计，分层制定教学目标，采用不同的教学方法，制定教案与学案。每周二第五节为备课组活动时间，所有老师集体讨论各层次中心负责人制定的教案和学案，最终对三个层次的备课内容进行修改和整合，形成全年级的大教案和学案，每位教师根据自己所授的班级进行个案补充，调整难易度。

（三）课堂教学分层

该校英语组根据“对于艺体特长班、舞蹈特长班，教学难度低于教材；对于985班，教学难度平行于教材；对于创新班，教学难度高于教材”的教材处理原则，推出了“三环三层多活动”的英语课堂特色教学。教师在每一堂课前充分考虑不同班级学生的文化基础差异，在对三个不同层次的备课内容进行修改和整合后，每个教学环节按照学生的分层（A层、B层、C层）提供难易程度不同的活动（activity）。教师可以根据自己所教学生的层次（A层、B层、C层）自取所需，就如同吃自助餐似的，自己在既定的范围内安排选用“菜肴”。

（四）作业设计分层

作业是学生巩固课堂知识、延伸课外知识的重要手段，因此不同层次的班级作业要分层，同一个层次的班级根据学生基础的不同也要进行作业分层。教师在紧扣教材的基础上，根据每个班级的课堂教学情况，设计难易程度不一的作业，以满足不同层次的学生的学习要求。在完成适合自己层次的作业后，鼓励C层（艺体特长班和舞蹈特长班）班级的学生完成一部分B层（985班）班级的作业，B层（985班）班级的学生完成一部分A层（创新班）班级的作业。在同一班级中，教师根据学生基础的不同，从高一第二学期开始布置个性化作业。对于能力强的学生，教师要多布置有助于增长他们的语篇知识、语用知识，提高对于语篇的思考和分析能力，有助于训练他们的思维能力以及口头和书面表达能力的课外练习。对于能力中等的学生，教师要布置有利于他们掌握英语学习要领，形成有效的英语学习策略的练习。对于能力弱的学生，老师不布置额外的课外练习，只需要布置有利于增长他们语音、词汇和语法层面的知识，提高他们对语篇的初步感知能力，有利于训练他们初级的口头、书面表达能力的课堂练习。

（五）教学辅导分层

教学辅导分层是分层教学的一个关键环节。教学辅导分层可以根据学生具体的学习情况和心理特点、个体差异的大小，对学生在语言知识技能上进行多层面、多角度的细分。该校在教学辅导上的原则是根据学生的学习能力进行分层对待——能力弱的靠扶，能力一般的靠帮，能力强的靠导。该校英语组为了给学生进行更好的教学辅导，编制了一系列校本教材（见图2）——《基础必备》（以教材为中心，按照高考题型设计练习；高考复习，基础较弱的学生使用）、《高分必备》（高考复习，基础较好的学生使用）、《话题教学》（以话题为中心，按照字、词、句、篇章设计习题，提高学生的综合语言能力；各层次的学生分层使用）、《专项突破》（按照各类高考题型设计练习；高考复习，基础较好的学生使用）。

图2：
校本教材

（六）教学评价分层

教师依据学生的认知规律，学生学业方面的不同特长、兴趣和学习风格进行的分层教学，目的是让每个学生得到充分的发展。同时，教师应对于不同层次的学生根据其不同的学习要求和目标做出相应的评价，即评价分层，使每个层次的学生都能获得成功的喜悦，激发学生的成就感，从而使他们保持积极的学习态度、浓厚的学习兴趣和良好的学习习惯，为他们的终身学习和自主学习奠定良好的基础。

教学评价是教师在过程阶段的任何活动后构成了练习，使学生有机会利用文本内容并构建出清晰的认识（格利·格雷戈里等，2015：100）。在教学评价这一教学的关键时刻，明智的做法是对学生的学习成效进行连续的评价和分层评价。教师在完成某个特定学习任务后，要公布一个最终结果来证明学生对所学知识的掌握情况，结果的设计要能够证明这种学习的存在，并能按照清晰的、适当的成功标准展示出来。而测验只是展示结果的一种类型，教师应该考虑使用最终的考试和不同类型的结果对学生所学进行全面的评价（格利·格雷戈里，2015：101）。

该校的周练就充分体现了为不同层次的学生设计适当的成功标准这一理念。A层（创新班）使用一套周练卷，B层（985班）的周练卷采用A层班试卷中的一部分难度适中的题，再将一部分难度较大的题改成难度适中的题。C层（艺体特长班和舞蹈特长班）高一阶段不搞周练，以教材和基础训练上的练习题为主。另外，在英语课堂上，教师对学生也会采取不同类型的评价方式，如表演、海报设计、访谈等形式活泼的活动类作业或者文学评论、总结、应用文等正式的书面作业。

二、聚焦核心

（一）以人为本，聚焦英语学科核心素养的本质

随着21世纪全球化、信息化和知识时代的来临，“教育要培养什么样的人”成了中国教育的一个根本问题，因此中国学生为适应21世纪的发展应具备的核心素养也成了教育界的一个重大课题。2016年9月，中国学生发展核心素养的研究成果发布，确定了以培养“全

面发展的人”为核心，综合表现为人文底蕴等六大素养，具体细化为国家认同等18个基本点的中国学生发展核心素养的整体框架。虽然核心素养的研究还在起步阶段，但是这一概念所体现的“以人为本”的教育思想和教育的“育人本质”是不变的。该校的“一核一路”高中英语特色教学，充分体现了核心素养“以人为本”的教育思想和英语学科教育的“育人本质”。每个学生所擅长的智能不同，他们的文化基础也就不尽相同，因此英语学科对于不同学生的要求也不尽相同。教师应该根据每个学生的特点制定适合他们的英语学习方法和途径。在现有的班级授课制的基础上，对学生进行分层教学能够根据学生的智力水平、思维水平、兴趣、性格等方面的差异，对不同层次的学生区别对待，从而使每个学生获得最佳的发展，完全地体现了“以人为本”的教育本质。

（二）分层递进，聚焦英语学科核心素养的内涵

在把握了英语学科的育人价值以及充分借鉴了国内外有关核心素养的理论和实践研究成果的基础上，英语学科核心素养被归纳为语言能力、文化意识、思维品质和学习能力四个方面（程晓堂、赵思奇，2016：79—86）。长期以来，英语学科一直被强调的是它的工具性。对于中国学生来说，学习英语只是掌握了另外一种交流工具，有利于他们开展对外交流与合作，有利于通过英语来学习科学文化知识。其实，基于核心素养的英语学科还兼具人文性，具有多重的育人价值，能为学生继续学习英语和终身发展打下良好的基础，能为未来社会培养具有跨文化交际能力、全球意识、国际理解、创新意识、信息意识等核心素养的人才。新课程标准指出普通高中英语课程应该在衔接初中英语课程的基础上，通过必修课程为所有高中学生搭建英语学科核心素养的共同基础，使学生形成必备品格和关键能力，同时也开设丰富的选修课程，为学生的升学、就业和终身学习构筑发展平台。每个学生在高中阶段都会有不同的发展路径，有些学生会选择升学，有些学生会选择就业。选择升学的学生会因为专业的不同，对

英语学科的学习要求也不同。这就意味着高中英语教学应当满足学生个性化发展的需求。为每一个学生打造一条英语学习的路径，对各个层次的学生进行分层教学就是针对学生的不同需求帮助其分层递进，以全面提高其英语语言能力和学习能力，为他们学习其他学科知识、汲取世界文化精华、传播中华文化创造良好的条件，也为他们未来继续学习英语或选择就业提供更多的机会。

图 3:
以人为本，分层递进

三、点击缘由

（一）学校发展方向多元

近年来，在深化教育改革的大背景下，株洲市八中本着以人为本的教育思想提出了“一个学生一条发展路径，一个学生一套成长方案”的人才培养模式。目前，株洲市八中的生源结构复杂，学校本着培养多元人才及创新人才的基本办学理念，每个年级均设有创新班、985班、艺体特长班、舞蹈特长班，所以在文化基础方面学生是存在较大差异的。教师面对这种“多层”班级的现状深感困惑，一个教师如何应对层次不一的授课？因为精力有限，教师有时候只能用同一个教案教不同层次的学生，显然这样做是不利于每个学生的发展的。要让每位学生走上一条适合自己发展的路，全体教师就必须做到对不同层次的班级进行分层教学，认真研究每位学生，认真备好每一堂课；每个备课组就必须凝聚集体的力量进行集体备课，建立资源库，从而做到资源共享。针对该校的具体校情，在基于核心素养的英语课程理念的指导下，该校英语组大力推进"一核一路"英语特色教学，对该校各个层次的学生进行分层教学，抓"两头"促"中间"，以期全面提高学生的英语语言能力和学习能力，培养学生的文化意识和思维品质。

（二）学生成长路径各异

《普通高中英语课程标准（2017年版）》明确指出，高中英语教学的基本理念之一是"构建高中英语共同基础，满足学生个性发展需求"（中华人民共和国教育部，2018：2）。2017年版的英语课程标准还提到"普通高中英语课程应在有机衔接初中学段英语课程的基础上，通过必修课程为所有高中学生搭建英语学科核心素养的共同基础，使其形成必要的语言能力、文化意识、思维品质和学习能力，为他们升学、就业和终身学习构筑发展平台"（中华人民共和国教育部，2018：2）。这就要求教师在教学过程中以学习者为中心，参照每个学生的心理特征、认知水平、学习特点以及未来发展的不同需求，满足他们独特的需要，使每个学生的能力都得到发展。但是多年来的英语教学一直采用传统的、僵化的、"一锅煮"的教学模式，限制了学生的个性发展，使得我们的教学达不到预期的目的。而分层教学能最大限度地根据不同学习主体的智力差异、思维差异、学习差异以及兴趣、爱好、动机、性格等方面的差异，对学生进行合理分层，对不同层次的学生区别对待，从而使每个学生获得最佳的发展状况，达到分层递进、全面提高，是一种英语教学的全新模式（李长勤，2008：1）。

图4：
一核一路

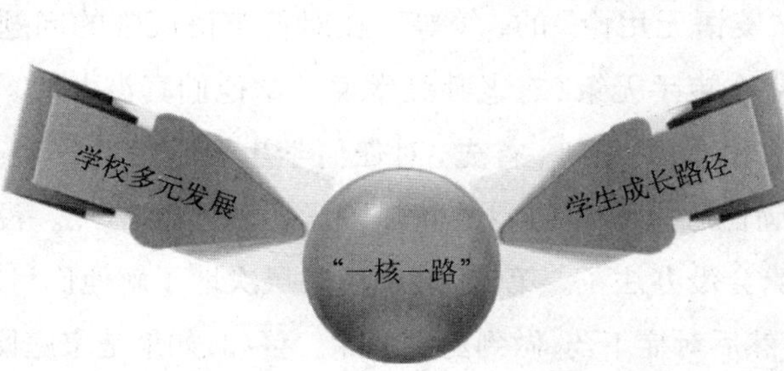

四、亮化创新

当代社会科学技术飞速发展，随着知识经济和信息社会的来临，创新成为经济和社会发展的主导力量与重要源泉。整个社会迫切需要高素质的、具有创造能力并全面发展的人才，因此，提高国民素质，培育出具有创新思维、能适应社会发展需要的人才成为了各国教育的总目标。作为教育工作者，我们的教育教学工作也必须要有创新，有了创新才能有发展，有了创新才会有动力，有了创新才会有教学实效。

株洲市八中“一核一路”高中英语教学特色的创新之处体现在以培养学生的英语学科核心素养为中心，在传统班级授课制的基础上，最大限度地根据学生的个体差异对学生实行分层学习指导，为每一个学生打造一条英语学习路径，为他们继续学习英语和终身发展打下良好基础，为他们未来参与知识创新和科技创新，更好地适应世界多极化、经济全球化和社会信息化奠定基础。具体体现在以下几个方面：

（一）对讨厌英语的学生的学习指导

学生讨厌英语，原因是多方面的。每个人的背景不一样：有自身能力欠缺的；有由于英语基础太差或过去某一环节脱钩，现在在课堂里犹如听天书的；有和英语老师处理不好关系的；也有持“英语无用论”的；等等。在对待英语厌学的问题上，我们并非完全束手无策（有老师经常说：“拿他们真没办法。”），其实还是有很多办法的。首先，对任何学生要有信心。对英语厌学者充满信心是唤起他们重新热爱学习的重要基点。没有它，教师就真会没办法了。第二，教师应深层次地了解他们讨厌英语的原因，然后对症下药，做到药到病除。譬如，如果是家庭原因，教师可以适度地介入，不仅教育学生，同时也教育家长。第三，教师要有责任心和奉献精神。引导不爱学英语的学生爱上或至少不讨厌英语是一个非常艰巨的工作。教师没有这种精神就不会耐心地对待这部分学生。最后，教师要用心理学的有关知识，寻找学生的兴趣点。“激发兴趣是引导厌学学生的第一要诀。教师要不厌其‘烦’，不厌其‘差’，不厌其‘慢’”（朱永新，2009：250）。

（二）对态度好但学习能力有所欠缺的学生的学习指导

有的学生态度不错，他们能按照老师的要求按时进行各种训练。但有时会出现这种情况，学生做了大量的语法题，可结果是他们连最简单的词性都没有弄清楚，基本的句法概念也没有，更别说篇章了。对于这种学生，即便做再多的训练也似乎是徒劳。一个具有良好学习态度的学生学不好英语往往是由于自信心的缺失，从而导致能力的欠缺。对待这样的群体，教师应该尽力做到：第一，帮助他们树立自信心。美国作家爱默生说，自信是成功的第一秘诀。自信心不仅是提高记忆力的诀窍，也是成才的先导。第二，教师要切实做好学法的指导。如如何记单词短语、如何掌握通常的听力技巧、如何掌握常规的语法规则以及如何阅读等等。第三，教师要鼓励这部分学生多参与小组合作探究。小组合作在中学阶段具有很强的现实意义，尤其是对于缺乏自信心的学生，多给机会参与就等于多给机会树立信心。在合作的过程中，对于学生而言，有时候听学生讲解比听老师讲解更有效。第四，教师要寻找他们的闪光点，挖掘他们的潜能。学习的潜能是无穷的，很多学生在掌握知识的进程中都遇到过瓶颈，但终究有一天他们会出现“顿悟”现象（张光明，2014：105）。

（三）对英语学优生的学习指导

多年以前，笔者无意间对当时的一个英语学得好的学生说过一句话：“你今后是要当翻译家的。”尽管她现在还没有当上翻译家，但也已站在了大学的讲台上。后来她说，就是这么一句不经意的话激励了她多年。许多学生是因为被关注所以优秀，因为优秀所以被关注，这里是一个良性循环。如何让优者更优呢？我们要利用“皮格玛利翁”效应，不断鼓励、培养他们养成良好的思维习惯，从而达到乐学的境界。而鼓励学生达到这一境界最重要的途径就是给他们树立更高的目标，人只要有了目标就一定会朝目标努力的。优秀学生总能朝着更高的目标迈进。这也是该校办创新班的初心。

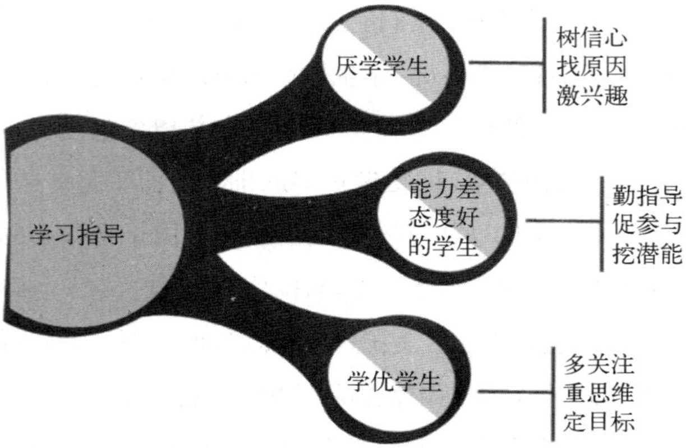

图 5：
分层学习指导

五、全屏步骤

该校以“六分”分层教学为手段，以培养学生英语学科核心素养为中心，为每一个学生打造一条英语学习路径的特色教学在课堂教学中的落实可以总结为——“三环三层多活动”英语课堂特色教学。

（一）因材取景，灵活导入

“好的开头是成功的一半”，巧妙的课堂导入是一堂课能够成功的重要环节。英语课堂上，教师在创设问题情境后，需要想办法激起学生进行对话的意愿。能让学生快速形成对话愿望的导入往往能让全体学生进入良好的学习状态。如果在课堂教学中学生保持沉默，对话就无从展开，若在英语课堂上教师不能让学生开口，那是教师无能。当然，课堂上很多学生肯定会遇到学习上的困难。学生往往由于缺乏生活经验或知识储备不足而出现各种不准确的认知。当出现这种状况时，教师的鼓励尤为重要，教师应该帮助学生调整自己的认知状况，重新建构经验。教学必须从学生当前的认识着手，从他们熟悉的经验入手，而不是从我们教师当前的知识开始教学。所以我们根据学生的认知、兴趣，根据所授课的类型、内容，使用不同的导入手段，以激发学生的学习热情从而使他们迅速进入学习状态。常用的导入手段有图片、音乐、视频等直观导入，聊天、问题、头脑风暴等启发思维的导入，笑话、故事、游戏、表演等趣味导入。这些灵活多样的导入方法能引起学生的好奇心，激发学生思维，帮助他们向新知识领域延伸、拓展，为接下来高效课堂的形成做好铺垫。

（二）活动驱动，多样输入

语言学习过程实际上是一个“输入——吸收——输出”的过程。输入是输出的基础，没有有效的输入就没有高效的输出。让学生带有一定的目的或任务意识去完成所规定的内容，这样的英语练习就是一种语言输入过程。英语课是一门实践性很强的课程。学习过程中教师必须采用多种形式对学生进行听、说、读、看、写的训练，对学生进行有效的语言实践训练，使其掌握英语知识技能。因此，教师根据所授课的类型和内容，根据学生的实际情况，设置由浅入深、由易到难、多样化的各种语言活动（activities）（如问答、跟读、齐读、背诵等控制式活动，填空、模仿、复述、转述、造句、翻译等半控制式活动），呈现新知识，促进学生积极参与，尽量给每个学生机会，有效扩充相关词汇及背景知识。

（三）巩固反馈，高效输出

激起学生求知欲是提高课堂教学效率的重要因素。任何有这种需求的学生都会积极参与到课堂当中来。一般来说，学生的课堂参与度越高，他们的课堂学习效率就越高。学生在输入环节得到足够的练习后进行语言输出，这样才会巩固所学的知识。通过师生互动、生生互动，合理设置巩固性课堂练习，使学生学会迁移运用，完成课堂的高效输出。例如阅读课，可以运用关键词、思维导图或图片引导学生复述课文，运用讨论、辩论、采访或报道等方法训练学生的口头表达能力，通过改写或缩写课文训练学生的书面表达能力。

教师在每一堂课前充分考虑不同班级学生文化基础的差异，在对三个不同层次的备课内容进行修改和整合后，每个教学环节按照学生的分层（A层、B层、C层）提供难易程度不同的活动。

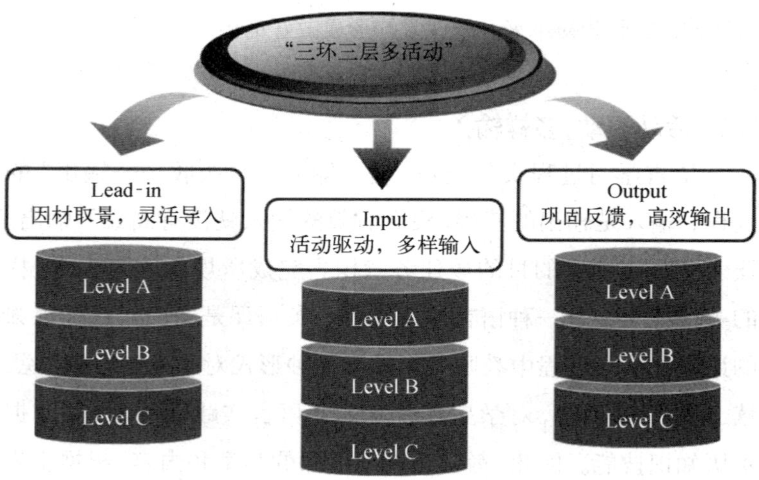

图6：
"三环三层多活动"
英语课堂特色教学

六、连线课堂

下面以《牛津高中英语》模块六第三单元Reading版块"Cultural differences"一文的教案为例，具体阐述该校的"三环三层多活动"英语课堂教学。

（一）教材分析

本课是《牛津高中英语》模块六第三单元的课文。该部分以对话的形式呈现了三位来自不同国家的学生Ma Li（来自中国北京）、Peter（来自英国）、Waled（来自文莱）交流不同文化风俗习惯的内容。本节课是以阅读为主的课文教学，所有教学设计都围绕这篇阅读而进行。让学生带着问题进行阅读，用“略读”和“寻读”的方式来回答一些针对文章主旨大意和细节内容的问题。完成各种阅读练习，旨在帮助学生加深对文章的理解，培养学生获取信息和处理信息的能力。通过阅读，指导学生运用阅读策略“如何更好地理解文中所举的例子”，并将这种策略运用到实践中去，以便能更好地理解文章，从而培养和提高阅读能力。阅读课教学还应注重德育。在本堂课中，学生充分了解阅读材料的主题即文化差异后，还应学会尊重文化差异。

（二）学情分析

本课的教学对象为高中二年级上学期学生，学生思维活跃。高二学生已经初步实现从具体思维向抽象思维的过渡。他们不满足于教科书上的知识，更希望能学到知识性和趣味性兼具的内容，从英语学习中获得更多的知识和能力。他们喜欢富有个性的教学设计，喜欢接受新鲜事物。他们的学习自主性很强，不再认为英语的课堂学习很枯燥，能主动参与到活动中去，成为课堂的主体。因此，设计这节课时，教师充分考虑到学生的主体性，充分创造机会让学生拥有成功的喜悦，在和谐的氛围中探究并完成教学任务。本堂课的每个环节都充分考虑到学生的学情，通过分层设计，旨在培养学生的英语学科核心素养——语言能力、学习能力、思维品质和文化意识。

（三）整体设计思路

这篇阅读材料呈现了三个不同国籍的人进行的不同文化、风俗习惯的交流。课文的话题贴近学生生活，贴近时代。为了让学生能更好地把握文章结构和理解文章内容，教师设计了一幅思维导图，同时也是结合全国高考新题型“完形填空II”设计的一个阅读练习，这样既能完成本课的教学任务又能紧扣高考。学生在做课前准备时，对于这样的话题充满了兴趣，兴致勃勃地查找与西方的婚礼、葬礼、送礼物、传统节日等方面相关的资料与图片。教师在布置这样的课前预备之前，对学生进行了分组，为不同的学习小组布置了不同的搜索任务，以便在上课的时候进行分享。这样做有助于学生进行合作学习，共同探究。与此同时，教师找出适合本节课所需的课外资料补充本节课的内容，扩大课堂容量，给学生提供了比以往更大的信息量。在通过各种图片和肢体模仿等营造的比较形象和直观的氛围中，学生能够更好地理解文化差异，打开国际视野，学会尊重文化差异，培养保护自己国家文化的意识，成为一个有素养的人。在教学中，教师们要备好每一堂课，充分考虑到学生的主体性，注重学生的情感培养，让学生主动学习，学有所获。

（四）分层教案

Module 6 Unit 3 Reading　Cultural differences (for Level A)

Teaching objectives

By the end of this period, the students will be able to:

1. improve their reading skills;

2. learn some basic knowledge about the cultural differences and customs;

3. understand the use of examples.

Teaching important points

When reading the conversation, the students will focus on:

1. cultural differences;

2. the use of examples.

Teaching procedures

Step 1 Lead-in

Brainstorming—Let's have a free talk.

Get the students to brainstorm some cultural differences in ways of greeting, traditional festivals and traditional wedding ceremonies. The students are required to collect some related information as homework before having the lesson.

Can you list some various ways of greeting?

Can you list some different customs in different countries?

【设计意图】 布置课前作业——搜集不同国家不同的见面问候方式、节日、婚礼等方面的信息，以任务驱动学生，培养创新班学生的自主学习能力，然后以“头脑风暴”的形式让学生说出他们所发现的不同国家间的文化差异，从而导入本课的话题。

Step 2 Input

Activity 1 Let's read the passage quickly and answer the following questions.

1. Which country is Waled from?

2. Where does Peter come from?

3. What does Ma Li think about learning about cultural differences?

4. Which of the following topics are mentioned in the passage?

□ colour of clothing	□ hair styles
□ weddings	□ presents
□ Thanksgiving	□ table manners
□ greetings	□ pointing
□ cultural differences in the USA and UK	

【设计意图】 学生快速阅读文章，先回答三个问题，然后选出文章中所提到的话题。这一活动的设置有利于训练学生的“跳读”技能。

Activity 2 Let's read the passage carefully and answer the questions in Part C2.

Activity 3 Let's read the passage carefully again and then complete the mind map.

【设计意图】 学生仔细阅读课文，先回答课本中Part C2的六个问题，通过此题了解文章的一些细节信息以及训练细节推理能力。然后，学生根据课文内容完成一幅思维导图（见第39页）。思维导图中的题目是基于全国高考新题型“完形填空II”设置的，既有利于学生对所学语篇结构和内容的整体把握，又增加了对高考新题型的训练。

Step 3 Output

Activity 1 Let's think of other customs that are different in different parts of the world.

Module 6 Unit 3 Reading

Cultural differences

- **presents**
  - in the West
    - You open the present when someone gives you one. They want to see 1. _________ you react.
  - in the East
    - It is rude to open the present as soon as someone gives you one.
- **wedding customs**
  - in Korea
    - People have a live hen and a rooster as part of the wedding ceremony, because 2. __________(rooster) are supposed to drive bad spirits away while hens are thought 3. __________ (ensure) good luck for the marriage.
    - Everyone congratulates the new couple when the hen lays an egg as it is considered very 4. _________(luck).
  - in Brunei
    - Men and women sit 5. ___________(separate) at wedding receptions---the men with the bridegroom and the women with the bride.
    - They do not serve alcohol at the wedding reception.
    - They play loud drums for hours or even 6. __________ the night after the wedding reception.
- **body language**
  - in many countries
    - People point with 7. __________(they) first finger.
  - in Brunei
    - People use the thumb to point, as 8. _________ (point) with first finger can cause offence.
- **festivals**
  - in Britain
    - People light large fires outside with plenty of fireworks, gather around, have a party, cook food over the fire 9. _________ eat to celebrate Bonfire Night on November 5th every year.
  - in America
    - There 10. ______(be) no Bonfire Night on November 5th.

(Can you think of any other customs that are different in different parts of the world?)

【设计意图】 课堂延伸。课文中只提到了礼物、婚礼、肢体语言、节日等方面的文化差异,因此教师设计了这一环节让学生想一想、说一说他们所了解到的世界各地的其他文化差异和习俗,这样有利于学生开阔视野、扩大知识面,提高使用英语口语进行表达的能力。

Activity 2 Let's have fun.

Show the students the following joke and get them to enjoy it and then act it out.

A gentleman: "Today you look very beautiful!"

A lady: "Where? Where?"

The gentleman: "… Everywhere! "

【设计意图】 完成前几个环节的多个任务后,欣赏一则因文化差异而产生的笑话,并且让学生将这个笑话在课堂上演绎出来。这样既可以让学生得到放松,又可以承上启下,通过问题"Why do such embarrassing scenes happen in our lives?"自然导入下一活动。这一环节可以活跃课堂气氛,三个层次的班级都可以使用。

Activity 3 Let's discuss the benefits of learning different cultures in groups.

(What are the benefits of learning different cultures?)

The students discuss freely in groups.

【设计意图】 分组讨论"了解不同文化的好处"。在讨论过程中学生就会明白学习和了解文化差异的重要性,从而实现这一堂课的德育目标:培养学生的国际理解能力和跨文化交流能力,即学生的核心素养之一——文化意识。学生自由讨论，训练学生的批判思维，以培养他们的国际理解能力。

Activity 4 Let's watch a video.

Get the students to watch a short video and then discuss what they should do when facing cultural differences.

(When facing culture differences, what should you do?)

【设计意图】 观看一段有关美国的一些习俗的短视频，了解美国文化。然后让学生思考和讨论"当面对各种文化差异时，应当有什么样的正确态度？"。最后对本课进行总结——When in Rome, do as the Romans do。三个层次的班级都适用。

Homework

1. Suppose you are Ma Li. Peter and Waled are interested in Chinese culture. Please write a short passage to introduce them to Chinese traditional festivals.

2. Review the text and underline some difficult and important phrases or sentences.

【设计意图】 用这堂课所学的知识和技能完成写作任务，让学生向外国友人介绍中国的传统节日，宣传中国的传统文化，将课堂延伸到课外。

Module 6 Unit 3 Reading　Cultural differences (for Level B)

Teaching objectives

By the end of this period, the students will be able to:

1. improve their reading skills;

2. learn some basic knowledge about the cultural differences and customs;

3. understand the use of examples.

Teaching important points

When reading the conversation, the students will focus on:

1. cultural differences;

2. the use of examples.

Teaching procedures

Step 1 Lead-in

A guessing game—Let's play a guessing game.

Get several students to have a role play and other students to guess where these students come from according to their different ways of greeting each other.

Where are they from?

【设计意图】 以游戏导入新课，激发学生的学习兴趣，一开始就吸引学生的眼球。在这一环节，教师让几个学生提前做好准备，表演出世界上几个国家和地区的不同的问候方式，然后让其他学生竞猜，说出这几位学生表演的角色分别来自什么地区或国家。这样，自然地导入本节课的阅读主题——文化差异。

Step 2 Input

Activity 1 Let's read the passage quickly and answer the following questions.

1 Which country is Waled from?

2. Where does Peter come from?

3. Which of the following topics are mentioned in the passage?

□colour of clothing □hair styles

□weddings □presents

□Thanksgiving □table manners

□greetings □pointing

□cultural differences in the USA and UK

【设计意图】 学生快速阅读文章，先回答两个问题，然后选出文章中所提到的话题。这一活动的设置有利于训练学生的"跳读"技能。

Activity 2 Let's read the passage carefully and decide whether the sentences in Part C1 are true or false.

Activity 3 Let's read the passage carefully again and then complete the mind map.

【设计意图】 学生仔细阅读课文，先完成课本中Part C1的判断题练习，通过此题训练学生阅读理解的细节判断能力。然后，学生根据课文内容完成一幅思维导图（见第44页）。思维导图中的题目是基于全国高考新题型"完形填空II"设置的，既有利于学生对所学语篇结构和内容的整体把握，又增加了对高考新题型的训练。

Step 3 Output

Activity 1 Let's think of other customs that are different in different parts of the world.

(Can you think of any other customs that are different in

Module 6 Unit 3 Reading

Cultural differences

- **presents**
  - **in the West**: You open the present when someone gives you one. They want to see 1. ________ you react.
  - **in the East**: It is rude to open the present as soon as someone gives you one.
- **wedding customs**
  - **in Korea**
    - People have a live hen and a rooster as part of the wedding ceremony, because 2. ________(rooster) are supposed to drive bad spirits away while hens are thought 3. ________ (ensure) good luck for the marriage.
    - Everyone congratulates the new couple when the hen lays an egg as it is considered very 4. ________(luck).
  - **in Brunei**
    - Men and women sit 5. ________(separate) at wedding receptions---the men with the bridegroom and the women with the bride.
    - They do not serve alcohol at the wedding reception.
    - They play loud drums for hours or even 6. ________ the night after the wedding reception.
- **body language**
  - **in many countries**: People point with 7. ________(they) first finger.
  - **in Brunei**: People use the thumb to point, as 8. ________ (point) with first finger can cause offence.
- **festivals**
  - **in Britain**: People light large fires outside with plenty of fireworks, gather around, have a party, cook food over the fire 9. ________ eat to celebrate Bonfire Night on November 5th every year.
  - **in America**: There 10. ______(be) no Bonfire Night on November 5th.

different parts of the world?)

【设计意图】 课堂延伸。课文中只提到了礼物、婚礼、肢体语言、节日等方面的文化差异，因此教师设计了这一环节让学生想一想、说一说他们所了解到的世界各地的其他文化差异和习俗，这样有利于学生开阔视野、扩大知识面，提高使用英语口语进行表达的能力。

Activity 2 Let's have fun.

Show the students the following joke and get them to enjoy it and then act it out.

A gentleman: "Today you look very beautiful!"

A lady: "Where? Where?"

The gentleman: "… Everywhere! "

【设计意图】 完成前几个环节的多个任务后，欣赏一则因文化差异而产生的笑话，并且让学生将这个笑话在课堂上演绎出来。这样既可以让学生得到放松，又可以承上启下，通过问题"Why do such embarrassing scenes happen in our lives?"自然导入下一活动。

Activity 3 Let's discuss the benefits of learning different cultures in groups.

(What are the benefits of learning different cultures?)

Get the students to discuss the benefits of learning different cultures in groups. When the students discuss in groups, the teacher can offer some help if necessary.

【设计意图】 分组讨论"了解不同文化的好处"。在讨论过程中学生就会明白学习和了解文化差异的重要性，从而实现这一堂课的德育目标：培养学生的国际理解能力和跨文化交流能力，即学生的核心素养之一——文化意识。

学生自由讨论的过程中，教师提供一定的必要的帮助，促进其顺利完成任务。

Activity 4 Let's watch a video.

Get the students to watch a short video and then discuss what they should do when facing cultural differences.

(When facing culture differences, what should you do?)

【设计意图】 观看一段有关美国的一些习俗的短视频，了解美国文化。然后让学生思考和讨论“当面对各种文化差异时，应当有什么样的正确态度？”。最后对本课进行总结——When in Rome, do as the Romans do。

Homework

1. Try to retell the text to each other.

2. Review the text and underline some difficult and important phrases or sentences.

【设计意图】 复述文章内容，培养学生的语言能力。

Module 6 Unit 3 Reading Cultural differences (for Level C)

Teaching objectives

By the end of this period, the students will be able to:

1. improve their reading skills;

2. learn some basic knowledge about the cultural differences and customs;

3. understand the use of examples.

Teaching important points

When reading the conversation, the students will focus on:

1. cultural differences;
2. the use of examples.

Teaching procedures

Step 1 Lead-in

Picture talking—Let's look at the pictures and talk.

Get the students to look at some pictures and talk about some cultural differences.

Which festival are people celebrating?

【设计意图】 呈现与文化差异相关的图片，给学生一种直观的视觉冲击，让他们感受到不同国家间的文化差异，用设置的情境直接导入本课话题。

Step 2 Input

Activity 1 Let's read the passage quickly and answer the following question.

Which of the following topics are mentioned in the passage?

□colour of clothing	□hair styles
□weddings	□presents
□Thanksgiving	□table manners
□greetings	□pointing
□cultural differences in the USA and UK	

【设计意图】 学生快速阅读文章，选出文章中所提到的话题。这一活动的设置有利于训练学生的“跳读”技能。

Activity 2 Let's read the passage carefully and decide whether the sentences in Part C1 are true or false.

Activity 3 Let's read the passage carefully and answer the questions in Part C2.

【设计意图】 学生仔细阅读课文，先完成课本中Part C1的判断题练习，通过此题训练学生阅读理解的细节判断能力。然后，回答课本中Part C2的六个问题，进一步了解文章的细节信息以及训练学生的细节推理能力。

Step 3 Output

Activity 1 Let's have fun.

Show the students the following joke and get them to enjoy it and then act it out.

A gentleman: "Today you look very beautiful!"

A lady: "Where? Where?"

The gentleman: "… Everywhere! "

【设计意图】 完成前几个环节的多个任务后，欣赏一则因文化差异而产生的笑话，并且让学生将这个笑话在课堂上演绎出来。这样既可以让学生得到放松，又可以承上启下，通过问题"Why do such embarrassing scenes happen in our lives?"自然导入下一活动。

Activity 2 Let's discuss the benefits of learning different cultures in groups.

(What are the benefits of learning different cultures?)

Get the students to discuss the benefits of learning different cultures in groups. Before the students discuss in groups, the teacher can offer some pictures on the PPT to give some hints.

【设计意图】 分组讨论"了解不同文化的好处"。在讨论过程中学生就会明白学习和了解文化差异的重要性,从而实现这一堂课的德育目标:培养学生的国际理解能力和跨文化交流能力,即学生的核心素养之一——文化意识。教师利用图片给学生的讨论提供一定的暗示与引导,帮助他们顺利完成任务。

Activity 3 Let's watch a video.

Get the students to watch a short video and then discuss what they should do when facing cultural differences.

(When facing culture differences, what should you do?)

【设计意图】 观看一段有关美国的一些习俗的短视频,了解美国文化。然后让学生思考和讨论"当面对各种文化差异时,应当有什么样的正确态度?"。最后对本课进行总结——When in Rome, do as the Romans do。

Homework

1. Read the text and look up some words you don't know.
2. Underline some difficult and important phrases or sentences in the text.

【设计意图】 阅读文章,查词典,处理文章中的难点词汇。

参考文献

[1] 林崇德. 21世纪学生发展核心素养研究[M]. 北京：北京师范大学出版社，2016.

[2] 王岚. 从多元智能理论视角看大学生个体差异以及多元智能大学英语教学[D]. 南昌航空大学，2010.

[3] 格利·格雷戈里等著，赵丽琴译. 差异化教学[M]. 上海：华东师范大学出版社，2015.

[4] 程晓堂、赵思奇. 英语学科核心素养的实质内涵[J]. 课程·教材·教法，2016(5).

[5] 李长勤. 新课程背景下分层教学研究[D]. 华中师范大学，2008.

[6] 中华人民共和国教育部. 普通高中英语课程标准(2017年版)[S]. 北京：人民教育出版社，2018.

[7] 朱永新. 新教育[M]. 桂林：漓江出版社，2009.

[8] 张光明. 直击新课程学科教学疑难　高中英语[M]. 北京：教育科学出版社，2014.

第三章

一核二本三化四美

一、激活内涵

株洲市十八中的英语教学特色为“一核二本三化四美”。这是基于该校办学理念和英语教学实际而逐步形成的一套教学理念。“一核”是指英语教学的风向标——英语学科核心素养。学生核心素养是从人的全面发展角度出发，体现促进人的全面发展、适应社会需要这一要求。培养学生的核心素养是为了健全个体，奠基终身学习和发展。而英语学科素养旨在培养学生的语言能力、思维品质、文化意识和学习能力，是基于语言学习的学科育人。“二本”是指英语

图1：
十八中英语学科核心素养

教学的媒介——课本研修和校本开发。在培养学生英语核心素养的过程中，通过对必修和选修课本的有效整合和针对文化生和专业生的校本教材的合理开发，来巩固学生的语言基础知识和基本技能。“三化”是英语教学的方式。在教学过程中，教师立足学情，采取“情境真实化，活动任务化，探究主动化”的教学方式，让学生自主学习，合作探究，并结合该校美术特色，融美术特色于英语课堂。在教学过程中，渗透“四美”——情境美，文字美，图形美，思维美。育人亦如种树，养生（核心素养）固本，才能茁壮成长，达到臻和至美。

二、聚焦核心

基于人类社会对于21世纪的美好憧憬和所面临的世纪挑战，联合国教科文组织提出了“21世纪能力”（21st Century competencies）。21世纪能力是当今国际教育发展的重要趋势，而《国家中长期教育改革和发展规划纲要（2010—2020年）》的颁布标志着我国课程改革进入了新阶段。课程改革的重要目标就是发展学生核心素养。核心素养是指学生在接受相应学段的教育过程中，逐步形成的适应个人终身发展和社会发展需要的必备品格和关键能力，是知识与能力、过程与方法、情感态度与价值观的整合。而英语学科核心素养主要包括学习能力、语言能力、思维品质和文化意识（见图2）。株洲市十八中学生基础薄弱，基础知识的学习和基础技能的培养仍是该校高中英语教学的主要内容。该校英语教师主要通过提升学生的语言认知层面（语音、词汇、语法、话题、功能和语篇）、语言技能层面（听、说、读、看、译）和语言意识层面（语用、语境、语感策略和思维）来培养学生的学科核心素养，并根据自身美术特色，以“臻和至美”为办学理念，以教材和校本课程引领教学，培养学生核心素养。

图2:
英语学科素养图

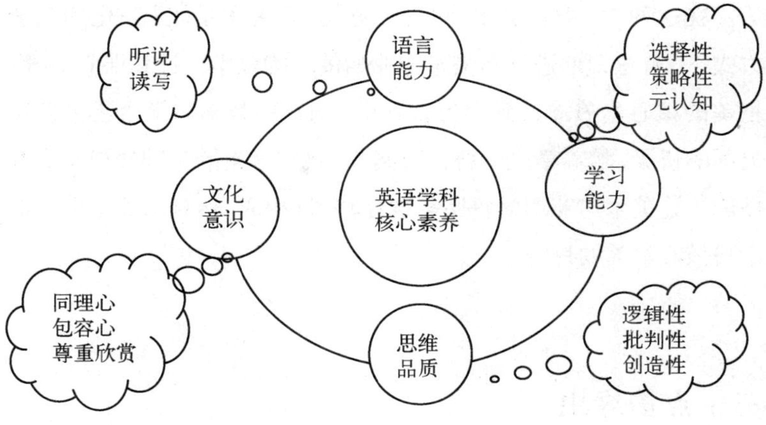

（一）学科课程的编制

核心素养是设置学校英语课程的风向标，而特色英语课程又是落实核心素养的着力点。该校根据自身美术特色办学，在英语课程建设方面认真探索，积累经验。学校的课程方案是以国家教育方针为指导，从国家规定课程和特色校本课程两个维度进行架构。由于现行的牛津教材对于十八中学生有难度，专业生的课时安排又缩短了正常的英语教学时间，所以该校采用课本研修和校本开发双管齐下的策略：1. 有效整合必修模块一到模块五的课程，灵活处理模块六到模块十一的内容学习；2. 同时针对艺术专业生和文化生，开发不同的校本教材，高一新生有初高中衔接课程，从抓音标、词汇、书写基础入手；文化生有阶段提升的阅读校本课程；高二有学考校本课程；艺术生有100天文化冲刺校本课程。

（二）课堂教学的实施

在教学过程中，引路激趣，学有所获是根本。因此教师需要创设真实化的情境，通过任务设置来开展课堂活动。在课堂教学中，注重基础知识的理解和掌握，注重激发学生英语学习的兴趣，通过任务来开展课堂教学活动，促进学生主动地去探究知识，提升能力。在这种“情境真实化、活动任务化、探究主动化”三化的教学方式下，有意识地进行与美术专业相关联的教学设计和课堂引导，把美的核心素养渗透到学科教育中，构建起教学与学生艺术发展之间的桥梁，培养学生学科核心素养，巩固学生的基础知识和基本技能。让美术与英语学科完美结合，相辅相成，达到培养学生英语学科核心素养的目的。

三、点击缘由

（一）点击校情学情

株洲市教育局针对株洲教育高中学段课程单一、教学资源分散、精品课程匮乏等不利于创新人才培养的实际情况，提出创新教育机制，丰富教育格局。在2006年进行教育结构调整，合并四校（株洲市五中、四三零中学、六零一中学和铁路一中）成株洲市十八中。该校在原四校艺体特色基础上，确立特色办学的指导思想，创建了一所以“臻和至美”为办学理念的省级美术特色示范学校。虽然是湖南省美术特色实验学校，但是招收新生往往需要等其他几所省重点公办中学招满后才能招收。因此，入校生源不优，学生基础薄弱，英语层次参差不齐是不争的事实。

经过实践，该校探索出“课题引领、课程支撑、活动渗透”这一特色办学思路，让每一个学生都朝着“合格+特长、规范+特色”的方向发展，目的是培养能够发现美、欣赏美、创造美，人文素养高，学有所长的全面发展的学生。三个年级，每个年级有两个美院班，无论是文化和专业都要求高些；有四个艺术特色班，根据学生的专业侧重点和文化成绩编班；有六个文化班。株洲市十八中英语教学在美术特色校的这片沃土上，逐渐形成“一核二本三化四美”的教学理念。

（二）点击教育理论

“一核二本三化四美”教学特色是基于建构主义理论、情感教学理论、布鲁姆的教育目标分类和多元智能理论等提出的。

建构主义理论(张雅军,2012：18)：建构主义理论(Constructivism)也译作结构主义(结构主义是Structivism，两者既有联系，也有区别)，是认知心理学派中的一个分支。建构主义理论的一个重要概念是图式，图式是指个体对世界的知觉、理解和思考的方式，也可以把它看作是心理活动的框架或组织结构。图式是认知结构的起点和核心，或者说是人类认识事物的基础。因此，图式的形成和变化是认知发展的实质。认知发展受三个过程的影响：同化、顺化和平衡。学习是学习者主动地建构内部心理表征的过程，它不仅涉及结构性的知识，而且涵盖大量的非结构性的经验背景。在学习的过程中，有对新知识的意义建构，也有对旧知识的重组。在此理论的支撑下，该校英语教师结合美术特色校的特点，根据教学内容适时运用要点图(Anchor map)来促进教学。通过要点加图形，帮助学生把信息图表化、形象化，结构化，能快速梳理思维，理解知识要点。学生通过建构，将所学所想结构化：从中心出发进入板块，从板块出发进入细节，再由细节出发进入到更多细致性发散和想象创造中去。在建构的图形中不断循环，使得学习的空间不断地增大，不知不觉中引导学生进入独立自主的学习状态，使得语言认知和运用能力得到提升，思维得到训练。

情感教学理论(阿诺德、程晓堂,2000：45)：情感是人类心理活动的一个重要方面，是人对客观事物的态度体验，是人们的需要是否获得满足的反映。情感教学是指教师在教学过程中，在充分考虑认知因素的同时，充分发挥情感因素的积极作用，以完善教学目标、增强教学效果的教学。其目的在于培养学生形成正确的人生观和良好的生活态度，激发其个性朝正面发展，同时也使其为将来储备社会生存及与人相处的能力。人本主义心理学家认为，真正的学习涉及整个人，而不仅仅是为学习者提供事实。真正的学习经验能够使学习者发现他自己独特的品质，发现自己作为一个人的特征。教学的本质即促进学生成为一个完善的人。在此理论的支撑下，该校英语教师在教学过程中，创设合理真实的情境，注重帮助学生理清自己想要学习什么；根据课本和校本教材，安排适宜的教学活动，完成任务，使学生在主动探索中发现所学知识的意义，来达成促进学习的情感需要。

四、亮化创新

面对新的挑战，作为语言教育工作者，该校英语教师不断实践和创新。

（一）以美激趣，创设课堂情境，促进学生语言能力提升

基于核心素养的英语教学应以学科知识为载体，以学生的发展为根本，激发学生兴趣，引发学生自主进行言语实践，从而将知识转化为能力。

1. 培养语言美的学生

在课堂教学中，值日报告是一个很普通的环节。如果教师加以正确的指导，使之成为师生交流的重要手段之一，不仅可以提高学生的口头表达能力，激发其热情，增强其信心，还可以帮助他们养成良好的学习习惯和书写习惯。

值日报告要求学生能运用所学到的知识，并联系生活实际，使报告具有一定的主题和交际功能。比如在学习《牛津高中英语》模块一第一单元“School life”时，学生可借助所学知识谈十八中的校园生活；在学习有关职业类的词语时，学生可以谈梦想：“What do you want to be after you leave school?”；学习一般过去时时，学生可以谈论刚举行过的运动会和艺术节。还可以结合教学内容或

话题，创设应时应景的课堂真实情境，促进学生语言能力的提升。而值日报告表（见表1）可以对学生进行有效的督促，给予激励性的评价。

表1：
高一______班学生英语值日报告轮流表

姓名	日期	星期	话题	自我评价	小组评价	教师综合评价

2. 创设情境美的课堂

英语教学的主阵地是课堂，提高学生英语核心素养的关键是课堂教学。创设情境，使学生在真实情境中体验语言、学习语言，让学生成为英语课堂的主角，进而达到英语教学的最好效果。

(1) 导入的设计与组织

一堂课，如同一首交响曲的演奏。吸引人的交响曲的前奏能引导听众步入意境，课堂成功的导语能激发并加深学生听课的兴趣和求知欲望。导入的设计要求教师全盘考虑，对学生有所了解，对教材有所知晓，对语言有所掌握。导入的方法、方式多种多样：趣味性的讨论、游戏、背景介绍、课题相关的歌曲引入、运用直观教具以及电影等多媒体手段的导入，都可以运用到课堂的导入环节，激发学生的愉快情感，自然进入课堂的中间环节。

(2) 过渡的设计与组织

一堂课的教学要有节奏感和美感，过渡要自然流畅。一般内容稍作陈述即可，重点、难点内容则应予以强调，这样节奏就自然地形成了。例如：《牛津高中英语》模块一第一单元“School life in the UK”中，“Going to a British high school for one year was a very enjoyable and exciting experience for me.”这一句子是动名词做主语，这既是重点也是难点。所以，教师要有清晰的教学思路，张弛节奏交替出现，保持恰当的节奏。导入性活动要有吸引力，可游戏、听歌、背诵、看视频等；过渡性活动宜紧凑，环环相扣，可提问、扩展句子、模仿对话、复述、讨论等。显而易见，紧张与松弛交替变化，让课堂有着音乐的节奏美，既能达到教学的理想效果，也让学生快乐习得语言。

(3) 结课的设计与组织

作为课堂教学的一个环节，结课的设计与组织对于优化教学效果和提高教学质量具有重要意义。好的结课不仅可以对教学内容起到概括作用，而且可以起到拓展课堂教学内容、激发学生学习兴趣、调动学生学习积极性的作用。结课的形式因情因景因内容而异，而巧妙设置作业结课是最常见的一种方式，它是课堂的延伸，让学生有一个深层次的思考。英语课后作业不能只求量而不求质，而应布置一些学生感兴趣的作业，如根据图片自编对话、根据人物讲故事、设计布告或海报等。例如在教学完《牛津高中英语》模块一第一单元的Task版块之后，正逢学校运动会等各种活动的来临，教师适时要求学生设计一份布告。学生的兴趣很高，把专业和文化结合起来，效果很好。

（二）以美启智，实践积累语言，拓展学生学习能力发展

基于核心素养的英语教学应以学科知识为载体，引发学生自主进行言语实践，培养和发展智力，从而将语言知识转化为能力。

1. 在常规课堂中稳扎稳打

该校在高一新生入学后安排两周初高中衔接课程，从抓音标、词汇、书写基础入手，注重激发学生的英语学习兴趣。在高一、高二教学阶段，重在教材知识点的掌握和基本技能的培养。在教学过程中，精心编制适合该校学情的导学案和课程资料。在常规的课堂教学中，重在知识的落实，从字词句篇章到知识的迁移运用。有效设计英语课堂活动，并落实细节，落实每一个具有校本特色的学案，从语言认知、技能和意识层面来实践积累语言，来拓展学生的语言能力。

图3:
校本特色学案集

2. 在日常课余中重点突破

高中美术生的英语教学对于教师来说是一个挑战。一方面，由于美术生英语基础薄弱，对于普通高中的牛津英语教材学习起来有难度。另一方面，由于美术专业生的课程安排特点，英语学习时间比普通学生要少。针对这些情况，该校教师利用零碎时间对学生实行思想和学科个别辅导，查漏补缺；提升优生，培养中等生，关注英语基础薄弱生。对基础差的学生不施加强压，降低要求。对基础好的学生再次夯实基础，为高考奠基。

（三）以美引思，发散个性思维，优化学生多元思维品质

思维是将感知的事物的本质规律予以概括的反映。语言学习是一个不断练习和理解的过程，语言运用也是一个不停顿的思维过程。教师以记忆的知识为基础，培养学生把储存的信息及理解等加以组合，萌发出新的有创意的大脑活动，达到优化学生多元思维品质的目的。

要点图学习法是一种思维可视化学习方式。它能把知识、逻辑和思维视觉化地呈现出来，通过要点加图形来建构和理解知识要点。学生通过结构建图，从中心出发进入板块，从板块出发进入细节，再由细节出发进入到更多细致性发散和想象创造中去。循环中使得学习的空间不断地增大，不知不觉中引导学生进入独立自主的学习状态。美术生手绘要点图，把学生喜爱的画画的方式和语言相结合，不仅仅是学习知识，还可以建构知识体系和训练美术专业技能。学生既掌握了知识，又生成了立体性思考，提高了学习兴趣。

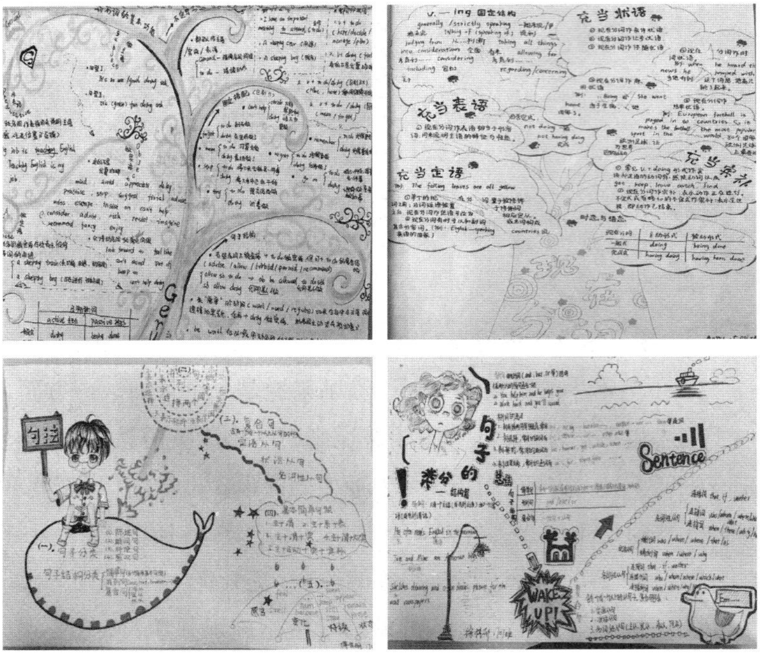

图4:
学生要点图作品

(四)以美怡情，感知文化意涵，培养学生文化意识

在英语学科教学中，该校教师注意挖掘学科自身的德育内涵，把握课业内容的感染、陶冶、潜移默化的心理效应，通过美育这个途径，让情感认知通过“随风潜入夜，润物细无声”的陶冶得以提升。

1. 包罗万象的作品

该校的特色是美术班多。学科教师也需知晓些许美术知识，培养自身的艺术素养。该校英语教师会把学生的语言学习和美术结合起来。例如《牛津高中英语》模块三第二单元“Lost civilization”课文，教师采用绘图方式帮助学生理解，极具个性与创意。还有晦涩难懂的选修模块七第二单元“Magic needles: Chinese acupuncture”课文，教师让学生观看电视剧《陆贞传奇》中有关针灸的片段，学完课文后自创“神针”。学生不仅有留在纸上的智慧，也有展示在黑板上的涂鸦。

图5:
学生作品

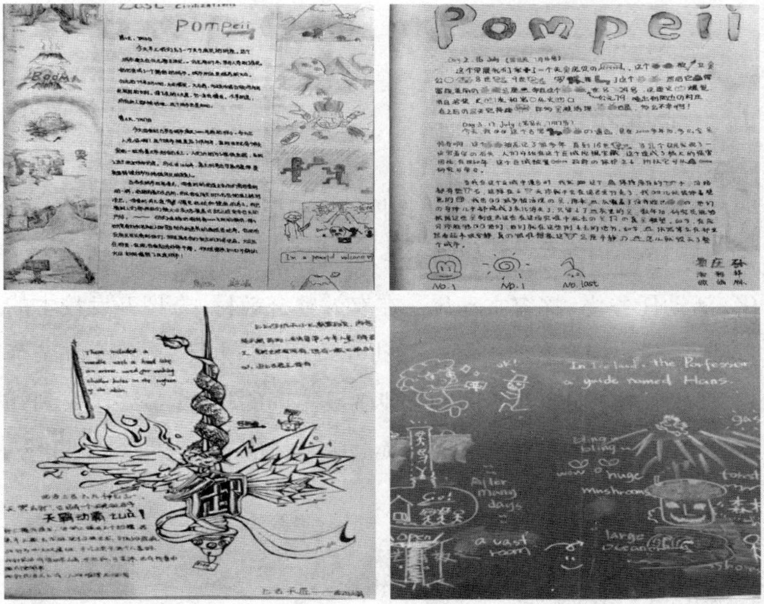

2. 无处不在的网络

学校已有完整的计算机网络，互联网就在学生的生活和学习中。授之以鱼，不如授之以渔。网络和多媒体的内容有趣、直观、生动，而且教学资源丰富，以它为基础的辅助教学使该校的常规教学锦上添花。教师经常会给学生放网易公开课、TED科普人文知识视频等来锻炼听力，扩大视野，培养思维。同时教师还有意识地播放与艺术相关的视频如《探索绘画背后的故事》，在语言的学习中渗透对核心素养的培养。教师也会适当引导学生使用APP记单词（百词斩、墨墨背单词）、练听力（BBC六分钟英语）、读文章（E头条双语新闻）等。计算机技术与网络技术的有机结合，将枯燥变为有趣，将被动变为主动。学习无处不在，趣味如影相随。

五、全屏步骤

经过多年的实践和探索，该校英语组逐渐形成了教师为主导，学生为主体，以培养“一核四美”为目标的“三化”课堂：情境真实化，活动任务化，探究主动化。在有效整合教材、合理开发校本的基础上，优化课堂教学。教学活动分为五个基本环节，每个环节互相关联，层层推进，在不同的阶段各具不同的功能，最终落实到知识的运用、能力的增强和素养的提高上（见图6）。

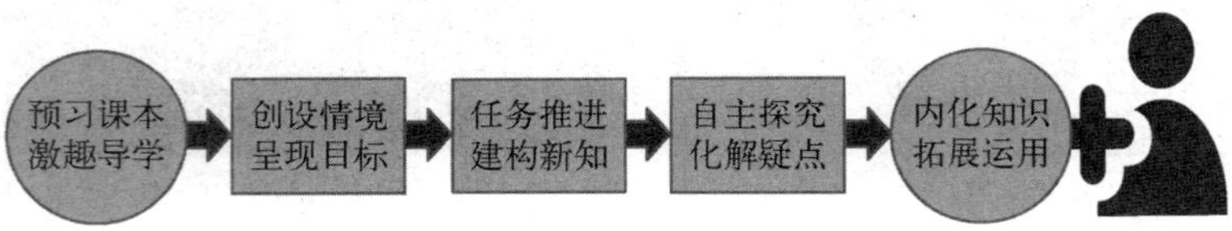

图6：
课堂教学步骤

（一）预习课本　激趣导学

十八中学生的英语基础薄弱，预习这一环节在课堂教学中必不可少。有效的预习，能够为新知识做铺垫，减少课堂的教学容量，降低教学的难度，最终使学生顺利接受新知识。根据新知识的难易程度，教师设计的预习内容有口头或书面内容，预习的时间有长有短。例如在《牛津高中英语》模块一定语从句的整体学习中，定语从句的引入、关系代词引导的定语从句、关系副词引导的定语从句、介词加关系代词引导的定语从句、定语从句的考点集合，就是通过预习导学案层层推进，来理解和掌握。通过这种有效的预习方式，学生在上课之前就明白新知识内容的难点、疑点所在，能发现自身在学习上的缺陷，并及时在课前和课中查漏补缺，跟上学习的进度，产生学习的成就感，这样自然有学习的兴趣，有学习的兴趣就能更加激发学习热情。

（二）创设情境　呈现目标

建构主义认为，学习总是与一定的文化背景和语言环境有关联。在实际情境下，可以使学生利用原有的认知去同化和索引当前学习到的新知识，从而赋予知识某种意义；如果原有经验不能同化新知识，则需要顺应过程，即对原有的知识进行改造和重组。英语课堂教学中，学生核心素养的培养需要教师创造紧密联系真实生活和社会实际的英语教学情境，作为一座与知识能力相会的桥梁。例如，在《牛津高中英语》模块五第二单元“The environment”一文中，教师通过播放短片和呈现图片的方式，借助简洁明了的提问来预测和感知环境问题，呈现学习目标。学生结合自己的生活经验和感悟，生成语言描述视频和图片内容，把词汇变成生动的语言；在预测过程中，学生相互交流，深化词汇和语法知识使用。

（三）任务推进　建构新知

任务驱动的教与学的方式，能为学生提供体验实践的情境和感悟问题的情境，围绕任务活动开展学习，以完成任务的过程为学习的过程，在探索、实践、思考、运用、解决中来达成建构新知识的目的。例如在《牛津高中英语》模块十第三单元“Aids today”一文中，通过以下任务设计来推进课堂教学：

❖ Listen to a piece of news and guess what we will get to know in the article;

❖ Have a quiz testing on how much you know about Aids;

❖ Skim the text and draw a mind map to show the structure of the text;

❖ Read the fourth and fifth paragraphs and fill in the blanks;

❖ Guess what will be talked about in the next paragraphs.

（四）自主探究　化解疑点

思维是智力和能力的核心，智力品质是思维活动中智力和能力在个体上的表现。思维品质主要包括思维的敏捷性、灵活性、创造性、批判性和深刻性。问题是思维的起点，老师要精心设计问题，以此及学生的问题为导向，引领学生思维，让学生独立思考、自主探究。教师点拨，帮助学生化解疑点。例如，在定语从句和名词性从句语法讲授完毕后，让学生自主探究两种从句的差异，教师适时适当点拨。

（五）内化知识　拓展应用

在学生获取和概括知识点后，通过家庭作业的设计或课外知识的拓展来达到知识的内化，从语言的输入到语言的输出。让学生开阔眼界和胸怀，在解决实际问题的同时提升能力。

六、连线课堂

Module 6 Unit 3 Grammar and usage　Unreal conditionals

(非真实条件句)

Teaching objectives

By the end of this period, the students will be able to:

1. learn the forms and basic use of unreal conditionals;

2. learn how to express one's ideas by using unreal conditionals;

3. experience the beauty of English by experiencing different situations;

4. inspire their ambition and develop their awareness of cooperation.

Teaching procedures

Step 1 Lead-in

Enjoy a song "Because I Love You".

【设计意图】 以一首带有诸多非真实条件句的歌曲以及图片描述直观引入,创设了简单活泼的语境,能够很好地帮助学生快速进入情境,吸引学生注意力,活跃课堂气氛。

Step 2 Presentation

Summary 1: Unreal present (对现在的虚拟)

If clause (从句): ______________________________

Main clause (主句): ______________________________

Example: If I _______ down on my knees and I pleaded with you,

If I _______ a million oceans just to be with you,

_______ you ever _______ me down.

If I _______ the highest mountain just to hold you tight,

If I said that I would love you every single night,

_______ you ever _______ me down.

【设计意图】 听歌曲写词,与导入环节自然衔接。教师通过图片、听音写词等方式,在感受音乐的韵律美的过程中,让学生在视觉、听觉多个维度真切体验,自然而然总结出本堂课语法规则一。

Consolidation 1: Chain game (故事接龙)

【设计意图】 活动一话题贴近生活(If I had a billion dollars, I would ...),以故事接龙的方式让全班同学参与到活动中来,以小组合作的方式呈现,培养学生的团结协作精神。

Summary 2: Unreal future (对将来的虚拟)

If clause (从句):________________________________

Main clause (主句):______________________________

Example:

If God ________ (give) me another chance, I ________ (tell) the girl three words: I love you.

If I ________ (have) to set a time limit to our love, it ________ (be) 10,000 years!

【设计意图】 创设轻松活泼的学习氛围,让学生在经典影视剧片段的台词中归纳总结出本堂课语法规则二。

Consolidation 2: Making a dialogue (pair work)

【设计意图】 活动二让学生两两合作,培养生生互助的精神,达到共同提高的目的。

Summary 3: Unreal past (对过去的虚拟)

If clause (从句):________________________________

Main clause (主句):______________________________

Example:

If Hong Zhou ________ (not work) so hard, he ________ (not be) the top student in our class last term.

If we ________ (not study) hard, we ________ (not make) progress in English.

【设计意图】 选用身边人物的典型事例能够很好地帮助学生理解语境，并灵活运用所学知识，顺利地实现知识的迁移。身边人物的正能量能很好地激发学生自信、积极、勤奋、努力拼搏、坚持不懈等良好品质，将核心素养培养落到实处。

Consolidation 3: Blank-filling (individual work)

T: You were late for school without breakfast yesterday. If you ________ (buy) an alarm clock like you should have, you ___________ (not be) late.

S: Yes. Also, if I ________ (wake) up earlier, I ___________ (have) time for breakfast.

T: If you ________ (not be) so tired last night after your football match, you ___________ (study) more.

S: I'm so sorry, sir.

【设计意图】 在经过小组合作、生生互助之后，活动三的任务要求学生独立完成，达到提高学生个人素质的目的。

以三个活动为载体，通过group work、pair work和individual work三种方式加强学生综合运用此语法结构的能力，让学生的能力在活动中得到提高。

【翻译句子】 如果没有全体十八中人这么多年的努力，我们的学校现在就不可能如此辉煌。

____.

Step 3 Competition

【设计意图】 巩固本堂课所学内容，由知识记忆层面上升到知识运用层面，根据题目难易程度设置不同分值，培养学生竞争意识；同时与高考考点有机结合，提高学生综合解决问题的能力。学生在活动中体会合作之美、竞争之美、英语学习之美。

Homework

1. Design an anchor map of the subjunctive mood.

2. Li Hua is absorbed in playing computer games, which is bad for his study and health. His parents are quite worried. As his best friend, what would you tell him? You are encouraged to use unreal conditionals in your sentences.

【设计意图】 在语言输入后，建构虚拟语气的语法知识体系，进行语言输出。

Never forget why you started, and your mission can be accomplished.

参考文献

[1] 王蔷.英语教学法教程[M].北京：高等教育出版社，2006.

[2] 罗忠民、何高大.外语新课程教学论[M].南京：南京大学出版社，2011.

[3] 常锐伦、唐斌.美术学科教育学[M].北京：人民美术出版社，2011.

[4] 张雅军.建构主义指导下的自主学习理论与实践[M].武汉：华中师范大学出版社，2012.

[5] 阿诺德、程晓堂.情感与语言学习[M].北京：外语教学与研究出版社，2000.

第四章

七步成全英语活力教学

一、激活内涵

建宁实验中学七步成全英语活力课堂的具体内涵如下图所示：

图1：七步成全英语活力课堂

（一）全角目标

全角目标，顾名思义，即呈现多方位全视角的教学目标。在培养学生学科核心素养的教育背景下，知识与技能、过程与方法、情感态度与价值观的三维目标需要植入进一堂课的教学活动中。在课的开始，教师就在创设真实情境的基础上，向学生呈现本堂课的语言目标，而后在接下来的教学活动中实现学生相关学习能力、思维品质和文化意识的培养。为了实现这些培养目标，该校首先通过外语学习，让学生对于说英语的国家的风俗人情能有进一步的了解；此外，适时引导学生，将中外文化进行对比，使学生更加了解自己本国的文化。教师上课时不仅解释课本上语篇所反映出来的风俗习惯和社会现象，同时引导学生思考、比较以及归纳，从而让学生形成自己的文化立场与态度，最终使学生能树立文化自信和民族自信。

（二）全能自主

全能自主就是充分利用学生的主观能动性，把课堂上一些基本的、学生会的语言学习活动都交给学生去完成。信任学生、放手学生会更有学习效率。教师在呈现学习目标之后，对于本堂课内容的相关背景知识输入和基本词汇输入等简单的、学生能独立完成的活动，都大胆交给学生完成，教师重在设计合适的活动，在旁边引领、帮助学生去完成这些教学活动，这时学生是课堂的主体。

（三）全体过关

全体过关就是在学生自主的学习活动之后，教师通过创设的活动，比如朗读、看图说话、师生对话、核对答案等检测学生是否达成基础语言学习目标。之所以能提出全体过关这一口号，是因为建宁实验中学是一所起点很高的公办初中，得天独厚的地理优势、雄厚的师资力量、政府的支持使得这所学校声名鹊起，吸引了大批优秀的学子。正是基于这样优质的生源，该校提出了全体过关这一目标。在英语课堂上，因为学生们有一定的自学能力和良好的学习方法，每一个学生在教师的适当引领和帮助下，都能完成教师布置的任务，全体过关，全体一起进步。

（四）全员合作

全员合作就是在英语课堂上，教师创设活动，督促全班学生分组合作学习，在每一次合作学习中，每个学生都有事做，达到“事事有人做，人人有事做”，不让合作学习成为个别优等生的专利。在该校英语课堂上，小组合作对话以及小组合作展示成了重中之重。教师鼓励每个学生参与课堂合作学习，正因为这样，每个学生都能开口表达，每个学生对于英语学习都自信满满，该校英语课堂的学习效率很高，连续几年的英语中考合格率都是100%。此外，在全员合作的过程中，学生的合作意识不断增强，集体意识也不断增强，在互帮互助中不断取得好成绩。

（五）全景展示

全景展示就是课堂上的输出阶段，教师创设一个展示环节，安排一个展示时间，让学生把本堂课要达成的目标展现出来。展示形式多样，有笔头的、口头的、唱的、演的、个人的、小组的等等。课堂上，该校学生在教师的安排下有时需要自己编写对话，自己演情境小短剧，有时需要演唱英文歌曲，有时则需要全员合作上台来秀一秀自己。该校在课外也有不少展示舞台，有在株洲市炎帝广场向全市人民开放的“建宁之夜”，还有“建宁大讲堂”等小型秀场，让学生展示不一样的自己。

（六）全新探究

全新探究就是该校在基于培养学生学科核心素养的要求下，创设的教学活动。对于英语课堂，该校教师总不断突破、不断尝试、不断创新，不满足于已有模式，根据学生的个性因材施教，做到全新探究。例如运用微课技术，加强学生课后的学习以及巩固；利用新的互联网手段，布置网上作业，使学生在轻松的氛围内完成任务；还有

"云课堂",让学生能在家在线和老师们进行实时互动,学习讨论。

(七)全面评价

全面评价就是对课堂上学生的表现进行全面的评价。所谓"全面",包括评价内容全——课堂参与的评价、课堂展示的评价、课前学习的评价、课后练习的评价,评价形式多——课堂表现加分、口头表扬、家长群公开通报、奖状奖励等等。全面评价甚至还延伸到对教师课堂教学的评价。通过全面评价督促每一位学生不断进步、克服不足。

二、聚焦核心

学生发展核心素养,主要指学生应具备的适应终身发展和社会发展需要的必备品格和关键能力。英语学科核心素养主要包括语言能力、学习能力、思维品质和文化意识。该校聚焦以下六大学生核心素养:1. 文化基础,包括人文底蕴、科学精神两大核心素养;2. 自主发展,包括学会学习、健康生活两大核心素养;3. 社会参与,包括责任担当、实践创新两大核心素养。

该校也聚焦外语学科能够承担哪些核心素养的培养问题。第一,英语语言能力。它主要是指在社会情境中借助语言进行理解和表达的能力。语言能力是英语学科核心素养中的基础要素。第二,英语学习能力。由于各种因素的限制,对中国的中学生来说,学好英语并非易事。因此,掌握英语学习的要领,养成良好的学习习惯,形成有效的英语学习策略,显得尤其重要。需要注意的是,作为核心素养的学习能力,并不局限于学习方法和策略,也包括对英语和英语学习的一些认识和态度。例如,在教授人教版《英语》八年级上册第七单元时,该校这样聚焦核心:

世界是发展变化的,你能想象出将来的生活会是什么样子吗？再读单元中这些对话和文章，从社会和个人的角度思考将来生活的情形。

2d **Role-play the conversation.**

Nick: What are you reading, Jill?
Jill: It's a book about the future.
Nick: Sounds cool. So what will the future be like?
Jill: Well, cities will be more crowded and polluted. There will be fewer trees and the environment will be in great danger.
Nick: That sounds bad! Will we have to move to other planets?
Jill: Maybe. But I want to live on the earth.
Nick: Me, too. Then what can we do?
Jill: We can use less water and plant more trees. Everyone should play a part in saving the earth.

50

Will people have robots? UNIT 7

3a **Read Jill's answer to the question "What will your life be like in the future?". Fill in the blanks with the words in the box.**

meet work live look keep wear more less fewer take

In 20 years, I think I'll be a newspaper reporter. I'll ______ in Shanghai, because there will be ______ jobs in that city. As a reporter, I think I will ______ lots of interesting people, so I'll have more friends. I'll have ______ pets, though, because I'll have ______ free time. And my apartment will be no good for pets because it'll be too small. So I'll probably just ______ a bird. During the week, I'll ______ smart clothes. On the weekend, I'll ______ less smart but I'll be more comfortable. In the future, people will ______ more so they'll probably have fewer vacations, but I think I'll ______ a holiday in Hong Kong when possible. One day I'll even go to Australia.

写作：假如你叫Li Hua，学校英语广播电台在开展一个主题为“将来的生活”的论坛，并将与国际合作学校学生分享讨论成果，请你写一份英文稿件，参与论坛，分享你的想象。

____

____

____

____

该校将英语核心素养细化成在英语课堂中的活动、简化成在课堂教学活动中的可操作形式。该校在课堂上创设真实的英语情境，鼓励和帮助学生通过说、写的形式进行理解和表达。该校英语课堂上的全体过关环节，通过听、说、读、写、译等不同手段，来帮助和监测学生对课堂英语语言知识的掌握。该校的全员合作环节，通过对学、群学等学习组织形式，让学生在小组合作学习活动中，建构不同的交际角色和人际关系。该校的全景展示环节，通过学生口头汇报、短文创作等形式锻炼和展示学生理解各种题材和体裁的英语口语和书面语篇的能力。

该校将英语核心素养美化成问题化、思维化的情景活动。如人教版《英语》七年级上册第三单元“Is this your pencil?”第四课时的课堂教学中，老师一开始就表演找东西状，左看右看，翻看包里，低头看地进入教室，构造出“Today I lost something”的真实语言情境。带着这个真实语言情境，老师向学生抛出问题：“Guess, what did I lost?”，并引导学生带着这个问题思考：“How to help teacher find it?”。然后在问题化、思维化的语言活动中，看lost and found通知，模仿写lost and found通知并张贴在展示板上，完成帮助老师找到丢失物（key）的任务。在这样的英语课堂中，学生的语言能力、学习能力、文化意识和思维品质都能得到有效培养。

三、点击缘由

该校的“七步成全英语活力课堂”既是学生发展核心素养的培养需要，也是根据该校校情、学情，进行因地制宜、因材施教的举措和典范。

株洲市天元区建宁实验中学是2014年7月新成立的一所市、区共建的现代化优质公办初级中学。学校致力于提供适合每位学生个性化成长的理想教育，着力培养具有“公民素养、精英气质、创新意识、国际视野”的学生，将学校建成师资力量雄厚、文化内涵丰富、办学特色鲜明的集品牌、特色、卓越为一体的新型学校。现有学生2 800余人，学生来自各区县，学习基础较好，家长对教学质量的期望普遍较高。基于此，该校以创造教育为主线，以学校文化建设、课程体系建设、教师专业发展和高效优质教学为着力点，“七步成全英语活力教学”就此应运而生。

四、亮化创新

当代中学英语课堂教学已经从以教师为中心转向以学生为中心。该校的“七步成全英语活力课堂”在继承传统教学经典的基础上，结合该校学生实际情况，进行了一些突破性的创新。

（一）全体学生参与课堂

该校加强全体学生与教师、教学内容的互动，使课堂焕发生命的活力。该校的全体过关、全面评价环节更是直接引导和要求学生参与到课堂中来，并完成课堂任务，从课堂内容到课堂评价，该校都在引导全体学生投身到课堂中来。

（二）全方位促进学生核心素养培养

该校的全能自主、全新探究环节，旨在引导和帮助学生自学、能学、会学，培养学生的批判思维意识、创新思维意识。

（三）全面提高课堂教学效果

“七步成全英语活力课堂”的每一环节，都在从不同方面和途径提高英语课堂教学效果。该校注重听说先行，读写跟上，全体过关强调学生听说的过关，全景展示强调学生写的能力过关。从课堂开始的全角目标，到中间的独学、对学和群学活动，再到结束的全面评价，都是帮助学生掌握语言的输入学习和输出操练。

五、全屏步骤

“七步成全英语活力课堂”的操作步骤，现展示如下。

（一）全角目标

此环节可以在课内外进行。教师可以在课前布置内容丰富的预习任务，要求学生有目的地带着本课或者本单元的学习目标进行课本知识的解读，有选择地摘取重难点进行预习，逐步击破学习方面的薄弱环节。而且学习目标不仅仅限于本课语言点或知识点，在课堂上，教师可通过语言、图片、幻灯片、视频等多种形式，进一步呈现本课的人文情感态度等目标，体现和渗透英语学科核心素养。由此通过课内外的双重配合，实现全角目标的落实。

（二）全能自主

这一部分在英语课堂上首先表现在导入的环节，在这一环节，也就是课堂最开始的几分钟，要充分调动学生的积极性，进一步激发学生的自主能力。而导入的形式多种多样，有视频、对话、歌曲等导入，也有问答、材料阅读或者知识导图的导入方式。例如在学习人教版《英语》九年级第七单元“Mom knows best”这首诗歌时，教师开场后问道：“How are you? Did you have breakfast today? What did you have this morning? Who often cooks breakfast for you?”，当学生回答出答案——Mom后，再自然过渡到诗歌的欣赏部分。这些导入方式联系生活，紧扣主题，激发了学生的学习兴趣，让学生带着全角目标进入一个全新的课堂，同时也是以学生为中心的导入方式，学生的自主性也得到了培养。在接下来的课堂中，全能自主也会在课堂的整体中进行渗透，学生独立思考的时间、小组合作的讨论都是全能自主的体现。

（三）全体过关

让每个学生都开口，是全体过关环节最重要的目标。该环节主要以有指导的讨论为主体展开。对本课的全角目标，学生可先进行分层次分小组的讨论，这一过程旨在锻炼学生的自主性。如果相关问题组内不能解决，或者全班大部分组都出现了相同问题，教师则抓住时机，有指导性地针对材料进行加工处理，让学生能进一步思考，得出答案，从而进一步实现教学目标的落实。这样从个人课前思考，到组内讨论，再到全班探讨，层层递进的合作模式，让全体学生的问题得到解决，全体过关。

（四）全员合作

全员合作其实贯穿课堂的始终，其表现方式也多种多样，可以是同桌之间的两两合作，也可以是小组讨论，甚至是全班性的对于材料的再次加工处理。由于学生的水平层次不同，个人思考所达到的高度或深度肯定也不尽相同，采取全员合作的方式，可以让学生勇于表达自己，提出自己的观点和看法，在合作中互相学习。

（五）全景展示

在课堂内的展示环节，教师指导学生整合本节课的知识，然后以小组为单位进行学习成果的展示，这也是课堂成果检测的一个重要部分。在此环节中，学生能将自己的所学所想展示给其他学生，而其他学生对其进行评价，互相答疑解惑，同时老师给予及时的反馈，从而实现课堂目标。

（六）全新探究

课堂不能一味地按部就班，应根据学生的不同情况，因材施教，不断创新，这样才能达到课堂的目标，使学生学有所得。对于课堂上不同教学形式的尝试，其基本出发点应该是学生的差异性。该校的“云课堂”等教学形式就是利用现代技术，让每个学生可以自主选择特定的老师为自己答疑解惑，与此同时也可以实现老师轻松地坐在家中对学生进行远程指导。

（七）全面评价

全面评价是一节课总结以及提升的环节。课堂中，教师和学生都参与评价，如在学生全面展示时，教师给出的及时反馈或者课后反馈，能起到指导性的作用，学生能自查自纠；而学生们在聆听过程中也给出评价，这样将评价的自主权交给学生，让学生做课堂上的主人，学生一方面可以学会聆听，取长补短，另一方面，学生站在教师的角度进行评价时，则可以换位思考，改善学习态度，提高学习效果。

六、连线课堂

此部分以该校的一堂精品英语课为范例，展示如何“七步成全”。

八年级上册 Unit 3 Writing　I'm more outgoing than my sister.

Teaching objectives

By the end of this period, the students will be able to:

1. grasp (listen, speak, read and write) the following words and phrases:

tall, pretty, funny, smart, lazy, singing, dancing, beautiful, basketball, swimming, round face, big eyes, wear glasses, short hair, curly hair;

2. memorize and understand the sayings:

(1) A good friend is like a mirror.

(2) A good friend is a second self.

(3) Friends are like books—you don't need a lot of them as long as they are good.

(4) A true friend reaches for your hand and touches your heart.

(5) A friend in need is a friend indeed.

3. grasp the methods of writing a composition and write a composition about friends;

4. get to know what a good friend is like.

Teaching important points

1. Memorizing and using good sentences and sayings about friends.

2. Writing a composition with their own characteristics about friends.

Teaching methods

Task-based language teaching approach & the communicative approach.

Teaching procedures

Step 1 全角目标

1. Show the aims. Let's talk about friends today.

2. Warming-up.

T: Hello, boys and girls! How are you today?

Ss: Fine.

T: Am I pretty today?

Ss: Yes!

T: Oh, thank you.

【设计意图】 以简单的打招呼的方式营造轻松的氛围。

Step 2 全能自主

T: Then, please describe me with one word! (brainstorming)

Ss: Funny, beautiful, smart, fat, scary …

The teacher can elicit the students to say some words to describe her.

If the students can't say a word, they should stand up, and then go to the stage and dance together.

Reward the active students.

【设计意图】 本部分依靠学生的独立自主性，以"头脑风暴"的方式激发学生思维（这是学生学科核心素养的重要组成部分），快速抓住学生的注意力。教师通过"头脑风暴"手段快速复习本单元的知识点。学生到后面就可以将这个步骤生成的单词和词组用于作文中，这样慢慢铺垫，层层递进，步步提高，到后面作文"呼之欲出"。

Step 3 全员合作

T: See, we have so many words to describe me. Now can you divide the words into different groups according to certain logic? You can think creatively!

Ss: …

【设计意图】 学生通过小组合作的形式将单词分类，既能回顾本单元单词，同时他们思维碰撞，激发出不同种类的单词分组。这一活动能帮助学生更进一步地了解不同的词群，还能培养他们归类的能力。

Step 4 全新探究

T: I also have a good friend in our class. Can you guess who she is?

Ss: Maybe she is …

T: Let's see her picture. Who is she?

Ss: She is Lin Zhiyu.

T: Can you describe her?

Ss: …

The students use different sentences to describe the girl.

【设计意图】 复习完单词后，以新的方式，制造悬念，引入老师的朋友，要学生用句子描述她。通过这一活动，学生可练习关于描述朋友的句子。

T: She is my friend. I like her, because a good friend is a second self. (Begin to sing) See my smile, my friend …

Ss: …

【设计意图】 复习完句子后，自然地呈现一句关于朋友的好句，同时也为之后的写作打下基础。

Step 5 全体过关

T: Please write down more sentences and good sayings about friends.

Ss: …

The students do the group work and put up the sayings and sentences they collect on the boards.

【设计意图】 通过小组合作，每个学生都要写下自己搜集的关于“朋友”话题的好句，这些关于“朋友”话题的习语和优美句子，定能为后面的写作增光添彩。在充足的单词、短语和句子积累以及反复练习下，学生写作的时机水到渠成，达到了“有话想说、不说不行、不吐不快”的境界。

Step 6 全员合作

T: You see, we can decorate our classroom with our compositions. Then, let's write!

Ask all the students to write about their friends. Ask a student to write on the blackboard.

班级正准备办一期以“朋友”为主题的墙报，请根据下面的要求，写一篇文章投稿。

1. Which saying about friends is your favourite? Why?

2. Which friend do you think about when you read this saying? Why?

3. Describe your friend.

要求:(1) 80词左右;

(2) 可适当发挥，以使行文连贯。

【设计意图】 无范文写作，不限制学生思维。通过前面的铺垫和积累，此时安排学生使用目标语言进行写作输出，就是水到渠成、轻而易举的事情。让学生选出他们最喜欢的关于朋友的名句，读懂字里行间的深意，能够训练他们的思维，提升他们对朋友的理解，从而使他们在文化意识、思维品质、语言能力和学习能力等方面都能得到培养和提高。

Step 7 全景展示　全面评价

1. Before correcting the composition on the blackboard, show the following standards on the screen.

(1) Thought should be correct;

(2) All points should be covered;

(3) Opinions should be thorough;

(4) Words should be enough.

T: Now let's look at the composition together.

(1) Are words enough?

(2) Are opinions thorough?

(3) Are all points covered?

(4) Is his thought correct?

2. After correcting the composition, ask students to work in pairs to better their compositions together, and correct mistakes if there are any. After that, all the students put up their compositions on a board distributed by the teacher.

3. Ask three students to read any one of the compositions on the boards.

【设计意图】 一堂课要最大限度地培养学生的思维能力尤其是创新能力，同时要注重培养他们的合作能力，此外对于学生的评价也相当重要。学生两两合作更正错误，可培养他们的观察能力和纠错能力，养成良好的写作习惯。此外，学生把作文贴在老师事先发下的板子上后，再把板子拼在一起，会形成带有friend字样的爱心形状，惊喜重重，高潮迭起。

Step 8 全面评价

1. A song for all students.

2. Summary. A student reviews what we've learned today.

【设计意图】 首先歌曲可以把气氛推向高潮；其次，作文粘贴在教室内展示，课后学生仍然可以看到自己和其他同学的作品，有利于他们复习、巩固；最后，学生能够通过这种方式收获来自老师和同学的鼓励，从而提高对写作的兴趣。

参考文献

[1] 教基二[2014]4号.教育部关于全面深化课程改革　落实立德树人根本任务的意见.

[2] 中华人民共和国教育部.普通高中英语课程标准(2017年版)[S].北京：人民教育出版社，2018.

第五章

一核一网四个一

一、激活内涵

自2012年10月起，株洲市第一中学英语组一直承担国培授课任务，负责培养湖南省中学英语教师的现代信息技术与英语学科的整合能力。经过几年的探索，初步形成了"一核一网四个一"特色化的教学模式（本文的"网"指的是现代信息技术）。这种教学模式以英语学科素养为核心，以现代信息技术为辅助，以"四个一"为活动主线，提高学生学习英语的兴趣，鼓励学生参与课堂，提高课堂效率，全面推进学生英语核心素养的提升。

该校坚持"以学生发展为本"的办学理念，在英语教学中，坚持以提升学生英语核心素养为根本目标；充分利用现代信息技术辅助教师的教和学生的学，做到了教学主题化、资源网络化、评价多元化、学习自主化；规划了"每周一歌或配音、每半月一作文、每月一剧本、每学期一校本课程"的"四个一"活动，确保学生英语素养全面提升（见图1）。

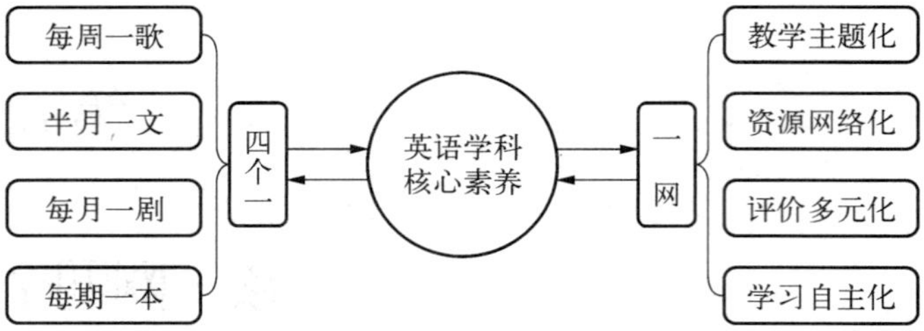

图1：
"一核一网四个一"特色化教学模式

二、聚焦核心

邵朝友等学者的研究表明，学生核心素养与学科课程存在两种基本关系：一是每门学科课程都承担起学生核心素养的培养责任；二是不同学科对学生核心素养有着不同的贡献(邵朝友、周文叶、崔允漷，2015：14)。学科核心素养是学科育人价值的集中体现，是学生通过学科学习而逐步形成的正确价值观念、必备品格和关键能力。英语学科核心素养主要包括语言能力、文化意识、思维品质和学习能力。该校英语教研组坚持以培养学生的英语核心素养为原则，认真组织英语教学，并开展一系列的课内外活动来提高学生的英语核心素养。

(一) 一歌一剧，训练学生口头表达能力

语言能力是英语学科核心素养的基础。高中生要具有一定的语言意识和英语语感，在常见的具体语境中整合性地运用已有语言知识，理解口头和书面语篇所表达的意义，识别其恰当表意所采用的手段，有效地使用口语和书面语表达意义和进行人际交流。

该校为提升学生学习英语的兴趣，训练学生的英语口语，要求学生以小组为单位，每周一组，自选、自学与本周学习内容相关或者与本月节日相关的英文歌曲或电影配音，然后每周五的英语课前几分钟为每周一歌或者配音小组表演时间。学唱英文歌曲或模

仿电影配音有利于语音和朗读技能的训练，而且可以让学生模仿较地道、纯正的口语发音。同时，该校每个月末有一次英语戏剧表演，内容自拟，剧本自写，道具自备，排练自定。每次表演后，其他小组从戏剧内容、道具准备、演员表演（包括语音语调）、表演效果等方面评价该剧，对各小组评分，计入学生平时成绩。然后，由课代表把每一次唱歌或者剧本表演的视频资料和文字资料发到班级博客或者QQ群，供后续学习和评价。

总之，该校通过听音乐、说对白、唱英文歌、写剧本等，以学生兴趣为出发点，以尊重学生个性为前提，充分发挥学生的学习主动性和积极性，高效地训练学生的语言能力。

（二）一期一本，培养学生的本土文化意识

文化意识体现英语学科核心素养的价值取向。高中生要获得文化知识，理解文化内涵，比较文化异同，汲取文化精华，形成正确的价值观，坚定文化自信，形成自尊、自信、自强的良好品格，具备一定的跨文化沟通和传播中华文化的能力。该校除了充分利用教材教学内容培养学生的文化意识，还根据学生兴趣和当地经济、文化发展需要以及学校办学特色开发了一系列的英语校本课程。例如《中西传统节日》介绍了中国的传统节日与西方的传统节日，通过中西方文化的对比，让学生更理性地认识中西方文化的异同，有效地培养学生的跨文化意识，增强学生的民族认同感以及自豪感。《用英语讲株洲故事》、《中国服饰》（该校地处湖南省最大的服装批发市场附近）、《英语校园剧本》等培养学生的文化沟通和文化传播能力，《英语德育大讲堂》帮助学生形成正确的价值观，做有社会责任感和社会担当的青少年。

该校利用校本课程来进一步培养学生的文化意识，充分利用现代信息技术平台，让学生通过网络自主搜寻相关文化背景知识，通过自主学习更好地培养自己的本土文化意识和跨文化意识。

（三）一文多评，发展学生批判性思维

思维品质体现英语学科核心素养的心智特征。高中生应该能够辨析语言和文化中的具体现象，梳理、概括信息，建构新概念，分析、推断信息的逻辑关系，正确评判各种思想观点，创造性地表达自己的观点，具备多元思维的意识和创新思维的能力。

该校在常规教学中非常重视学生思维品质的培养，例如阅读课指导学生绘制思维导图，培养学生的概括能力；词汇课培养学生的分类意识等。同时，该校还重点研究了作文讲评方式，通过一文多评来培养学生的批判性思维能力和解决问题的能力。学生写好英语作文后先自我评价，解决自己能力范围内能解决好的一些问题，并且写出自己希望求助的内容，然后交给老师。老师先不做任何评价，而是让学生三人一组一起来批改同一篇学生习作，第一个同学实名制写好评价和得分后，第二个和第三个同学继续实名制评价和给分。评价的过程中，评价者可以单个也可以合作修改文章中的错误，帮助解决作者提出的求助问题，可以对作者的观点提出质疑，可以批判作者的逻辑等等，当然也要写出文章的优点。学生的三评工作完成后，老师再把作文收上来，找到作者本人进行面批。必要的时候还可叫上参加评价的学生共同探讨如何发扬优点、改进不足。最后，老师根据学生自评、学生互评和师评的情况进行作文讲评总结。

该校一文多评，环环相扣，步步为营。通过这样的方式，学生在逻辑性、批判性、创新性等方面的能力和水平都得到提高。

（四）一网巧用，提升学生自主学习能力

学习能力是英语学科核心素养发展的基本条件。高中生要保持对英语学习的兴趣，具有明确的学习目标，能够多渠道获取英语学习资源，有效规划学习时间和学习任务，选择恰当的策略与方法，监控、评价、反思和调整自己的学习内容和进程，逐步提高使用英语学习其他学科知识的意识和能力。

该校充分利用现代信息化技术，拓宽学生学习英语的渠道，丰富学生英语课程的学习资源，培养学生的自主学习能力。首先，该校提供班级博客或者班级空间的语法专题、高三题型专题微课大讲堂、自主学习的PPT和Word文档，供学生节假日学习，可以自主规划学习时间和学习进度。学生还可以通过班级QQ或者微信群及时提出自主学习中遇到的问题，师生一起探讨解决。其次，该校教师推荐一些优秀的英语网站、APP或者微信公众号供学生学习，拓展了学生学习的渠道。同时，该校教师灵活使用email、QQ群等开展作文教学，加强了学生之间的相互学习和评价。

总之，现代信息技术帮助该校英语教师拓宽了学生的学习渠道，培养了学生学习英语的能力。

三、点击缘由

（一）学生个性化发展的需求

《国家中长期教育改革和发展规划纲要（2010—2020年）》的第二条工作方针中提出：关心每个学生，促进每个学生主动地、生动活泼地发展，尊重教育规律和学生身心发展规律，为每个学生提供适合的教育。这就要求各个学科的教师因材施教，把全面发展与个性发展统一起来。在现代信息技术日益发展的当今社会，学科教学必须与现代信息技术有效结合，才能与时俱进，真正培养社会需要的人才。现代信息技术不仅为英语教学提供了手段、平台和空间，还提供了丰富的资源和跨时空的语言学习机会和使用机会，促进了英语教学理念、教学方式与学习方式的变革。

株洲市第一中学是首批全国信息化示范校，学校网络全面铺开。该校的科教班已经开始普及平板教学。这说明该校的硬件设施具备开展网络教学的条件。因此，该校充分利用网络和多媒体，既服务教师的教，又帮助学生的学。该校教师在利用传统的教学手段和教学资源（如黑板、白板、卡片、简笔画、教学挂图、模型、实物等教具）的同时，也充分发挥现代教育技术对教与学的支持和服务功能，引导学生开展主动、个性化的探究活动，实现深度学习。

其次，该校是一所省示范性高级中学，其办学的核心理念是“以学生发展为本”。以学生发展为本，也就是一切为了学生，为了学生一切，为了一切学生，这也正是教育的时代主题。作为省示范性学校，学校生源质量较好，但由于学校位于株洲市芦淞区商贸中心，附近居民整体素质参差不齐，学生也存在明显的两极分化现象。因此要培养全面发展的人，该校首先要更新人才培养观念，要树立人人成才观念，面向全体学生，促进学生成长成才。树立多样化人才观念，尊重个人选择，鼓励个性发展，不拘一格培养人才。其次，该校教师面向全体学生，相信每个学生都能成才，不放弃任何一个学生。为此，该校教师要研究学生，了解每个学生的特点和特长，因材施教，扬长避短，充分发挥学生的优势（顾明远，2011：5—6）。因此，该校教师需要在现代教育技术的帮助下，发挥每个学生的主体性和主动性，使每个学生都能积极主动地投入到学习中，并通过各种形式的教学活动来培养学生的核心素养。

学生在义务教育阶段已经具备了一定的语言知识，高中阶段应侧重通过实践增强学生的语感，体会语言的表意功能。同时，教师还应提供大量的实践活动，使学生学会逐步借助语言知识有效地理解说话人的态度、意图和情感，并表达自己所希望传递的意义、意图、观点和态度。在高一、高二必修课的学习中，教师应重视通过听力练习、口头模仿和朗读训练，帮助学生形成一定的语感、提高表达的自信心和流畅性。在选择性必修和选修阶段，教师可以通过英文诗歌朗诵、戏剧表演、影视配音等活动提高学生发音的准确性和表达的流畅性。

因此，为了丰富英语课堂，该校设计了课内的“四个一”活动，多方面培养学生学习英语的兴趣，并让其将兴趣转化为学习的动力，注重输出的实效性，而且还有不少的课外活动培养学生的学习兴趣，例如英语趣配音、演讲比赛、辩论赛等等。

（二）英语课程标准对现代信息技术发展的需求

当今是信息社会时代，现代信息技术与英语课程的结合成了这个时代必然的方向。《普通高中英语课程标准（2017年版）》提出：重视现代信息技术应用，丰富英语课程学习资源。普通高中英语课程应重视现代信息技术背景下教学模式和学习方式的变革，充分利用信息技术，促进信息技术与课程教学的深度融合，根据信息化环境下英语学习的特点，科学地组织和开展线上线下混合式教学，丰富课程资源，拓展学习渠道。在课程实施过程中，应重视营造信息化教学环境，及时了解和跟进科技的进步和学科的发展，充分发挥现代教育技术对教与学的支持与服务功能，选择恰当的数字技术和多媒体手段，确保虚拟现实、人工智能、大数据等新技术的应用有助于促进学生的有效学习和英语学科核心素养的形成与发展（中华人民共和国教育部，2018：3）。

因此，英语教师必须优化教育教学方法，拓宽学习和应用英语的渠道，帮助学生形成自主学习英语的能力。培养学生自主学习能力的前提在于培养学生的学习兴趣。而现代信息技术为学生兴趣的培养提供了重要的保障。尤其信息化教学的个别化为分层教学的实施提供了很好的依靠——通过计算机给学生分层布置任务，让学生根据自己的能力来定义自己的自学节奏，也为学生提供了成就感，保障了兴趣的延续性。

四、亮化创新

（一）合理利用现代信息技术，拓宽了学习和运用英语的渠道

作为全国首批信息化教育示范校，该校积极利用各种媒介

开展移动学习和教学；指导学生合理利用电子词典等工具开展学习；使用数字化技术设计个性化学习平台；利用新媒体语篇开展主题阅读，扩大阅读量，通过网上专题讨论区开展写作教学；开展基于网络的同伴互评等。该校教师在课堂内外给予学生充分的指导，让学生根据自己的学习需求和认知兴趣，自主选择和利用网络资源，多渠道、多方式地完成语言实践活动。

1. 主题教学有声有色

主题为语言学习提供主题范围或主题语境。学生对主题意义的探究应是学生学习语言的最重要内容，直接影响学生语篇理解的程度、思维发展的水平和语言学习的成效。因此，该校一直坚持尽量做到课课有主题。针对教材中已有的话题，老师们会通过报纸、杂志、微博等资源，精心选择与教材话题相关的时文，进行有益的补充，真正做到语言的生活化。对于教材中没有涉及的话题，老师们自己利用各种网络资源开发教学内容，做到了教学资源网络化。例如，针对学生喜欢开空调这个现象，该校开展了“On to Off”的主题教学活动。学生通过阅读大量国内外关于空调对环境和个体身体影响的英语文章，行为发生了转变，从一开始觉得冷的时候就立刻打开空调，到最后自觉地关上空调。另外，该校为了提高学生语法学习的有效性，在教学每个语法知识点时，也尽量确保每个语法知识点学习有与学生学习生活或者最近国内、国际大事相关的主题。例如，学习虚拟语气时用中秋节不能和家人团聚为主题，介绍虚拟语气的各种功能；学习主谓一致时用班级社会实践为主题，通过一项项活动的图片引出主谓一致的各种原则。

同时，该校还充分利用各种媒体，按照主题编制了适合学生的校本课程，例如：《中西传统节日》《用英语讲株洲故事》《英语校园剧本》《英语德育大讲堂》《高三第一轮话题复习》等。

2. 课堂内外有机结合

课堂时间是有限的，真正要学好英语还需要课外的补充。该校英语教师充分利用现代信息技术，抓住每一个课外学习的机会，利用如班级博客、班级QQ群、班级微信群等，很好地把课堂内外连接起来。周末或者放假期间，老师在班级QQ群或者微信群开展英语沙龙，全体同学积极讨论；有时先让学生阅读一篇新闻或者美文，然后让学生就文中现象发表自己的见解，这些话题正是下一周或者第二天上课的主题。学生也通过这些信息手段，及时提出上课还没有明白的问题，师生再一起解决。对于重点学习内容，老师录制好微课发送到班级空间供学生随时学习。有了现代教学手段的帮助，该校教师的教学不再受时空的限制，一年365天都在为学生提供及时的帮助。

（二）合理利用现代信息技术，拓宽了英语学习评价和监管的渠道

1．评价形式实现多元化

有了现代信息技术，该校对于学生的评价真正实现了多元化。例如，学生把口语作业如配音、课文朗诵、剧本表演等发送到班级博客，老师和同学一起点击查看，然后一起作出评价。写作课上，该校英语教师发挥网络的快捷作用，缩短学生英文写作交流的时间和距离，引导和鼓励学生借助互联网发展英语写作能力。教师要求学生不定期地发送email汇报自己的学习和生活情况，也鼓励学生通过非实时性的email和网友交流了解彼此的文化。同时，学生还通过email或者微信、QQ将自己的英语作文发给教师和同学，教师和其他同学通过网络对该学生的文章加以评价，提出修改意见。通过这种方式，学生在作者和读者双重身份相互作用下共同参与写作的全部过程，因而能够更好地掌握写作知识和技巧。该校还鼓励学生将优秀文章制作成网页，或写成日志、博客文章，以扩大学生英语作文的读者面。写作活动的公开化更加强化了学生要清楚表达观点的愿望，因而他们写文章的时候会更加注意语法、词汇以及句法的使用，努力修改文章的内容和格式，在不知不觉中掌握了写作基础知识，同时还提高了读者意识，读者意识是培养良

好写作能力不可或缺的因素。

同时，通过现代信息技术，每个学生建立了自己的电子成长档案袋。学校考核学生的平时成绩，只需打开学生的个人博客或者班级博客就可以知道该生平时的表现。这种个性化的电子档案袋也为高校的自主招生甚至就业单位的人事招聘提供很好的参考。

2. 学校、家庭、学生互动实时有效

学生的学习和成长离不开家长、老师的帮助，因此加强学校、学生、家长之间的联系是非常重要的。该校的网络家校沟通工作开展得丰富多彩，每个班有家长QQ群和微信群、学生QQ群和微信群。家长与家长之间，学生与学生之间，老师与家长之间，老师与学生之间的交流也更加便利。例如，对于英语基础不好的学生，该校英语老师最头痛的是学生单词记不住，美文背不出。以前老师喜欢选择让学生留校默写或者背诵，这样学生不愿意，老师也要担心学生的安全。现在借助网络，该校老师让家长监管孩子在家记单词背诵美文的情况，然后在规定时间之内把词汇过关的图片或者背诵的录音发给老师。老师第一时间批改再反馈给家长和学生。同时，该校学生在节假日也可以通过一些APP自己在网上学习，学生之间远程相互学习或者向老师求助学习，老师随时登录检查学生的完成情况并及时通报在学生群和家长群。这样，学生可以及时了解同学的学习进展情况，家长和老师及时了解孩子的学习状况，从而多方位、更科学地监管好学生的学习。

（三）开展“四个一”活动，培养了学生的自主学习能力

自主学习是以学生作为学习的主体，通过学生独立分析、探索、实践、质疑、创造等方法来实现学习目标。该校通过以“四个一”为核心的活动充分调动学生的英语学习兴趣，培养学生的自主学习能力。通过自主学习培养了学生的自立性、自为性和自律性三个方面的良好习惯（赵丽娟，2017：190）。

首先，该校通过兴趣活动培养学生的自立性。“每周一歌”和

"每月一剧"活动最受学生欢迎，学生积极踊跃地参与到活动中来。在活动中每个人都有自己的分工，这激发了学生的学习潜能和独立学习能力。

其次，学生的自为性包括自我探索性、自我选择性、自我建构性和自我创造性四个方面(赵丽娟，2017：190)。该校在"半月一文"活动中，让学生自评作文，自我探究作文中的困惑，再通过生生互评和师评进一步发现作文中的优劣，在反复的探究中逐步提升学生的写作水平并形成个体的写作特色。在"每周一歌""每月一剧""每期一本"活动中，教师把选择权交给学生，学生自主选择歌曲、自主选择剧本、自主选择自己感兴趣的校本课程内容，充分发挥学生的自主选择权，让学生真正学到自己想学的知识。学生自主改编歌曲、自编或改编戏剧等很大程度上提高了学生的自我创造性。

最后，该校在培养了学生的自立性和自为性的前提下，督促学生自律性的形成。尤其是在高三一轮复习中，该校充分发挥学生自主学习能力中的自律性，让学生根据自己的学习情况自主安排自己的复习进度、自主进行第一轮复习，教师起监督作用，不定时抽查学生的复习情况及复习进度。

五、全屏步骤

(一) 目标导航

课堂教学目标是指教学活动预期达到的效果，是教育目的、教学目标和课程目标的具体化，也是教师完成教学任务所要达到的要求和标准。课堂教学目标具有以下几个功能。一是导向功能。教学目标预先就规定了教学活动的大致进程，教学活动展开的过程也就是教学目标一一落实的过程。一切教的活动和学的活动都要紧紧围绕教学目标的实现来进行。二是激励作用。教学目标确定以后，就可以激发学生的学习动力，使学生产生要达到目标的愿望。在教学活动中，要想使教学目标充分发挥激励作用，教师就应当在研究学生的兴趣、动机、意志、知识和能力水平以及他们的个体差异上下工夫，只有这样，才能够把握住学生学习的“最近发展区”。因此，每节课开始时，把本节课的教学目标板书在黑板上或者PPT上让学生齐读，然后带着明确的教学目标认真地开始本节课的学习。

例如，《牛津高中英语》模块二第二单元的语法是将来进行时，教学目标是：

By the end of this period, the students will be able to:

1. be familiar with the form of the future continuous tense;

2. know when the future continuous tense is used in everyday life;

3. talk about your holiday schedules using the future continuous tense;

4. have an idea about the differences between the simple future tense and the future continuous tense.

（二）连线主题

主题教学是围绕教学主题展开系统的教学活动。积极的思维活动是课堂教学成功的关键，而富有启发性的导入可以激发学生的思维兴趣，一堂课导入的成败直接影响着整堂课的效果。所以一开始上课教师就应当注意通过各种形式快速导入主题，激发学生的思维，以引起学生对新知识、新内容的探索欲望。通常可以用简洁的语言或辅助动作拉开一堂课的序幕，随之进入课堂教学的主体过程。当然引入主题的形式还可以有很多种。老师可以通过网络搜查一些相关主题的背景知识，例如新闻、视频、音频、图片等，也可以从自身的阅历或者学生的日常生活入手。当然，还可以充分体现学生的主体地位，让学生自己表演一些相关话题的节目。例如，每个星期让学生表演与本单元教学内容相关或者与本周节日文化相关的英语歌曲、自编英语短剧、小品、单口相声、配音、游戏等。通过学生自己的表演来引入主题，学生的积极性很高，效果也很好。

总的来说，课堂引入形式多样，主题也可以不断变化，但是一定要注意尽量做到实、趣、快、新。

例如，有一节校本课程主题是父亲节。执教者通过一首歌引入主题。

Listen to a song "Hide Away" and fill in the blanks.

You don't (1) ________ much, but when you do

It's always sincere and true

You don't (2) ________ much, but when you do

It's rarely about you, but I can still learn something new

You know I'm gonna love you all the way

Though these three little words I (3) ________ heard you say

I'm ready when you are

It's not too (4) ________ to start

I never wanna be apart

But we are, without love

I know you're ready yes you are

Because the red is in your heart

【设计意图】 上课前播放一首英文歌曲"Hide Away"，把学生渐渐带入一个充满爱的世界，让他们在音乐中慢慢回味这平凡而又伟大的父爱。

又如，《牛津高中英语》模块六第一单元"Laughter is good for you"，执教者是这样引入主题的："Hello, everyone! I'm Meiying, America的美，England的英. Zhanghui, don't laugh at me. I didn't take the wrong medicine. Today, I am happy to meet so many new teachers from Zhangjiajie here. Let's come to the point. I am kind of bent. That's because all these years I have been looking down at the ground to look for money on the street. Several years ago, I often succeeded. But these years I never find any cash on the street, because people all pay by credit or Wechat. Today, on my way to school, I am so lucky to find one *fen*. Oh, who's on duty today? Please help me to hand it to the police. Now, it's time for your duty report."。

【设计意图】 当老师以一种反常的方式走进课堂，学生一开始会觉得很奇怪，老师借用1507班口头禅"你吃药了吗？"博取学生的笑声，同时轻轻松松现身说法让学生体会单口喜剧（stand-up）的特点。然后很自然地引入学生的日常duty report，学生的stand-up加深了大家对于stand-up的认识和理解，也就在谈笑间进入了今天的课题。

（三）聚焦主题

英语课程应该把对主题意义的探究视为教与学的核心任务，并以此整合学习内容。在以主题意义为引领的课堂上，教师要通过创设与主题意义密切相关的语境，充分挖掘特定主题所承载的文化信息和发展学生思维品质的关键点，将特定主题与学生的生活建立密切关联，引领学生语言能力、文化意识、思维品质和学习能力的融合发展（中华人民共和国教育部，2018：16）。

此部分是课堂教学的主体，一旦确定好本课堂的主题后，就要围绕该主题开展各项听、说、读、写、看等教学活动，努力培养学生的英语核心素养。其中的每一个教学环节和教学活动就像一颗颗珍珠，要想使这些珍珠变成漂亮的项链，就需要一根线把它们串起来。串好的项链，线若隐若现，但又必不可少。所以，课堂都需要有一根主线贯穿整个课堂。那么，如何开发这一系列的教学资源呢？

当今社会，多媒体辅助教学不仅仅是现代化的教学手段，而且是一种非常便利的信息载体和教学资源，它有助于构建师生共同参与的语言教学环境。我们可以在各种国内外网络上寻找我们需要的资源，也可以通过各种软件编辑自己需要的资源。教学实践表明，多媒体对于开展以主题为核心的课堂互动教学、培养学生的英语综合运用能力具有不可替代的作用。

例如，针对学生责任心不强的现象，执教者给学生上了一节主题为“Responsibility”的课。这节课是没有教材的，所有资源由老师和学生自己课外去开发、取舍和整合。执教者从教材、网络、报纸杂志上查找了大量的文字、图片、音频和视频资料，也由学生自己开发了一些视频、音频资料，再利用现代教育技术进行加工，整合成此课的教学资源。

老师引出主题后，播放了学校电台播出的一封家长来信，信中抱怨自己的孩子在家表现不好，没有尽到一个孩子的责任。然后老师顺水推舟要学生一起探讨如何在家履行自己的责任和义务，做个优秀的孩子。学生展示自己录制的视频资料，增加了课堂的真实性和生活性。

接下来让学生阅读一篇网上找的文章。此文讲述了两个学生对自己不负责任，错过了教授的考试时间，从而接受了相应的惩罚。通过这件事希望同学们能够吸取教训。大家一起探讨如何在校履行一个学生的责任和义务，做一个优秀的在校学生。

然后，让学生一起欣赏从网上下载的奥巴马在开学日的演讲视频，使用音频剪辑器剪取其中最精彩的段落，让学生感悟作为一个中学生应该承担哪些责任和义务。奥巴马演讲视频资料的播放和学习，有助于开拓学生的国际视野和渗透国外的优秀文化。

最后，通过Quiz box软件开展一个竞赛活动，进一步让学生懂得什么是责任和义务。以这种形式输出所学知识，可以充分调动学生的好奇心和求知欲望，提高了评价的效果。

当然，授人以鱼，不如授人以渔，教师给予学生的知识是有限的。因此，课堂上播放奥巴马的演讲视频只是一个引子，课后学生再上网继续学习，这是课堂必不可少的补充和延伸。

（四）小结升华

课堂小结是课堂教学不可缺少的环节。它能帮助学生理清知识结构，巩固重点，突破难点，同时还可以对主题进行升华延伸。那么如何利用课堂小结达到这个效果呢？首先，及时简练。课堂的最后几分钟，引导学生及时对所学知识归纳梳理，使知识系统化和网络化，加深学生对知识的理解和记忆。当然，课堂小结不是简单地重复一次所学知识，而是抓住最主要的内容，做到少而精，简明扼要，如果能够用一幅思维导图来概括那就更好。其次，升华延伸。教师应抓住知识之间的内在联系，激疑设悬，升华主题，延伸到课外。让学生自主地在课后去探索、探究，做到课断而思不断，言尽而意不尽，同时，也为下一节课作好铺垫。

例如，模块六第一单元Word power版块是学习与表演相关的词汇，课堂的最后一分钟，教师在屏幕上展示下面的文字："If we compare today's class to a <u>performance</u>, Ms Li is the <u>director</u>, all boys are the <u>actors</u> and all girls are called the <u>actresses</u>. We all belong to the <u>crew</u>. The teachers behind us are our <u>audiences</u>.

Life is a stage where we are not only an <u>actor</u> but also a <u>director</u>. We write our lines in the <u>script</u>. We also should learn to work with our <u>cast</u>. Always keep smiling and life is sure to smile on us some day."。其中画线部分要求学生填写。然后全班一起朗读，从生活的舞台过渡到人生的舞台，起到了升华主题的作用。

总之，每节课的最后几分钟，老师对整节课进行一个简短的总结，同时对主题进行升华，可以起到画龙点睛的作用。

六、连线课堂

下面以高三的一节写作专题课为例，展示如何把"一核一网四个一”的教学模式运用到课堂教学中。

Analysis of the students

National College Entrance Examination is approaching, with only 88 days left. As science students, the students in 1507 are good learners and have been struggling to review the basic knowledge by themselves. In the meanwhile, they have encountered some bottlenecks and feel kind of confused. Thus it is necessary for the teacher to help them comb through the essential expressions systematically to relieve their anxiety. Also, it is high time to make the utmost of every chance to improve their language abilities, such as listening and writing, which are easy to polish in a short period.

Teaching objectives

By the end of this period, the students will be able to:

1. know more about Arbor Day and the importance of planting trees;

2. write an invitation letter to invite their foreign teacher to plant trees on Arbor Day.

Teaching procedures

Step 1 目标导航

All the students are asked to read the learning objectives aloud together.

【设计意图】 每一节课开始时，把本节课的学习目标板书在黑板上或展示在PPT上让学生齐读，然后带着明确的学习目标认真地开始本节课的学习。

Step 2 连线主题

1. Show the picture of Sun Yat-sen and the calendar for March, 2018. Then let the students guess the relationship between Sun Yat-sen and March 12.

2. Allow the students one minute to find out the relationship.

China's Arbor Day (Tree-planting Day) began in 1930 in memory of the death of Mr Sun Zhongshan (Sun Yat-sen, 12 November, 1866—12 March, 1925). It was he who first laid emphasis on the importance of forests and advocated planting trees in China's modern history. In 1979, China set the rule that March 12th is Arbor Day to encourage people of all nationalities to plant trees. It has helped green the motherland, improve the environment, and benefit the future generations. Each year the schools and some companies organize people to plant trees.

【设计意图】 展示孙中山先生的照片和3月12日植树节的图片，要求学生探讨它们之间的联系，从而激发学生的兴趣，快速导入本课主题。然后，要学生花一分钟阅读一段文字找出它们之间的联系，帮助学生了解传统文化，缅怀孙中山先生，同时培养学生的环保意识。

Step 3 聚焦主题

Activity 1 Checking the homework

Look at the class blog and check the answers. Of course the students are encouraged to express the same meaning in different ways.

1. 邀请信常用词组

(1)邀请某人做某事________________

(2)代表某人________________

(3)为了……________________

(4)计划/打算做某事________________

(5)拓展某人的视野________________

(6)丰富某人的生活________________

(7)接受某人的邀请________________

(8)玩得开心________________

(9)在学校会议厅________________

(10)表演节目________________

(11)渴望你的到来________________

(12)学生会________________

(13)参加聚会________________

(14)给某人留下深刻的印象________________

2. 邀请信常用句式

(1)我代表全体同学,写信邀请你……

____

(2)这是(关于这次活动的)简要日程计划表。首先,……其次,……最后,……

____

(3)将会有很多的活动,例如……

____

(4)我真诚地希望你能接受我们的邀请/能加入我们。我相信……

____

(5)如果方便请告知我你的决定/你是否可以来。

【设计意图】 要求学生课前把自己的家庭作业答案发送到班级博客，这些词组和句型都是写邀请信常用的。通过归纳和分类，引导学生在以后的学习中学会这种思维方式。这个环节为学生接下来的写作任务做好铺垫。

Activity 2 Correcting the errors

1. The students are asked to read the following invitation letter to see if it is a good composition. If not, why?

2. Then try to correct all the errors in the composition.

(2015年全国卷2)假定你是李华，计划和同学去敬老院(nursing home)陪老人们过重阳节(the Double Ninth Festival)。请给外教Lucy写封邮件，邀她一同前往，内容包括：

(1) 出发及返回时间；

(2) 活动：包饺子、表演节目等。

Dear Lucy,

I'd like to invite you join us for a visit to the nearby nursing home in next Saturday for the Double Ninth Festival. It is the day for an elderly in our culture. We'll go and make dumpling and cakes with the elderly people there. We'll also spend some fun time together singing, dance and playing games, what we hope will make them happily. We should be back at about 4 o'clock in the afternoon. If you were able to come with us, please let us know but we'll wait for you at the gate at 9 in the morning. Looking forward to your reply.

Yours,

Li Hua

【设计意图】 上一教学环节中，学生掌握了写邀请信的基本词组和句型。本来可以开始安排写作了，但是此处先让学生阅读一封邀请信，特意不给这篇文章分段，还设置了一些学生习作中常犯的错误，让学生自己来发现，培养他们的观察能力和批判性思维。这种方式可以引导学生思考一篇好作文应该具备哪些要素，为下一步写作文和学生之间相互批改作文做准备。

另外，通过现场拍照把学生的作业投影在屏幕上，确保评价的及时性、真实性和多元性。多媒体对于开展以主题为核心的课堂互动教学、培养学生的英语综合运用能力具有不可替代的作用。

Activity 3 Writing an email

The students will be given 15 minutes to finish writing an email according to the following information.

假定你是李华。3月12日是植树节，你们班打算去石峰公园植树，想邀请外教Laura一起前往。请你给她写封邮件，告诉她相关事项。

内容包括：

1. 简要谈谈邀请Laura一起植树的原因；
2. 往返的时间和往返集合地点；
3. 交通方式。

注意：

1. 100词左右；
2. 可以适当增加细节，以使行文连贯。

【设计意图】 学生已经了解了中国植树节的一些知识，复习了邀请信的基本格式和常用表达，也清楚了写作中要注意的事项，所有这一切都为学生的限时写作搭好了支架，该学生动笔了。

Activity 4 Checking the compositions in pairs

Exchange the compositions with their partners, and try to find out the shining points and what should be improved in the partner's passage.

【设计意图】 1507班进入高三以来一直在坚持同学之间互相批改作文，一篇作文至少要求三个同学实名制批改给分并写出评价。让学生自评作文，自我探究作文中的困惑，再通过生生互评和师评进一步发现学生作文中的优劣，在反复的探究中逐步提升自己的写作水平并形成自己的写作特色。通过这种方式，学生在作者和读者双重身份相互作用下共同参与写作的全部过程，因而能够更好地掌握写作知识和技巧。

此环节的目的是培养学生自主学习的能力，5个小组长组织批改全班的作文，发现其中的问题，总结其中的优点。每个组选择一类有典型意义和代表性的问题，小组成员一起研究对策。然后，把典型问题、优美句子、优秀作品制作在PPT上并发送到班级博客，为下一次的作文讲评做好充足的准备。

Step 4 小结升华

绿水青山就是金山银山。

1. Lucid waters and lush mountains are invaluable assets.
2. Beautiful scenery is the gold and silver mines.

It is hard to imagine how the earth and human beings would be without forests. To build a beautiful China, we must cherish the environment as we cherish our own lives.

【设计意图】 每节课的最后几分钟，老师对整节课进行一个简短的小结，同时对主题进行升华，起到画龙点睛的作用。本节课的主题是植树，所以引用习总书记的话“绿水青山就是金山银山”来结束，提高学生的环保意识，使他们进一步意识到植树的重要性。

Homework

1. Polish their compositions and write them in their exercise books.

2. Read the following passage to learn more about planting trees and write a title for it.

Title: ______________________________

President Xi Jinping called on the public on Wednesday to stick to the tradition of planting trees in spring amid the government's continuous efforts to build an ecological civilization.

Xi, also General Secretary of the Communist Party of China Central Committee, made the remarks while planting trees, together with other senior leaders and people including primary school students, in eastern Beijing.

"It is a Chinese tradition to plant trees when Qingming Festival (Tomb Sweeping Day, which falls on April 4 this year) draws near," Xi noted. Voluntary tree planting has significant meanings, he added, including to help the public cultivate a consciousness of ecological civilization and reach a consensus and join forces to build an ecological civilization.

"We expect blue sky, white clouds, clean water and fresh air, which are all related to ecological construction. The people should live in green shade, and this is the target of our efforts," he said.

"The students should establish a sense of protecting the environment and cherish the green plants," Xi said.

Ecological civilization was listed, along with economic, political, cultural and social progress, as one of the goals in the country's overall development plan at the 18th National Congress of the CPC in 2012.

Mentioning that tree planting has progressed well in recent years, Xi called for continuous efforts to plant more trees to benefit the people.

"Officials of all levels should keep an eye on long-term rewards, plant trees in urban and rural areas alike, increase green areas and strengthen environmental protection," he said.

参考文献

[1] 邵朝友、周文叶、崔允漷.基于核心素养的课程标准研制：国际经验与启示[J].全球教育展望,2015(8).

[2] 中华人民共和国教育部.普通高中英语课程标准(2017年版)[S].北京：人民教育出版社,2018.

[3] 国家中长期教育改革和发展规划纲要(2010—2020年).北京：人民出版社,2010.

[4] 顾明远.个性化教育与人才培养模式创新[J].中国教育学刊,2011(10).

[5] 赵丽娟.试析英语教学中学生自主学习能力的培养[J].校园英语,2017(21).

第六章

一核双基七环

英语语言能力是构成英语学科核心素养的基础要素，是学生提升文化意识、思维品质和学习能力的依托。株洲市三中立足于生源底子相对薄弱的校情和学情，在英语教学实践中逐渐发展了围绕英语学科核心素养这个中心，侧重以提高学生英语语言能力为重心的教学特色——“一核双基七环”（见图1）。

一、激活内涵

“一核双基七环”即围绕英语学科核心素养，“低起点、矮台

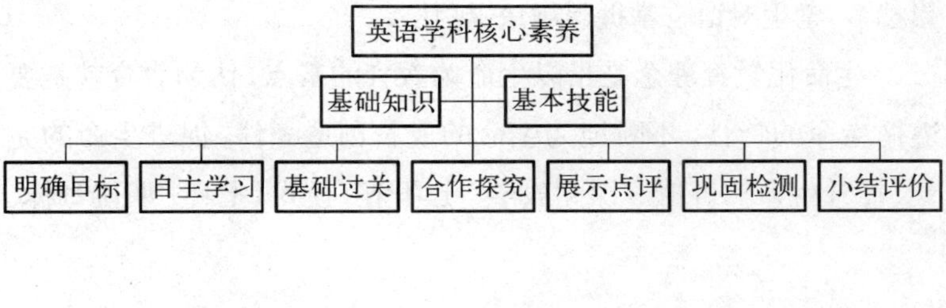

图1：
一核双基七环

阶、小步走、反复练”地在课堂教学“七环节”模式中提升学生的英语语言基础知识和基本技能，一步一步地达到学科育人的目的。

“低起点”即课堂从低处着眼，降低教学起点难度，与初中学段英语课程有机衔接，把握基础，提高能力，把学生听得懂、学得会作为教学的出发点和落脚点，课程结构和内容面向全体学生，重视共同基础和个性差异，帮助学生打好扎实的语言基础。

“矮台阶”即根据学生的认知水平和学习能力以及“最近发展区”将学习任务分解，教学过程中适当放慢课堂教学节奏，对教学难点进行分散，缩小知识综合跨度，降低知识综合难度，设置多层次低难度相关问题，构成新知识的“密、小”阶梯，设置知识、能力渐进题目，引导学生由浅入深走进教学重难点，并围绕基础逐步提高教学目标，逐步适当增加难度、提速。

“小步走”即细化课堂达成步骤，为学生量体裁衣，研究学生可接受的达成过程。教师在传授知识过程中无论教学内容还是教学进度都要做到小而慢，这是教学过程中的主要环节，让学生在教师的教学中获取新的知识。由于学习困难生的感知速度缓慢，感知的容量小，这样就造成了学习困难生在记忆时识记慢，遗忘快，再现不准，易健忘，因此我们必须在教学中慢慢地、小步地进行教学。

“反复练”，是指针对某一基础知识或某一基本技能，根据学生的掌握情况，设置同样或多样的练习题让他们反复进行训练。反复练的理论基础是唯物辩证法和语言学习规律。唯物辩证法认为，事物的发展是一个由量变到质变的过程，只有量的积累，才能达到质的变化。语言学习规律要求学生通过模仿、反复等实现语言的学习，这种大量的反复练习就是一定量的积累的过程，这种积累越多，学生对语言掌握得越快、越扎实。

生命化教育理念是指以生命为教育的基点，认为教育就是要遵循生命的特性，不断地为生命的成长创造条件，促进生命的完善，提升生命的价值。课堂教学“七环节”模式（七环：明确目标、自主学习、基础过关、合作探究、展示点评、巩固检测、小结评价）实践了生命化教育理念，落实了学生核心素养的培养。整个模式讲究预习先导、学为主体、全员参与、少讲精练、展示为主、当堂消化、减少作业、前后衔接。每个环节任务明确，教、学方法明了，能充分调动课堂主人的参与意识，培养学生的主动意识和创新思维，从而关注了课堂生成，关注了学生的生命体悟，关注了学生的养成教育，关注了学生的能力培养，落实了立德树人的根本任务（王迅，2012：177—178）。

二、聚焦核心

《普通高中英语课程标准（2017年版）》指出："实施普通高中英语课程应以德育为魂、能力为重、基础为先、创新为上，注重在发展学生英语语言运用能力的过程中，帮助他们学习、理解和鉴赏中外优秀文化，培育中国情怀，坚定文化自信，拓展国际视野，增进国际理解，逐步提升跨文化沟通能力、思辨能力、学习能力和创新能力，形成正确的世界观、人生观和价值观。"该校聚焦英语学科核心素养、突出语言能力培育的"一核双基七环"特色教学模式在实际操作中力图保证学生通过英语必修课程（《牛津高中英语》模块一至模块五）的学习，能掌握最基本的内容，顺利完成该学段的学习任务；另外为有升学意向的学生考虑，力求在必修课程的基础上学习英语选修课程（《牛津高中英语》模块六至模块九或十），循序渐进地提高学生的英语学科核心素养，使学生能够达到一个较高的素养水平，为学生进入大学奠定良好的英语学习基础。

（一）课堂的教学目标是围绕学科核心价值的，多层次设置"双基"目标，着重提升学生的语言能力，把基础知识扎扎实实地学好，把基本技能扎扎实实地练好。在注重基础知识和基本技能教学的同时，"双基"教学从不放松对文化意识、思维品质和学习能力的培养，其教学本身就含有培养基础能力的成分和指导个性发展的内涵。例如《牛津高中英语》模块五第二单元“The environment”阅读第二课时的学习目标就是，“By the end of this period, we will be able to: 1. Understand the passage in detail; 2. Master the important language points in the passage; 3. Have a strong sense of protecting the environment.”。首先理解语篇，理解其承载的语言知识和文化知识；然后掌握语篇中的重要语言点，这是对语言知识的进一步学习；最后在对语篇进行语言知识和文化知识的学习的同时，提升思维品质、加深文化理解、形成优秀的文化意识等。

（二）自主学习与基础过关是指向英语学科核心价值的，学生自己主动独立学习，在课前自主预习，在课中按老师要求自学，在课后自主复习，完成学案“基础过关”“自主学习”或“巩固检测”内容，认真阅读教材，在书上圈点勾画出重点、难点、疑点。教师会先根据教学和学生的实际需要对教材内容作增删、归并、挖掘或创造性地使用，把握基础知识的各个要点，按照“低起点、矮台阶、小步走、反复练”的要求编制学案。如阅读课课前就要求学生背诵短语和句子，学生在学会运用之前，先掌握必须背诵的单词和短语，为课堂上学生对课文的理解扫清障碍。课堂上对学生这部分内容进行检测，尽可能做到人人过关。例如《牛津高中英语》模块五第二单元“The environment”阅读第二课时的基础过关部分内容是这样的：“英汉互译 1. 减少，削减 2. 用完 3. 担心，关心 4. 自由发言 5. 对……环境友好 6. 乐意干某事 7. 四处打听 8. 下蛋；产卵 9. be beneficial to 10. pour … into 11. The people operating these factories are concerned about the environment.”。自主学习与基础过关环节一般是对词汇知识和语法知识进行学习与考查。

（三）合作探究与展示点评环节为发展英语学科核心素养提供了平台，为培养学生的核心素养奠定了基础。合作探究环节中，教师在“双基”目标得以完成的情况下组织更加开放的、具有挑战性的项目式学习、研究性学习、创作性学习、演讲与辩论等活动，促进学生主动参与，引入和利用多种资源，鼓励学生分享感受、经历、看法和个人的创作，为学生展现自我、挑战自我、突破自我、相互学习创造最佳的学习环境，让学生在丰富多彩的学习活动中发展学科素养。合作探究与展示点评是组内合作讨论。可以是集众人智慧，各抒己见，形成共识；也可以是相互帮助，共同提高。其中教师及组长要调控好，确保每一层次的同学都能最大限度地参与。例如《牛津高中英语》模块五第一单元Word power版块“Adjectives to describe personality”这一词汇课中设置了这样一个合作探究的任务：“Read and guess who he or she is and tell what kind of person he or she is.”有三个小篇章，举其中一例：“He is a black churchman who lived in the 1900s. Black people were thought to be bad at that time. Born in 1929, he had a dream to change his fortune. He gave lots of speeches about the right of Black people as well as suggested new laws. It is clear that not only his laws but also his bravery has been already remembered by the Americans. He's the hero of the United States. Who is he? What kind person is he?”小组合作猜出这个人是谁并不难，但是要讲讲这是个什么样的人不容易，他们需要调动已有的知识与经验来判断，分享这个人的故事，这样才能用目标词汇来描述他。在这一过程中学生运用语言知识、发展语言技能、探讨人物性格，在提升语言理解与表达能力的同时，也分析和审视事物和人物的真、善、美，鉴赏和评判不同的价值观，实现对主题意义的深层理解，充分体现课程工具性与人文性的有机融合。

三、点击缘由

该校多年来一直面对着生源薄弱这一难题，在2008年更是面对着学校录取率的冰点。那一届由于各种原因，该校只能录取城区7 000多名考生中居4 000名后的5C及以下等级的考生。高一入校最好的一个学生成绩等第是4A1B，5B以上的学生只有8个人，其余全在5C以下，其中含E等的学生还有43人。近几年生源质量有所好转，但仍是最后一个批次录取，生源情况可想而知。又如2013届，高一入校时5B以上的学生只有25个人，3B2C以下的学生有118人，而且D等的基本都是英语学科。再如最新的2017届，学生英语成绩等第和所占比例是这样的：A等31人，6.89%；B等240人，53.33%；C等169人，37.56%；没成绩10人，2.22%。这一部分学生的英语基础相当弱，他们欠缺义务阶段就应该掌握的一些英语语言基本知识，包括语音、语法、词汇、语篇和语用知识等，也欠缺一些英语语言的基本技能，包括听、说、读、看、写等方面的技能。这样的生源背景下的英语课堂现象是：学生听不懂，不想听，跟不上，上课打瞌睡；学生厌学，教师厌教，师生关系紧张，教学效率低下。

《普通高中英语课程标准（2017年版）》要求特别关注基础薄弱的学生，帮助其树立学好外语的信心、端正学习外语的态度，确保高中英语的课程设置和内容符合每个学生的需求，为全体学生提供一个自主选择、自我提高、自由发展的空间。《标准》强调："要特别关注那些英语学习基础薄弱的学生。教师应根据学生的实际水平扎实地做好补习工作，要帮助这些学生认读和理解基础词汇、句子和课文，多朗读文章中的重点短语、句子和段落，尽量使用教材中的短语和句子尝试说英语和写英语；适当补充适合的听读材料，增加学生的语言体验。同时，要注意把立足点放在帮助学生认识初高中学习的差异，形成良好的学习习惯和思维方式上；保证学生通过英语必修课程的学习，掌握最基本的学习内容，顺利完成必修学段的学习任务。"

基于这样的校情、学情，又有《普通高中英语课程标准（2017年版）》的明文要求，该校在年级开展调研，降低起点，搭设引桥，高中英语课堂不断复习初中内容，夯实基础。高二第二学期即备战湖南省学业水平考试，这一学期期间，更是从初中英语开始复习，同时也联系高中内容，编写符合该校学情的“七环节”复习导学案。课堂教学变传统灌输式为“七环节”式，课堂上通过“自主学习、合作探究、展示点评”等教学环节，让学生成为课堂的主人，培养了学生良好的学习习惯，强化了学生的自学能力和表达能力，增强了学生学习的信心，提高了课堂教学效率。

四、亮化创新

该校“一核双基七环”的英语教学模式变革了课堂的主角，变革了学习的方式，变革了评价方法。

首先，“七环节”教学模式将课堂的主角由教师变为学生，学生从听众席中的听众变成了舞台的主角，原来的主角退到了幕后。无论是自主学习还是基础过关又或是合作探究、展示点评环节，学生都是课堂的主角，他们听、说、读、看、写，不再被动地受支配而机械发展，他们是完整、有思想、有意识的人，是具有主动性、创造性和发展性的主体精神的人。

其次，“七环节”教学模式强化自主学习、注重合作学习、倡导探究学习，革除了以往课堂上学生单纯以乏味听、机械背、重复抄为主的苦学方式，很好地培养了英语学科核心素养中的学习能力，即学生积极运用和主动调适英语学习策略、拓宽英语学习渠道、努力提升英语学习效率的意识和能力（中华人民共和国教育部，2018：5）。学生在自主学习环节中发挥学习的主动性，培养独立思考的习惯，对于发展思维能力是极其重要的；在合作探究环节中激发了灵感、活跃了思维，学习了表达交流的技巧，懂得了尊重与欣赏，学会了做人做事。该教学模式不仅传授了知识，而且培养了学生的品德与个性；不仅培养了学生的听、说、读、看、写等能力，而且培养了他们的实践能力和创新精神。

最后，“七环节”教学模式下放了评价的权利，拓宽了评价的范围，注重了评价的过程。学生在教师的指导下，学习使用适当的评价方法和可行的评价工具，积极参与评价，发现和分析学习中的具体问题。展示点评环节中学生开展自评和互评，加强了学生之间、师生之间评价信息的互动交流，促进自我监督式的学习，并在相互评价中不断反思、取长补短、总结经验、调控学习，把教学评价变成主体参与、自我反思、相互激励、共同发展的过程和手段。小结评价环节中教师针对学生的课堂表现进行评价，着重考查学生在语言学习过程中的进步，突出评价的过程性和形成性特征，充分发挥诊断性评价的功能。教师和学生同为课堂评价的主体，突出评价的正面鼓励和激励作用。教师在进行小结评价时不仅关注了学生参与课堂学习的积极性和主动性，如参与小组合作学习、与老师和同学对话交流等方面的表现，而且关注了学生在学习过程中的注意力和好奇心，特别是提出问题和解决问题的兴趣与热情，关注了学生在不同情境与活动过程中分析问题和解决问题的能力表现。

五、全屏步骤

“七环节”教学模式精当明了，可控可操作，科学有效。

每堂课讲课前教师必须检查学生的预习情况并作出评价，学生没有充分预习前，教师不组织讨论、展示、点评。

“七环节”教学模式操作步骤如下。

（一）明确目标

本节课要完成的学习目标需要落实学科核心素养包括的语言能力、文化意识、思维品质和学习能力四个方面的培养。教师将教学目标板书在黑板的左上角，表述要清晰、明了、简练。“好的开始是成功的一半”，教师们经常会设计情境导入教学目标，一为牢牢吸引学生的注意力从而激发学生进行自主学习的动机，二让目标直观、易记、易接受。

（二）自主学习

自主学习要完成包含预习和教师要求独立完成的学习任务。自主学习应有明确的学习任务，以弄懂基础知识和完成学案中的基础部分为主要目的。在自主学习的过程中，学生应阅读课本，不讨论，教师应当巡视、指导。

教师应设定自主学习的时间，对自主学习要有要求和学习方法的指导，运用多种形式，如读、背、写、默等。

针对学生的实际情况教师通常安排大声朗读和背诵。可以根据学生的层次安排不同的背诵内容。例如一篇课文有长短不一的段落，A层次的同学就可以背较长段落，B、C层次的同学可以背较短段落，甚至一两句话都是可以的。在传统灌输的课堂上，学生们只会因为听不懂而苦恼，因没有兴趣而呼呼大睡或上甲课做乙事，而“七环节”的课堂却可以给他们五到十分钟的时间进行基础过关，这使得他们获得了信心，因为要一次考试及格或许很难，但完成一个小小的任务是相对容易的。另外在众多学习英语的方法中，大声地朗读课文是出现频率最高且确实行之有效的方法。针对学生的学习基础和学习习惯，在基础过关环节中通过诵读可以实现语言的潜意识输入，通过视觉与听觉学习英语，实现最终的听、说、读、看、写基本技能目标。

（三）基础过关

如果学生在课前进行了自主预习，那么课堂上的自主学习环节可以变为基础过关环节。如果学生在课前没有进行自主预习，那么自主学习环节和基础过关环节合并为自主学习环节。

该环节教师以典型题目呈现课本内容，形式要多样，如几分钟小考、相互背默、相互讲解等。英语课堂上这一环节的通常做法是根据学案的要求让学生自学教材，对生难字词、固定短语作好勾画，自学课本后独立完成导学案。

（四）合作探究

合作探究一定要在完成了自主学习环节的基础上进行。合作探究在小组内完成，同学之间相互提问、讨论，有问题的解决问题，没问题的帮助他人解决问题。学生讨论时，教师要组织、协调、参与、指导，教师要穿行各组之间，要关注每一个学生的状态。学生可坐着讨论，更多的是站立讨论；可以是“一对一”讨论，也可以是小组集体讨论。

英语课堂中这一环节事实上给学生创设了一个交际语境。按照组内异质、组间同质的原则组成合作学习小组，具有不同智慧水平、知识结构、思维方式、认知风格的成员各有自己的特长和优势，在合作性的交往团体里，可以互相磋商、互相启发、互相帮助、互相提高，以实现思维和智慧上的碰撞，从而产生新的思想，创造性地完成学习任务。

（五）展示点评

展示与点评由各小组选派不同的代表完成，其内容包括对合作探究内容的展示解说，提出合作探究发现的问题和解决问题的方法，以及未解决的问题。展示形式包括书面展示和口头展示。通过展示与点评，一是激发学生的学习兴趣，二是解决尚未解决的问题，三是提高学生口头表达和书面表达的能力，培养学生表达严谨、科学、规范的良好习惯。

英语课堂中通常教师会采用随机点名的方式，这样可以避免少数同学想偷懒的现象，因为展示代表的是全组成员，展示的是集体智慧，因而学生多少有点压力想要做好。新课程标准特别强调我们的教学要面对全体学生，突出学生主体，尊重个体差异。“展示点评”环节极易造成多数学生观看少数学生表演的尴尬场面，易挫伤大部分学生的学习积极性，所以教师特别注重学生参与的层面，按学习程度的不同编组布置任务：A层+B层；B层+B层。新课程标准指出：要关注学生的情感，营造宽松、民主、和谐的教学氛围；要特别关注性格内向或学习有困难的学生；要培养学生的协作和创新精神。因为合作探究环节要求学生学以致用，那么这一环节就要求学生采用口头、书面或表演等方式将讨论的结果展示出来。教师给予学生自由的空间，不随意打断，也允许学生在展示过程中犯语法错误（学生的语言交流能达意即可）。这样每个学生都不能袖手旁观，而是积极充当导演、助手和参与者，让学生担任主角，充分发挥学生的能力和智慧。他们用英语思考，用英语交际，一个个兴趣盎然，课堂不再乏味，这为他们学好并活用语言知识奠定了良好的基础。

（六）巩固检测

课堂学习内容应该当堂检测，检测题要批改，对普遍存在的问题应当提交学生讨论，并用变形题再度检测。优秀的做法应予以展示。

巩固检测这一环节似与语言习得挂不上钩，它要求对学生的课堂学习内容进行当堂检测。而英语课堂上的通常做法是要求学生再读本单元内容，或者进行与单元内容相关的其他文章的阅读或书面表达，深化对原内容的理解，同时也实现了知识的迁移。学生在展示后对单元内容有了深入理解，能将激动的心情归于平静，将抽象的内容具体化，将肤浅的理解引向深入，这也符合人类心理发展的需求。皮亚杰认为，人类与环境相互作用并向环境学习是一种不变的先天性功能。虽然书本向学生展示的是另一类型的语言环境，直观而枯燥，但学生在展示后进入深入理解，并不会感觉到文字的枯燥，相反会有一种征服的心理，成就感倍增。

（七）小结评价

最后两分钟，教师或学生要对课堂学习的内容进行小结，以便形成完整、清晰的知识网络，提高学习效率。教师和学生对当堂课学生的学习情况和各组的学习情况进行评价。

六、连线课堂

聚焦英语学科核心素养、侧重发展学生语言能力的"一核双基七环"英语教学针对英语学习基础薄弱的学生，扎实地做好补习工作，从初中英语开始复习，帮助学生构建英语语音、词汇、语法、语篇、语用基础知识和发展英语听、说、读、看、写的基本技能，也帮助学生形成有效的学习策略，为其未来发展和终身学习奠定良好的基础。连线的课堂为《牛津高中英语》模块一第一单元阅读第一课时。

教学对象是普通高中一年级学生，学生英语基础普遍较薄弱，入学成绩有3个B等，其余大多是C、D等次。学生词汇量很小，语法知识欠缺。

课前学生预习P2—3的课文"School life in the UK"，完成基础过关和自主学习部分的内容。

Module 1 Unit 1 Reading (1) School life in the UK

【明确目标】

Teaching objectives

By the end of this period, the students will be able to:

1. know some new words and phrases related to school life;
2. comprehend a magazine article about school life in the UK;

3. learn to apply two basic reading skills: skimming and scanning.

【设计意图】 在创设一个情境导入之后，引出主题，展示本堂课教学目标，学生齐读目标，清楚地知道这堂课要做什么，要达成什么样的目标。对目标中的个别单词和内容进行解释，以确保学生知道目标的意思。

【基础过关】

Remember the following words.

1. ________ 令人愉快的
2. ________ 经历，经验
3. earn ________
4. ________ 致力于
5. literature ________
6. respect ________
7. struggle ________
8. ________ 具有挑战性的
9. ________ 鼓励
10. ________ 喜爱
11. ________ 免费
12. ________ 回顾
13. graduate ________
14. ________ 利用
15. approve ________

【设计意图】 课前作业要求学生对课文的生词进行预习，并在课文中的相应位置标注词义，这一环节主要是对这些新词进行记忆并检测过关。在这一环节，英语小组长需要发挥主导作用，核对答案，教B层同学读，或领读，在读记之后，组员再相互抽查记忆情况。小组快读，比赛记忆，活跃课堂气氛，落实识记任务。学生通过听读学习活动习得语音、词汇方面的语言知识。

【自主学习】

Activity 1 Skim and scan the text and answer the questions in Part A on P2.

Activity 2 Read the text carefully and do the following exercises.

Para. 1: School hours

1. Was she happy with the school hours? ________

2. School in Britain ________ around 9 a.m. and ________ about 3:30 p.m., while schools in China begins before 8 a.m.

Para. 2: Attending assembly

1. Who was the girl sitting next to her on the first day? ________

2. The headmaster told them about ________________ during assembly.

3. The best way to earn respect from the school was to ____________ and ____________. Because ____________

Para. 3: Teachers and classmates

1. Who was her favourite teacher? ________

2. Was it easy for her to remember all the students' faces and names? Why? ____________________________________

Paras. 4–6: Homework and subjects

1. The homework was not heavy, but why was it a bit challenging for her?

____

2. Why did her English improve a lot?

____

3. Did she enjoy cooking? How do you know?

____

4. Do students have to learn all the subjects even if they don't like them?

____

Para. 7: British food and her activities

1. Why did she miss Chinese food a lot at lunchtime?

____

2. She usually played on the school field. Sometimes ______________________________.

Sometimes ______________________________.

Para. 8: Intentions

She feels lucky and hopes ______________________________.

【设计意图】 自主学习的两个活动设计有层次、有梯度，首先活动一要求学生根据问题快速浏览文章，把握文章脉络，获取特定信息。难度不大，帮助达成目标三——学会运用跳读和扫读两个阅读技巧，Part A 的问题设置正是要求用这两个技巧进行快速阅读，检索答案。活动二是细读，问题设置侧重检测学生对文章细节的理解，训练学生获取和处理信息的能力。在这一活动中学生很安静认真地阅读文章，完成学案上该部分的练习题。因为问题是按照段落顺序设置的，学生查找问题的信息点是相当容易的，这样的活动设计可以使得人人参与，关注了全体学生。通过对细节信息的梳理活动，学生熟悉并学习一些固定搭配和本课特有的语言表达方式。

【合作探究】

Activity 3 Translate the following sentences into Chinese and find out as many language points as possible.

1. Going a British high school for one year was a very enjoyable and exciting experience for me. (L1)

____

2. He also told us that the best way to earn respect was to devote ourselves to study and achieve high grades. (L9)

____

3. It was a struggle for me to remember all the faces and names. (L19)

____

4. However, it was a bit challenging for me at first, because all the homework was in English. (L21)

____

5. I look back on my time in the UK with satisfaction, and I really hope to go back and study in Manchester again. (L49)

____

【设计意图】 自主学习的任务设置只侧重查找检索文本信息，合作探究部分的任务设置较之上了一个台阶，但是还是比较容易的。翻译基本已经退出语言教学的舞台，但是对于基础薄弱的学生而言，借助母语帮助理解是必不可少的，翻译教学在生源薄弱的学校的课堂中还是占有很大比重的，但也不同于传统的翻译教学。在这里，不是教师译学生记，而是生生之间互动翻译、互相学习、互相指正等，并且在翻译理解的基础上还要探讨出这些句子有哪些要注意的语言点。在探究完成之后，各小组竞争展示点评。翻译句子采用口头的形式，语言点采用黑板板演的方式。翻译过程中，学生不断感知、学习、理解中英语言表达的差异，体会不同语言的魅力与美，这个过程中，学生的思维品质也得到了训练与提升。

【巩固检测】

Activity 4 Fill in the blanks in the form.

<table>
<tr><td colspan="2">(1) ________ life in the UK</td></tr>
<tr><td rowspan="5">The (2) ________ and (3) ________ experience of school life in the UK</td><td>On the first day, all students went to attend (4) ________. During it, the headmaster told us about the rules of the school and the best way to (5) ________ respect from the school was to work hard and (6) ________ high grades.</td></tr>
<tr><td>My (7) ________ teacher taught us English Literature.</td></tr>
<tr><td>Homework was not as (8) ________ as what I used to get in my old school.</td></tr>
<tr><td>My English (9) ________ a lot as I used English every day and spent an hour each day reading English books.</td></tr>
<tr><td>Students can (10) ________ some subjects if they don't like them.</td></tr>
</table>

【设计意图】 这一环节是检测当堂学习成效的环节，教师在这一环节的主要作用是监督与检查，发现问题，以便在核对答案时解决生成的问题和加深理解。学生在这一应用实践

类更高层次的活动中，根据表格提示，体验文章作者的思维过程，然后根据表格信息在每小题的空格里填上适当的单词或短语。该活动要求学生能够理解文章主旨大意和关键细节，把握文章的篇章结构和逻辑关系，能对文章进行转述或摘要，在获取信息和处理信息之后，能用英语进行思维和表达。

【小结评价】

Revise the contents of the text and decide on the best groups and individuals.

【设计意图】 教师和学生共同回顾本堂课所学，一个接一个地讲这节课学到了什么，一个单词、一个短语、一个句子等都是可以的，尽量不要重复别人说过的。然后决选表现最佳的小组和个人，记录在课堂评价记录本上。

该堂课的设计始终考虑了学生的学情，低起点高要求，每一环节都是以学生为主体，每一环节学生都有事可做且力图做好。只要能实现学生动手动脑，积极参与课堂的各个环节，从中学习语言知识、发展语言技能，在耳濡目染中汲取文化营养，潜移默化中促进多元思维，塑造良好品格，并运用学习策略，提高学习效率，就能确保语言能力、文化意识、思维品质和学习能力的同步提升。

参考文献

[1] 王迅.区域性基础教育品质研究与实践[M].长沙：湖南教育出版社，2012.

[2] 中华人民共和国教育部.普通高中英语课程标准（2017年版）[S].北京：人民教育出版社，2018.

第七章

一核两动三能力

一、激活内涵

株洲市九方中学英语教学特色总结为“一核两动三能力”，即以核心素养为导向，在课堂教学中开展有效的师生与生生互动活动，“三能力”即培养学生的自主学习能力、合作学习能力和创新能力。这一教学特色简称“核动力”（见图1）。该教学特色的提炼也是基于2017年最新发布的《普通高中英语课程标准》，在新课标课程方案中明确指出：普通高中的培养目标是进一步提高学生的综合素质，着力发展学生的核心素养，使学生具有理想信念和社会责任感，具有科学文化素养和终身学习的能力，具有自主发展能力和沟通合作能力。培养学生自主学习和合作学习是学习策略的有效运用，也是提高学生学习能力的有效途径，更是英语学科核心素养的重要组成部分。根据《普通高中英语课程标准（2017年版）》，外语学科核心素养包括语言能力、文化意识、思维品质和学习能力。从2004年课程改革以来，我们从

"双基"走向"三维目标"再到"核心素养"。何谓素养，简单地说，素养是沉淀在人身上的，对人的发展、生活、学习有价值、有意义的东西。而核心素养的内涵界定为学生应具备的适应终身发展和社会发展需要的必备品格和关键能力。为什么核心素养强调的是正确的价值观、品质和能力呢？品质是一个人做人的根基，能力是一个人做事的根基，两者相互支持，相互支撑，才形成一个完美的人（余文森，2017：14）。

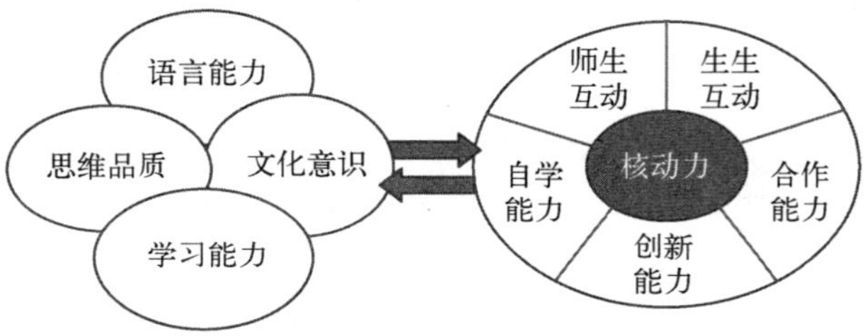

图1："核动力"教学特色

二、聚焦核心

素养有先天的禀赋，也是后天培育出来的。能力却需要在培养教育过程中挖掘。中国有句古话，"巧妇难为无米之炊"，学科核心素养没有学科知识为载体，不可能形成。所以作为教育工作者，如何选择、组织和设计学科知识，才有利于学科核心素养的培养呢？根据不同的角度，国家教育专业机构构建了各个学科不同的核心素养体系，它们之间有交叉，有重复，有的有其特指的内涵和意蕴。我们可以从不同的角度构建不同的核心素养，从教育的角度来构建，即从德、智、体、美、劳五个方面构建。核心素养是从素养中提炼出来的，无论是"双基""三维目标"还是"核心素养"，基本上都体现了从学科本位到人本位的转变。相对"双基"，"三维目标"的理论比较全面和深入，但依然有不足之处。三维目标不是教学的终极目标，而应该是核心素养形成的要素和路径，教学的终极目标是能力和品质。核心素养对三维目标进行了整合，它来自三维目标，又高于三维目标，它既有传承又有超越，将知识、技能和过程、方法提炼为能力；把情感、态度、价值观提炼成了意识（余文森，2017：50）。学科的核心素养是核心素养在特定学科的具体化，学科核心素养是指学生通过学科学习形成正确的价值观念、必备品格和关键能力，两者在方向和性质上是统一的。学科的核心素养是有机的统一体，彼此相互交融、相互依存。从三维目标走向核心素养，是学科教育在高度、深度和内涵上的提升，是学科教育对人的真正的回归。学科核心素养的提出意味着学科教育模式和学习方式的根本变革。例如就英语学习过程而言的关键能力分为阅读能力（输入）、思维能力（加工）和表达能力（输出）。必备品质以自律、公德和责任为主。能力和品质是人一生中两种最宝贵的精神财富。如果说学科知识是学科核心素养形成的主要载体，课堂就是传播知识、形成学科核心素养的主要阵地。

三、点击缘由

（一）该校之所以提炼出“核动力”特色教学，是基于《普通高中英语课程标准》基本理念第三条中提出的：“实践英语学习活动观，着力提高学生学用能力。倡导指向学科核心素养发展的英语学习活动观和自主学习、合作学习、探究学习等学习方式。教师应设计具有综合性、关联性和实践性特点的英语学习活动，使学生通过学习理解、应用实践、迁移创新等一系列融语言、文化、思维为一体的活动，获取、阐释和评判语篇意义，表达个人观点、意图和情感态度，分析中外文化异同，发展多元思维和批判性思维，提高英语学习能力和运用能力。”自主学习能有效地培养学生良好的学习习惯；自主学习强调的是学生的主体性，但不能否定教师的主导性。首先就要有自主学习的基本素质，自主学习就是指不听命、不依赖于别人的独立自主的学习，强调学习者是认知过程的主体，它有利于学生主动探索、主动发现、主动学习，其本质是对学生学习潜能的信任和对学生独立性的尊重。“教是为了不教”和“授人以鱼，不如授人以渔”等名言，都说明了培养学生自主学习能力的重要性。钟启泉教授在《课堂互动研究》一文中指出：“课堂教学应以学生的自主活动为中心展开。教学目的的设定、教材教法的选择、班级的集体交互作用等，所有的构成要素都应当形成学生的自主活动而加以统整，都必须服从于学生的自主活动的组织。”有目的性的活动也可以激发学生的学习动机，培养创新精神。所有知识技能的获取必须与活动相结合，中国有“纸上得来终觉浅，绝知此事要躬行”的古训，这也符合杜威的“做中学”理论。学生单纯地听老师讲授知识，学生的创造和思维能力受到一定的局限。从教学的角度讲，学生通过活动参与学习，而不是老师直接地讲授和传授知识，学生的这种主体活动是老师无法替代的。学生用自己的大脑思考、用眼睛观察、用心灵去体验和获取语言知识。完整的学习过程包含外部活动与内部活动两种基本的活动形式，涉及外部活动的内化与内部活动的外化两个双向转化过程。其中，外部活动主要包括感知活动、操作活动与语言活动；内部活动主要包括认知活动、情感活动与意志活动。正是通过外部活动向内部活动的内化和内部活动向外部活动的外化，学生的知识掌握、能力形成和情意的发展才得以实现（李松林，2014：53—56）。

（二）合作学习就是在特定的情景中，进行学生与学生的互动、通过相互协作来完成认知。生生间的互动活动是合作学习的主要形式，可以诱发良好的思维情感。生生之间的合作学习活动能有效地激发学生的学习兴趣。该校班级学生数量一般都在40人左右，是市区的二类学校，优质生源不多，学生素质良莠不齐。要全面提升学生的学习能力，要创造低进高出、高进优出的高考成绩，必须要根据学情，提炼有自己特色的和有效的学科教学方法。合作学习可以给学生提供相互学习、取长补短的学习机会，这是一种开放的、集体创作、共同进步的学习方式。合作学习的代表人物约翰逊有过这样一段话："实际上，教师的一切课堂行为，都是发生在学生—同伴群体关系的环境之中的。在课堂上，学生之间的关系比任何其他因素对学生学习的成绩、社会化和发展的影响都更强都有力。"这种互动活动强调的是学生之间的相互作用和相互影响，包括学生之间的讨论、互相评价、互相切磋、互相倾听、互相激励等等。将学生的个体学习（自学）、小组学习（互学）、全班学习（共学）等不同的教学组织形式结合使用，这样的学习不仅是积极的、主动的、快乐的、个性的、丰富的，而且是完整的、有结构的、系统的。在合作学习的课堂结构中，学生是学习的主体，教师则更多的是学生的引导者。在当今社会，人们面临着日益激烈的竞争，多数竞争的结果取决于竞争者的合作精神和团队意识的强弱。合作学习既有助于培养学生的合作精神、团队意识和集体观念，有助于培养学生的竞争意识与竞争能力，同时也帮助学生克服以"我"为中心的思想，培养宽容大度的性格，学会学习他人的长处，学会尊重他人的意见，学会资源共享，学会相互支持。在合作式的小组学习活动中还可以培养学生的领导意识，体现自我价值，为他们日后步入社会做好准备。

（三）为什么师生互动和生生互动在以核心素养为导向的课堂显得尤为重要呢？"两动"的课堂不仅是思维参与的课堂，而且是情感参与的课堂。该校没有很多的优质生源，学生的英语学习非常的被动，在英语学习中总是看到他们流露出忧虑和自卑的情绪，而师生间的互动活动就是最好的情感交流。在教学中，老师有效地组织师生互动和生生互动的教学活动尤为重要。教师一方面要努力通过有趣的教学手段为学生营造一种轻松的输入环境，创设真实的情境，帮助学生减少忧虑感；另一方面又不能毫无目标和压力，听之任之，而应该帮助学生化焦虑为动力。过去该校所采用的互动方式一般是单一型师生互动，这种互动只是教师将信息传递给学生的过程，教师是信息的发出者，学生是信息的接受者，这样就忽略了学生的一些关键能力。现在教师由单一型活动转为多元型的课堂活动，互动活动变成了由师生之间互相作用获得信息的过程，变成了师生之间、生生之间相互作用的过程。在师生互动教学过程中，师生间不仅存在着知识的传递，而且存在着人与人之间的感情交流，关键是不仅能使学生有效地掌握知识，也使教师意识到课堂所教的知识是否恰当，有利于教师有针对性地调整教学内容，提高课堂教学效率，促使学生更加全面地发展。在师生互动的过程中，每个教师更容易看到学生的闪光点，教师可以直观地关注学生的学习习惯、关注学生情感的流露，根据学情及时调整教学内容。教学过程既是认知训练的过程，又是情感陶冶和提升的过程，在这样轻松的环境中学生会产生学习的内驱动力，能轻松愉快地学习。整个课堂教学成为师生情感交流、智慧碰撞、人格感染的过程。让学生主动参与知识的形成过程，不但满足了学生的强烈需求，而且通常课堂成了由认知和情感交织共生的课堂。一方面认知为情感的产生和发展提供理性基础，另一方面情感对认知活动又具有推动、强化和调节作用，情感和认知在课堂教学中存在着相互联系、相互制约和相互促进的关系，知情之间有层次地递进循环，最终实现融合。因此，良好的师生关系可以使学生的思维更积极，感知更敏感，想象更丰富，记忆更牢固，从而促进学生学习能力的提高。通过生生之间的互动，学生容易发现问题、提出问题、分析问题和解决问题，帮助学生拓展思维，不仅为学生的自主学习创造机会，也有利于激发学生的创新思维，因为创新总是与活动相伴的，创新在活动中产生，在活动中生成，没有活动，创新就没有中介。在英语的课堂活动中要千方百计地调动学生的积极性，让他们活起来，动起来，创新的潜力开发起来。

四、亮化创新

（一）用英语学中华文化

新的课程标准中有关文化意识目标这样描述："获得文化知识，理解文化内涵，比较文化异同，汲取文化精华，形成正确的价值观，坚定文化自信，形成自尊、自信、自强的良好品格，具备一定的跨文化沟通和传播中华文化的能力。"可见新课标对这项能力做了更定性和定量的描述。我们学习英美等国文化的同时，也不能忘记自己优秀的传统文化。

该校注重中华文化的学习和熏陶，将中华文化的学习和英语学习相结合。如在语法课的从句学习中，引入《论语》中的经典语句，学生不但学习英语知识，还学习做人做事的道理，将优秀的文化进一步内化为个人的意识和品行。例如：It做形式主语，学而时习之，不亦乐乎？ Is it not pleasant to learn with a constant perseverance and application? 有朋自远方来，不亦乐乎？ Is it not pleasant to have friends coming from distant quarters? 状语从句，温故而知新，可以为师矣。If a man keeps cherishing his old knowledge, so as continually to be acquiring new, he may be a teacher of others. 当仁，不让于师。When it comes to benevolence, one need not give precedence even to his teacher. 学如不及，犹恐失之。Learn as if you could not reach your object, and were always fearing also lest you should lose it. 非谓语形式，学而不思则罔，思而不学则殆。Learning without thought is labour lost; thought without learning is perilous. 定语从句，知之者不如好之者，好之者不如乐之者。They who know the truth are not equal to those who love it, and they who love it are not equal to those who delight in it. 我非生而知之者，好古，敏以求之者也。I am not one who was born in the possession of knowledge;

I am one who is fond of antiquity, and earnest in seeking it there. 又比如，在阅读《牛津高中英语》模块九第二单元关于世界文化遗址的“The Acropolis now”语篇时，将中国的非物质文化遗产——二十四节气（the 24 solar terms）作为本单元的情境导入，学习中国节气的划分和特点，教师帮助学生围绕文化遗产这一主题形成基本词块，所有的学习任务和互动活动就围绕节气这个话题来展开。课前分小组找到中国特有的二十四节气的英文表达：“1. the Beginning of Spring, Rain Water, the Waking of Insects, the Spring Equinox, Pure Brightness, Grain Rain 2. the Beginning of Summer, Lesser Fullness of Grain, Grain in Beard, the Summer Solstice, Lesser Heat, Greater Heat 3. the Beginning of Autumn, the End of Heat, White Dew, the Autumn Equinox, Cold Dew, Frost's Descent 4. the Beginning of Winter, Lesser Snow, Greater Snow, the Winter Solstice, Lesser Cold, Greater Cold.”

下面是高三专题复习以节气为主题的七选五的训练题。

The Twenty-Four Solar Terms

▲ ***Origin***

As early as the Shang Dynasty (17th century BC–1046 BC), the Chinese ancestors had already established four major solar terms. Until the Han Dynasty (202 BC–220 AD), 1. ________

The 24 solar terms reflecting the changes in climate, natural phenomena, agricultural production, and other aspects of human life, including clothing, food, housing, and transportation, was created by farmers in ancient China to guide the agricultural affairs and farming activities. The 24 solar terms play important roles and have greatly influenced people's basic needs in life, and 2. ________

▲ *3.* ________

The solar terms known as the Beginning of Spring, the Beginning of Summer, the Beginning of Autumn, and the Beginning of Winter are used to reflect the change of seasons, 4. ________

The solar terms of the Spring Equinox, the Autumn Equinox, the Summer Solstice and the Winter Solstice are divided from an astronomical aspect, reflecting the turning point of the variation of the altitude of the sun.

Lesser Heat, Greater Heat, the End of Heat, Lesser Cold, and Greater Cold, 5. ________

Rain Water, Pure Brightness, Grain Rain, Lesser Snow, Greater Snow, White Dew, Cold Dew, and Frost's Descent reflect the phenomenon of precipitation (降水), indicating the time and intensity of rainfall, snowfall, dew, and frost.

A. Meaning

B. Development

C. they still have an important function nowadays.

D. dividing the year into four seasons of exactly three months.

E. reflect the changes of temperature in different periods.

F. the present 24 solar terms was established completely.

G. the 24 solar terms can be divided into four groups.

该校的英语教学紧跟热点，当中央电视台热播的《中国诗词大会》节目成为广大观众喜欢的节目时，该校便以唐宋诗词的学习为主题，用英语学习中国古诗词，不但激活学生的思维，同时也有利于中国优秀文化的传播。以下是根据高考题型编写的语法填空题(非提示类)："1.白日依山尽，黄河入海流。欲穷千里目，更上一层楼。The sun beyond the mountain glows; Yellow River seawards flow. You can enjoy grander sight, if you climb to a greater height. 2.独在异乡为异客，每逢佳节倍思亲。A lonely stranger in a strange land I am cast, I miss my family all the more on every festive day. 3.君问归期未有期，巴山夜雨涨秋池。You ask me when I can return, but I don't know. It rains in western hills and autumn pools overflow.” 这些优美的诗句在学生的语文课本上也有，再同英语进行对比学习，这正好符合课标上提倡的“比较文化异同，汲取文化精华，传播优秀文化”的指导思想。

学习中华文化精华也是一种情境教学，不同的主题采用不同的情境导入是该校的特色之一。情境教学是新课程标准提倡的理念，“情境”现已被广泛应用在各类课堂上，对教学活动产生了积极的促进作用：第一，情境可以有效刺激学生，使学习过程不仅是对知识本身的接受，更会使学生产生情感的共鸣；第二，情境可以使枯燥乏味的知识有丰富的附着点和切实的生长点，让教育具有更加深刻的意义；第三，情境增加了学习活动的生动性、趣味性、直观性，让学生在理论知识与应用实践的交互碰撞中真正理解知识、提升能力（高彤彤、任新成，2015：40—44）。建构主义认为学生应该在实际情境下进行学习，这样可以让学生利用原有的认知结构去同化和索引当前学习的新知识。在课堂上教师需要创设真实的情境来激活学生的认知，因为情境是学生语言能力培养的桥梁，教师将枯燥的知识引入到生活化的情境中，使学生产生亲切感，鼓励学生参与到语言活动中来，使英语语言有效地输入，一步步提高学生的英语学习能力。

（二）生生互动

生生互动的主要活动形式是以小组为单位的合作探究式学习。活动内容多种多样，学习时间有课内的也有课外的，主要是以6人为一组。在构建上有别于传统的分组，构建小组成员中应有好、中、差不同类型的学生，这样关注了各层次的学生，以保证组与组之间的公平性，最大的亮点就是点燃了学困生的学习信心，逐步缩小与同学们的差距。小组的合作学习，符合认知心理学的理论，小组间的合作学习能提高学生的认知层次，促进认知的发展。合作学习是学生构建、优化知识结构的有效途径。合作学习的理论认为，教学过程是一个信息互动的过程，这种信息的传递方式是以一种多向交叉的方式传递。在小组合作中，由具有不同背景和能力的学生组成的小组最具有潜力达到以学生为中心的目的。小组间通过一系列的讨论与合作，取长补短，集思广益，思维共振，达到信息的内化和整合。合作学习强调的就是一个“动”字，尤其是思想上的互动。小组各成员互帮互助，形成共同的产品，如：各种词汇、语法、语篇结构的思维导图，旅游指导，生活广告等。学生在小组合作中进行学习，成员之间互相交流、互相配合、互相尊重，既充满温情友爱，又像课外活动那样充满互助和竞争。在小组中，每一个人都有机会发表自己的观点、看法，还能显示他们在创作、表演上的各种特长，学生们合作融洽，学习变得更加愉快。在小组合作学习中学生面对面相互作用，责任到人、组间竞赛等为班级提供了浓厚的学习氛围，学生在完成相关的学习任务时，也在不断地增强自己的学习能力、培养创新能力。例如对词汇的学习，围绕主题，采用各个小组画思维导图的形式来激活主题词块，使碎片的知识模块化。这样不仅激发了学生的兴趣和创造精神，打开思维，又给学生一个展示自己的机会，还能帮助开拓教师的思路。

《牛津高中英语》教材素材丰富多彩，与以往的教材不同，课本量大面广，灵活性强，要求师生的配合性强，以单元为单位，给学生提供了听、说、读、写的多种学习机会，两极分化逐步缩小。将自主学习和小组合作学习结合起来，学生互帮互学，既保质保量地完成教学任务，又激活学生的兴趣和思维，而且内化所学的内容，这些不同层面、不同形式的教学互动活动，能够帮助学生感知语言、掌握语言、运用语言。互动的教学活动有利于促进学生真正地参与到学习中来，让学生真正出于内心地自主学习，不断提升自己的学习能力。通过师生互动、生生互动的活动，充分挖掘教师和学生的潜能，让教师乐于教，学生乐于学，提高课堂教学效率。跨世纪的学生处在一个信息的时代、网络的时代，学生在某些领域拥有的信息量极有可能超过教师。总之，在师生互动和生生互动的活动中，既体现学生的自主学习，又有合作学习，重要的是提升他们的思维能力。课堂中有效地开展师生和生生合作，可以增加学生间的练习机会，培养学生主动思维、大胆实践的能力。在整个课堂互动活动中，调动了学生个体学习的积极性，又促进小组组员间的合作，提高了学习的效率。课堂教学中，教师通过让学生自学、教师启发点拨、学生合作探究等形式来培养学生的学习能力和思维能力；通过示范来激发学生的创新能力；通过师生及生生间的相互参与、评价等手段来提升学生的学习能力和语言表达能力。教师把教学建立在满足学习心理需求的基础上，使教学活动带有浓厚的情意色彩。

（三）多元化的评价

有了互动活动还要建立有效的评价机制，对学生的学习进行评价可以让学生更注重合作过程的行为表现，让他们在合作学习中不断体验成功，同时可以使教师获得准确的信息，反思教师对小组活动的组织目的和活动的设计，以便做出及时的调整，发展更多的英语课堂合作学习方式。

学生是学习的主体，在各类的评价活动中，学生都是积极的参与者和合作者，因此应建立开放、宽松的评价氛围，鼓励学生、同伴、教师共同参与评价，实现评价主体的多元化。

帮助学生在自我评价、互相评价中不断反思，认识自我，让学生自评是对能力和活动表现的反省，教育家们也普遍认为最有效的评价是学生的自我评价，其次是教师与学生之间的评价。教师对学生的评价应该是全方位的，尤其要尊重学生的自我评价，因为只有学生才能真正了解自己。同时，学生的自我评价结果又是教师评价的重要参考，也是教师调整自己的单元教学目标及教学策略的重要依据。基于多元智能理论的多元评价关注学生的持续的综合发展，过去我们对学生所实施的评价一般由教师进行，新的评价主张发挥被评价者的主动性，让被评价者参与评价，评价中还可以吸收其他学生、教师参与评价，实行自主评价与集体评价相结合。在评价内容上，不能仅仅评价考试所要求的书本上的语言知识，而应该全面地评价学生的各种素质和能力，特别是学生的语用能力和创新能力，改变过去考分决定一切的片面做法。根据多元智能理论，智能和外语教学测验必须通过多元渠道，采取多元形式，在不同的实际生活和学习情境下进行；教师应从多方面观察、记录、分析和了解每个学生的优点和弱点，并以此为依据设计和采用适合学生特点的不同的课程、教材和教法，帮助学生扬长补短，同时加强对学习者的多元化、过程性、形成性评价，帮助学生自主学习和发展。如果把学生置于严格的个人环境中，缺乏相互交流探索，学生面对学习活动和学习任务孤军奋战，则不利于学生养成相互合作的精神和技巧。该校无论在课堂教学还是课外学习活动中都鼓励学生之间相互评价，也制定了合理的评定内容。在教学中，教师先不作评判，而引导学生讨论，发表自己的观点，评价他人的说法，看谁最有说服力，使学生在活动中接受他人评价，最后达成共识，从而促进能力的共同提高。如何评价学生活动的效果，需要有一个多元评价的标准。以往教师们做得比较多的是对学生活动的结论停在对或错的单一评价，或者多由教师自己点评、夸奖。而在互动的课堂教师会关注主体评价的多元化，如口头评价、书面评价、加分奖励等，减少教师评价过多的现象。教师根据不同的活动类型有不同的评价内容标准，鼓励学生自己评价、同伴评价、组与组之间相互评价、教师参与评价等等。评价的方式有很多，有课程评价和活动评价（见表1和表2）。课程评价主要是把评价的焦点放在课程标准和教材上，对教学单元进行跟踪评价，主要是通过评价了解学生的学习状况，更好地促进学生的发展，查看学生的自评表，发现学生的不足，及时给予个性化的辅导，增强学生的自信心。活动评价侧重了解学生的学习情感和策略，鼓励学生尽职尽责、合作互助、共同配合完成学习任务，让学生共同分享合作带来的成就，培养学生的合作、创新和探索精神。最值得提倡的就是在评价过程中也培养学生的质疑精神，学生相互解惑，相互提问，激励他们主动学习，给他们更多的空间，不断地优化学习行为。

表1：
单元学习情况自评表

组别	姓名	基础知识				能力提升				学习状态				
		拼读	听写	造句	语篇朗读	听力	写作	完形填空	阅读理解	课前预习	课堂表现	课后复习	作业批改	主动质疑
反思：														

表2：
小组活动评价表

姓名	行 动 表 现						
	参与意识	自信心	个人责任/角色	倾听/尊重他人	协作	创新	成果
小组评价							
评价总结：							

5分——很好　4分——好　3分——较好　2分——一般　1分——需加油

五、全屏步骤

学科核心素养是一个有机体，其各个要素不是孤立存在的，彼此在内容上互相交融，在逻辑上互相依存。为了让核心素养的培养真正落实到位，该校研读高中英语新课程标准，反思如何在课堂教学中落实核心素养的培养。根据学情该校进行了一些尝试，在英语学科核心素养的总框架下构建了以“核动力”为特色的课堂教学模式，提炼出“一案两主四环节”的教学模式：以一个导学案为主线；以教师为主导，学生为主体；四个环节分别是主题引领、激活认知、内化运用、迁移创新（见图2）。

图 2:
"核动力"导向下的课堂模式

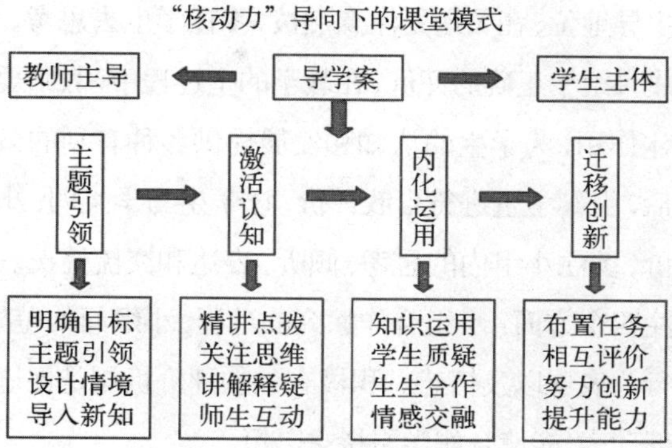

导学案以培养学生的核心素养为前提，让学生明确教师的授课意图及目标，并根据不同的话题锁定知识框架，确立重点、难点。设置不同层次的学习内容，满足不同学生的要求，学生依据导学案在教师的指导下进行自主、合作、探究、创新的学习活动，学生在学习中的主体地位得到充分体现。优秀生从学案中找到挑战，学困生尝到成功的喜悦，最大限度地提高学生的自信心。该校的课堂教学根据主题内容有明确的目标和要求，增强学生自学的针对性，减少盲目性。该校的课堂教学文本和语篇一直是结合时事热点，结合实际生活，创设真实的语境，打造原生态的课堂。教师联系学生日常生活，创设真实的教学情境，在学生鲜活的日常生活中发现、挖掘情境资源，这样原生态的课堂引入既能激发学生的学习兴趣，又能让学生感到轻松自如。心理学研究表明，学习兴趣的水平对学习效果能产生很大影响。兴趣是一种带有积极感情色彩的心理活动，它能使人的大脑皮层处于兴奋状态，从而促进学习动机的形成和强化。学生学习兴趣浓厚，情绪高涨，更能刺激学生的思维，他就会深入地、兴致勃勃地参与学习，并且广泛地涉猎与之有关的知识，特别是遇到困难时表现出出色的钻研精神。教师从学生的兴趣出发去设计学习任务，引导学生积极主动地参与到学习过程中，进行自主的学习活动。否则，学生只是表面地、形式上地去掌握所学的知识，遇到困难时往往会丧失信心，不能坚持学习。互动学习把教学建立在满足学习心理需求的基础上，使教学活动带有浓厚的情意色彩。师生的互动当然也不能忽视教师的主导地位，在关键处注意点拨，多让学生去思考。教师对学生的自学成果给予正确的评价，在教学的全过程中，教师要充分发挥学生的主体作用，为学生的认知和发展提供各种有利的条件。学习活动结束后，引导学生进行自我评价，让学生与学生间、小组与小组间进行评价，关注小组内的思考、倾听、表达和交流情况。教师的评价主要关注四个方面：小组合作探究的过程、小组间的差异、学生在活动中的行为表现以及情感。积极有效的评价机制是促进小组合作学习的外部动力，能使合作学习持之以恒。

六、连线课堂

Module 6 Unit 2 Task　What is happiness to you?

Teaching objectives

By the end of this period, the students will be able to:

1. get a general idea of what they are going to discuss in this unit;
2. make a short speech about their own understanding of happiness;
3. develop the students' awareness of cooperation;
4. learn to evaluate their performance each other.

【整体设计思路】

本节课是“以听促说”为主的听说课。按照主题引领、激活认知、内化运用、迁移创新的课堂模式步步为营，学习活动的设计以促进学生学科素养的发展为目的。本课以“幸福”为主题，通过对主题的学习，培养学生形成正确的价值观和情感态度。在主题活动设计中，关注激发学生参与活动的兴趣，并深化对主题的理解和认识。本节课让学生有充足的机会进行语言表达能力的训练，谈论对幸福的理解。在导入过程中教师创设了一个真实语境——电视访谈。采访三名学生，让他们谈谈对幸福的看法，教师帮助他们整理主题内容，并制作了一个音频，用他们的录音作为本节课的听力训练素材，以原生态的形式导入本课，为下一个环节“什么是幸福”的话题讨论作一个目标性的输入，同时也自然导入下一节的语篇阅读“The search for happiness”，以此来升华学生对幸福的理解。

Teaching procedures

Before class: Self study

1. Get the students to think “What is happiness to you?” and ask them to collect their opinions.

2. Divide them into several groups. Each group is expected to take part in a TV Talk Show. Choose the best Talk Show as the listening material for this lesson.

【设计意图】 课前自主学习，收集主题话语，整理录音材料。这个环节中，采用自主学习和合作学习相结合的方式，完成对信息的收集、整理、内化和运用。教师给学生足够的时间去思考本课主题“幸福”，并按照课文的形式，开展了有效的自主学习和合作学习。让一个学生扮演主持人，三个学生扮演被采访的对象，主持人对他们就“幸福”这个话题作一个采访，创设情境。将录制采访的内容作为课堂的听力材料，以原生态的形式导入课堂，目的是为口语好的学生提供更多的平台，展示他们的特长。课前的录音工作，也是一个生生互动合作的过程，他们要去查找资料，要相互对采访的语言进行整理、修改。这一学习活动也正好落实英语学科核心素养的培养，锻炼他们的自主和合作学习能力、语言表达能力和创新能力。教师正好借用这个话题打造一节幸福课堂，教师幸福地教，学生幸福地学。在这温暖的教室里，师生之间构成轻松的关系，在这种情感的互动中学生才会积极主动地投入学习，才能让学习走进自己的内心，让学生感受到学习的乐趣和学习的成就感，激励更多的学生参与一次次学习的活动。

Step 1 Lead-in

Play to a song to create a happy atmosphere, then ask the students, "Are you happy today? What makes you feel happy? What does happiness mean to you? "

【设计意图】 情境导入，随着歌声，带着学生在和谐欢快的气氛中走进课堂，营造其乐融融的师生关系，有效地吸引学生的注意力，激发其参与课堂的积极性。在幸福的课堂氛围中学生会积极主动地参与，他们的求知欲和表现欲也会被激发出来。让学生感知本课主题。

Step 2 Presentation

Listen to Talk Show

Ask students to listen to the conversation carefully and fill in the blanks:

Eric: Welcome to our Talk Show. Today we have the guests Tom and Jack. We are talking about happiness. Happiness is being (1) ________ by family and friends. Different people have different views about happiness.

Jack: … happiness is (2) ________ of living and aim of our existence. Without happiness, life is dry and (3) ________. With happiness, life immediately becomes wonderful.

Tom: … happiness is always around you. When you are in trouble at school, your friends will (4) ________ you, and you feel happy; when you study hard at your lessons, your parents are always taking good care of your life and (5) ________; when you get success, your friends will say (6) ________ to you; when you do something wrong, people around you will help you to (7) ________ it. All these are your happiness.

Jack: Yes. Really in our daily life a lot of things can make me happy. When I can do (8) ________ I want to, I feel happy. For example, eating a big meal at weekend, getting new clothes, seeing a really good film, reading a great book, making a new friend and so on. So I think happiness (9) ________ to find.

Tom: First I would encourage my friends to talk about his or her problems. I would try to be a good listener, (10) ________ pieces of information about what made them upset. I would get them to go outside for a walk, go shopping or go to a lively place for travel. Good wishes and feelings give them a life of happiness. In fact, happiness is always around you if you (11) ________ it.

Jack: I think happiness depends on one's (12) ________ towards life. If a person can always be grateful of what he/she already has and cherish everything in the moment, he/she has a greater chance of achieving happiness.

Eric: … thank you!

【设计意图】 听力训练，激活认知。训练学生依据听力材料有效获取信息、处理信息的能力，培养和提高学生的听力技能。学生听力素材的选择不只是来源于教材，还可以通过学习小组相互合作，自己创设听力素材。模仿教材Reading部分，用采访的形式呈现本堂课的主题，创设真实的语境，让学生听一段同学自己录制的访谈节目，引出本课主题“幸福”。录音原文放手让学生来完成，老师要充分相信学生，让他们有更多的机会去体验语言，参与学习活动。老师用自己学生的录音作为本堂课的导入，创设了一个原生态课堂。原生态的学习不仅让学生有成就感，更激发学生的学习动力，学生听到自己的声音很有自豪感。学生完成听力训练的过程也是老师让学生明确目标的过程，知道这堂课要做什么。在选材上老师要给予适当的指导，遵循老师为主导、学生为主体的原则。让学生了解本堂课的学习目标，以听促说，为下一步训练学生的语言表达能力作铺垫。

Step 3 Practice

1. Get the students to have a talk in groups: What are the things that make you happy? And what do you do when you feel happy/unhappy? How would you try to help your friends who are not happy? Students may give different answers. Different answers should be collected.

Possible answers:

Things that make me happy

being allowed to do whatever I want to

receiving a present that I have longed for

receiving the first prize award in an important competition

being respected by my peers because of my hard work

having a chance to meet my favourite pop star or sport star

travelling to the countryside to breathe fresh air and enjoy beautiful scenery

being healthy …

Things that make me unhappy

being assigned too much homework by teachers

having problems with parents

not getting on well with my classmates or friends

facing fierce competition between me and my peers

hearing that something important to me has been cancelled

not having enough money to buy what I want to buy

2. share my opinions about happiness with my students

My opinions about happiness

Happiness means different things to different people. Some people have the belief that if they have lots of money and hold a high position in the government, they will have the sense of happiness, but I don't think so. If people value their beliefs, or their intelligence, or their health, they will feel happy. For me, happiness is easy to get. Happiness is that devoting myself to my work and seeing my students admitted to some different universities. Besides, when I have made great contributions to my work and have my students' company, I feel very happy.

【设计意图】 教师问学生谈，其乐融融。这种师生互动过程是对听力材料内容的内化和吸收的过程，内化的成果在教师的引导下得到展示、交流和完善，教师帮学生梳理他们所表达的东西，主要是发挥了他们的主动性，鼓励他们积极思考，提高他们的语言表达能力和思维能力。要使学生有饱满的热情和乐观向上的学习态度，教师就应该注重自身情感素质的培养，不能把自己生活中的烦恼和不如意带到课堂中，从而影响学生的学习效果。教师和学生分享自己的幸福观，这不仅是一种德育的渗透，向学生传递正能量，也是一种师生的互动和情感的交融。

Step 4 Cooperation and sharing

Get the students to discuss the following topics in groups. When they have a discussion, they can refer to the pictures on page 17. Each group is asked to present their short speech in front of the class. The teacher encourages the students to share ideas of happiness. The following titles are for their reference.

What is happiness to me?

My views about happiness.

How to understand happiness?

If you have a large amount of money, do you feel happy?

…

【设计意图】 小组间合作学习，生生互动活动。学生有了听力材料的铺垫后，有备而来地参加话题讨论，教师做学生的聆听者。学生通过前面的几个环节，在教师的设计和安排下，对“幸福”的话题越来越有话可说，思维打开了，语言表达能力也得到了训练，对“幸福”的含义有了一定的了解。此时小组间再次展开讨论，集聚集体的智慧，取长补短，相互学习，一起分享对“幸福”的理解，小组成员对讨论的信息加以梳理、整合，形成共同的成果，让学生进一步懂得“幸福”的真正含义。通过前面几个环节的活动，对本堂课关于“幸福”这一主题的信息再加工，对“幸福”的认识得到进一步的升华。

Step 5 Assessment

The students are given an assessment form and asked to assess other groups' performance.

Group ________

Item	Content	Evaluation				
Language	Pronunciation & intonation	5	4	3	2	1
	Fluency	5	4	3	2	1
	Grammar and idioms	5	4	3	2	1
Performance	Facial expression	5	4	3	2	1
	Body language	5	4	3	2	1
Cooperation	Cooperation	5	4	3	2	1
Highlights and skills						

5分——很好　4分——好　3分——较好　2分——一般　1分——需加油

【设计意图】 这一环节主要是学生互评。评价主要看学生的发言是否直奔主题，是否认真听取别人的发言，是否接纳别人的好想法，语言表达是否流畅、正确、有条理，是否犯了很多语法错误，特别是检查学生是否愿意与同组的同学合作，培养学生的合作能力，营造平等的学习气氛，降低语言学习中的焦虑感，提高学生的自信心，发展学生的个性，激发学习动机。

Homework

1. Write a poem about happiness.
2. Make a brochure of happiness.

【设计意图】 家庭作业通常是对课堂内容的延伸和拓展，写写有关幸福的小诗或做一个关于幸福人生的小册子也是让学生学以致用，让学生充分展开想象的翅膀，去"标新立异"，这就是一种创新能力的培养，让学生在无拘无束的畅想中迸发出智慧的火花。同时家庭作业也是对课堂内容的检测。

参考文献

[1] 余文森.核心素养导向的课堂教学[M].上海：上海教育出版社，2017.

[2] 梅德明.新世纪英语教学理论与实践[M].上海：上海外语教育出版社，2004.

[3] 林立、王之江.合作学习在英语教学中的应用[M].北京：首都师范大学出版社，2005.

[4] 李松林.深度教学的四个实践着力点——兼论推进课堂教学纵深改革的实质与方向[J].教育理论与实践，2014(31).

[5] 高彤彤、任新成.多元智能理论与情境教育的发展[J].上海教育科研，2015(3).

[6] 中华人民共和国教育部.普通高中英语课程标准(2017年版)[S].北京：人民教育出版社，2018.

第八章

一核三主

一、激活内涵

株洲市第四中学的英语教学特色概括总结为“一核三主”。这是基于该校英语教学实际提出的一套教学理念。“一核”为一个教学核心，即以发展学生英语学科核心素养为核心，包括发展学生的语言能力、文化意识、思维品质和学习能力（中华人民共和国教育部，2018：4）。“三主”是发展学生核心素养的指导思想和实施途径，即以教师为主导、学生为主体、活动为主线（见图1）。

以教师为主导指的是在整个英语教学过程中教师起主导作用，具体落实为该校的“四导一评”教学模式。“四导一评”依次为：导入、导读、导练、导议和评价五个教学环节。教师在导入环节创设教学情境，激发学生学习兴趣，是教学情境的创设者；结合教材单元话题和学生的实际认知情况设计主题化的课堂活动，组织学生完成真实有效的课堂任务，在学生需要的时候给予适当的引导和帮助，是教学活动的组织者、指导者、参与者，是学生构建意义

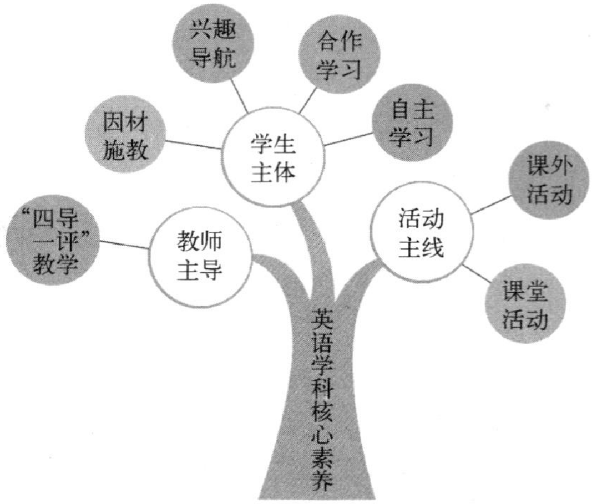

图1：
"一核三主"教学特色

的帮助者和促进者（于夕真，2007：50）。

以学生为主体体现在以下四个方面：1. 尊重学生差异，因材施教。现代教育观的一个重要方面就是承认学生之间存在差异并尊重这种差异（王世英，2011：126）。一个班级由几十个人组成，他们来自不同地方、不同家庭，有着不同的性格、不一样的经历、多样的兴趣爱好、不同的认知水平。在教学策略方面，教师根据学生的个体差异，分层教学，因材施教，并帮助学生结合自身特点找到适合自己的学习方法。2. 关注学生需求，兴趣导航。兴趣是最好的老师。在教学内容方面，教师不是机械地教教材，而是以教材为蓝本，在课程标准指导下，灵活使用教材，合理整合开发教学资源。例如：以学生感兴趣的话题为载体，以新闻时事为话题，将英语学习与学生生活紧密联系，激发并保持学生学习兴趣。3. 发挥小组优势，合作学习。同伴之间年龄差距小，相处时间长，相互了解深，交流沟通易。班级成员分成几个小组，小组内每个组员有自己的强项和薄弱地方，取长补短，学习效率高。同时，小组之间的竞争会更进一步激发学生学习的积极性。4. 培养良好习惯，自主学习。学习是一种认知活动，在整个活动中，教师的教是外因，学生的学是内因，外因通过内因才能起作用。无论是知识经验的获得，还是智力、能力的发展，都是学生通过内化才能达到的。培养学生的良好学习习惯，发挥学生的主体作用，最终目的是让学生能够自主学习。

该校英语教学坚持以活动为主线，具体分为课外活动和课堂活动两大系列。课外活动为英语课外素质拓展活动，主要包括英语海报展、英文单词竞赛和英文歌曲大赛。课内活动主要有戏剧表演、英文朗诵、文化播报等等。学生在参与各项活动的过程中积极主动学习语言知识，在真实的情境中运用所学语言知识，提升学习能力和语言能力；同时，大量的表演和展示机会能够很好地增强学生的心理素质、审美能力以及团队合作能力。

二、聚焦核心

英语学科核心素养包括语言能力、文化意识、思维品质和学习能力。其中，语言能力是基础要素，学习能力是发展条件，文化意识为价值取向，思维品质为心智保障。它们之间是相互影响，相互促进的关系（夏谷鸣，2017：12）。该校英语教师充分发挥教师的主导作用和学生的主体作用，通过一系列丰富、有意义的活动发展学生的英语学科核心素养。

（一）创设情境，营造学习氛围

《普通高中英语课程标准（2017年版）》倡导主题语境教学，要求教师创设与主题意义密切相关的语境，从而更好地发展学生英语学科核心素养（中华人民共和国教育部，2018：16）。该校教师充分发挥主导作用，在一堂课最开始的导入环节创设与课堂主题意义密切相关的情境，给学生一个深入理解主题意义的切入点，用最短的时间集中学生的注意力，将学生带进主题语境，激活与主题相关的已有知识，从而为整节课营造一个良好的学习氛围。接着，基于主题，教师设计真实有趣的任务，让学生真切感受到使用主题范围内语言知识的需要，激发其强烈的求知欲望，学生从而有了内在的学习动机去探索和建构新的意义。

（二）依托语篇，夯实英语基础

语言能力指的是学生以听、说、读、写、看等方式理解和表达意义的能力，是英语学科核心素养的基础要素（中华人民共和国教育部，2018：4）。语言学习必须基于主题，依托语篇。该校英语教师在英语教学过程中始终坚持以语篇为载体，引导学生在理解语篇的基础上学习语言知识和文化知识。语篇形式的输入，首先能为学生学习词汇、句式、语法及文化知识呈现真实生动的语言现象，是很好的语言输入方式。其次，分析语篇结构、探讨文中观点、揣摩作者写作意图等活动能够训练学生的逻辑思维，培养学生的分析和对比能力。教师引导学生在整体感知语篇，把握篇章结构之后，仔细观察并挖掘出语篇所呈现的新知识，比如生词和句式的用法，并对新知识进行归纳、总结和运用。在积累了大量语言知识和文化知识的同时，学生的听、说、读、写、看等能力也得到发展。

（三）关注个性，培养学习能力

以学生为主体的教学观念指导教师积极关注学生的个体差异，落实到学习策略方面就是教师要关注学生的感知学习风格差异，从而引导学生不断探索、调适，最终形成适合自己的学习策略。感知学习风格分为听觉型（auditory）、视觉型（visual）、触觉型（tactile）和动觉型（kinesthetic）（李倩，2017：11—12）。不同类型的学习者需要不同的学习策略，这就要求教师关注学生的感知学习风格，在课堂教学过程中尽可能地给不同类型的学习者适当的刺激。比如，听觉型的学习者喜欢用耳听口说的方式学习语言，擅长通过听录音获取信息。他们善于听老师的指令和讲解，乐于开展对话、讨论等活动。教师面对这类学习者时，应当多设计听说活动，逐渐帮助学生形成以听说为突破口的学习策略。而视觉型的学习者则更喜欢通过视觉途径学习，这一类学习者更倾向于静下心来仔细阅读文本，观看视频等。该校教师立足学情，充分考虑学生的感知学习风格差异，在课堂上设计丰富多彩的活动，让学生充分动口、动眼、动脑、动手；同时利用先进的现代教学设备，给学生视觉、听觉、触觉等多方面的刺激，满足不同风格的学生的需求，尽可能地让各种风格的学习者都能找到兴奋点，积极参与课堂活动，形成适合自己的学习策略，为自主学习和终身学习奠定基础。

三、点击缘由

（一）点击校情学情

该校为湖南省示范性高级中学，秉承“一切为了学生终身发展”的办学理念，实行全员育人，全程育人，全方位育人，建校六十余年，师资基础雄厚，教学设备先进，办学质量优良。学校坚持课程改革，实行班级模块小组管理制度。每个班级组建六到八个模块小组，有健全的模块小组管理制度。模块小组是学习共同体，成员之间相互学习，相互督促，取长补短，高效及时地解决学习上存在的问题。该校生源质量属于市区中上水平，学生自小受到良好的英语教育，听、说、读、看、写各项能力都不错。学生良好的学科素质决定了他们在英语课堂上可以通过自主学习、合作探究顺利完成各项活动，取得进步。因此，成员之间开展小组讨论，合作完成课堂活动，不仅能够锻炼学生的交际能力，而且能够发散学生思维，在探讨中碰撞出思维的火花。此外，各模块小组之间存在比较和竞争，班级学习氛围浓郁，学生学习积极性高。

在课改的探索过程中，该校摸索形成了“四导一评”教学模式。该模式强调教师是课堂的主导，学生为学习的主体，杜绝“一言堂”等填鸭式教学，主张课堂教学是在教师引导下学生自主学习，合作探究的活动。“四导一评”教学模式在该校施行多年，因而，“教师主导，学生主体”的思想观念早已深入该校师生内心，如同呼吸一般自然。“四导一评”第一步为“导入”，教师对此环节非常重视，在设计导入环节下大工夫，刻苦钻研，群策群力，积累了成功导入课堂的经验，有助于教学情境的创设。

（二）点击教育教学理论

“一核三主”教学特色是基于建构主义理论和多元智能理论提出的。建构主义指出认知是一种以主体已有的知识和经验为基础的主动建构（武晓燕，2006：33）。这种主动建构决定了学生是学习的主体，学习的本质只能是每个学生按照本身已有的经验与知识主动地加以建构，而不能是教师简单而机械地传授知识给学生。教师需要为学生创造一种学习环境，给学生自主学习的机会，促进学生将“新知识”与已有的经验结合起来，培养学生分析问题、解决问题和创造性思维的能力。维果斯基的“最近发展区”理论倡导教师采用“支架式”教学模式，即在教学过程中，教师通过设计活动，将复杂的学习任务加以分解，通过一系列层层递进的小任务来构建起整体的概念，帮助学生化繁为简，更好地理解和掌握新的概念和知识（武晓燕，2006：34）。根据建构主义的理论，该校确定了教学过程中教师的主导作用和学生的主体地位。教师始终把学生作为课堂的中心，围绕学生备课，充分考虑学生的现有认知水平和知识结构，以学生的现状为起点，以活动为线索，为学生搭建“脚手架”，促进新的意义的构建。

多元智能理论认为每个人都有8种智能，各种智能以组合的形式存在。由于遗传因素、生活环境、受教育水平的不同，每个人的8种智能的发展水平也存在差异(郑菁，2017：7)。这也就形成了每个学习者的多元智能和个性特征。根据多元智能理论，该校确定了“因材施教”的学生主体思想。教师在教学过程中可以借助学生的多元智能开展活动，调动学生的积极性，增强其自信心。比如，在阅读教学中，对于数理逻辑智能优越的学生，教师让其依据文章语境猜测生词的意思，发挥其逻辑思维能力优势，让学生体验到学习的成就感，并以此为突破口促进其他智能的发展。

四、亮化创新

教师在课堂教学中关注学生基础知识的积累和运用，夯实基础，狠抓落实，大力培养学生的语言能力。同时，自学生进入高中之日起，就狠抓学生学习习惯，着重培养学生正确的语言学习习惯。因材施教，根据学生的特点鼓励引导学生探索适合自己的学习方法，帮助学生养成学习能力，培养并保持其对英语学科学习的兴趣。“一核三主”教学思想继承了以往注重培养学生语言能力和学习能力的优良传统，以培养学生的英语学科核心素养为核心，关注学生思维品质和文化意识的培养。

(一) 巧用思维导图，助力文本解读

文本解读是阅读教学中的重要环节，文本内容丰富，有很重要的学习价值，教师需要从多个维度引导学生理解和感知文本。高中阶段面对较长的文本，学生理解起来有困难，纯文字表述的解读往往显得烦琐冗杂。该校教师利用简明直观的思维导图来助力文本解读，引导学生图解文本，“画”出文本。思维导图可以用来助力文本内容的梳理和文本结构的把握，甚至还可以用来解读文本的

语言风格。思维导图的运用可以给学生视觉冲击，同时也训练学生的分析、总结、概括等能力。

（二）创新提问方式，培养思维能力

课堂少不了问题。教师可以根据教学内容设问，学生可以根据自己的理解提问，师生之间、生生之间可以相互提问。问题的提出和解决过程往往就是新旧知识联系的建立过程，更是碰撞思维，激起智慧火花的过程。

该校英语课堂在"一核三主"教学思想指导下，坚持以学生为主体。教师鼓励学生提问，并经过自主学习和合作探究解答问题。学生在提出问题和解决问题的过程中可能需要收集信息，对信息进行筛选、判断以及加工整合，也可能需要进行归纳推理，做出判断。这个过程很好地训练了学生的思维，非常有助于思维品质的提升。

学生在课堂上的提问可以分成两种类型：疑问和设问。疑问是指学生就学习内容的疑难之处提出问题，希望得到解答以便突破自己的学习难点。设问是在解决疑难问题之后，学生把自己当成小老师，设计出自己认为有价值的问题让同学们去回答。这两种提问都先在小组范围内进行，小组尝试解决问题，小组解决不了的问题再全班一起探讨。学生在提问和答问过程中感受到思维的碰撞，体会到学习的乐趣，也因为积极参与、主动思考，加深了对所学内容的理解，不仅学得好而且学得活。

（三）丰富分享内容，培养文化意识

以往的英语课堂很少关注文化意识的培养，就算偶尔涉及一些英语国家文化元素，也都是以教师讲解为主。在"一核三主"教学思想指导下，教师提倡让学生分享文化，以此培养学生的文化意识。在英语课堂上，教师充分挖掘教材话题的文化价值，并鼓励对某个话题有独到理解的学生来做文化播报，开阔学生视野的同时

培养学生对优秀文化的认同。

文化播报得以顺利实施的主要原因有两个。第一，在大数据时代，信息获取不再是问题。学生在家、在校都可以用上互联网，搜索自己需要的信息。不少学生由于对某种文化感兴趣，会时常关注，分享起来如数家珍。第二，全球化的今天，中国家庭逐步变得富裕，不少学生有机会利用假期走出校门，甚至是出国游学，实地感受不同的文化和风俗人情。除了家庭组织游学，该校近年利用假期组织学生参加暑假游学，更与国外学校建立姊妹学校合作关系，选派在校学生去英国、日本等国家交流学习，增长见识。因此，该校的学生见识不凡，有条件和能力做好文化播报这样的活动。例如，在《牛津高中英语》模块一第一单元“School life in the UK”的话题分享上面，教师就让一位去过英国的同学做了一次英国学校生活的文化播报。这样的文化播报真实生动，加深了学生对英国学校的了解，从而让他们更好地学习和理解教材。

就文化而言，每个学生有独特的倾向，甚至对于某个文化现象有独到的见识。可以说一个人就是一种文化。一个班级就是一个文化小熔炉。教师在英语课堂充分利用学生来做文化的使者，并把这样的分享延伸到课外，促进学生之间的交流与友谊，培养学生对文化的感知能力。

五、全屏步骤

“一核三主”教学思想在该校的英语课堂落实为“四导一评”教学模式。“四导一评”即导入、导读、导练、导议和评价。

（一）导入

万事开头难，一节课的成功导入需要教师精心准备，充分考虑学生的认知水平和兴趣爱好，投其所好，吸引学生注意力，为一节课的学习营造良好的氛围。在导入环节，教师可以根据本节课的内容，提前让学生就相关话题进行文化播报，也可以通过视频、音频、图片等材料创设情境，设计一个主题，为学生营造一个运用语言的真实环境。在《牛津高中英语》模块二第二单元“An adventure in Africa”的阅读课上，该校教师做了一个很好的导入。上课铃声响起，教师手持一面小红旗，扮成一名导游，准备带领同学们去非洲探险。教师进入课堂的那一瞬间，鲜艳的小红旗和教师生动而富有激情的语言就吸引了学生的注意。教师作为导游首先向同学们展示了几张非洲的具有代表性的图片，然后让同学们讨论策划非洲的探险活动。同学们需要讨论的问题包括：最想去非洲哪个地方，去做什么和要带什么。这一活动让学生真正活动起来了，学生们很兴奋地探讨自己的计划，将旅行探险有关的知识充分激活，为阅读做好了准备。

（二）导读

导读是自主学习环节，是在成功导入之后，学生进入角色的自我探索。导读环节一般是在一堂课的前20分钟，这段时间学生的注意力最为集中，精力最为旺盛，是学习新知识的黄金阶段。教师课前依据学生学习内容设计好基于学习内容的任务，让学生通过阅读学习内容完成任务，初步理解学习内容并根据自己的学习情况进行疑难知识点提问，经过小组探究或师生探讨弄清楚疑难点。在《牛津高中英语》模块一第一单元的语法课上，教师让学生阅读课本第9页的文章“Former students return from China”，找出文中含有定语从句的句子，完成表格并分析句子（表格如下）。这一环节就是教师设计任务引导学生阅读文本的体现。

David was one of the most helpful students	that	we ever had.
	which	
	who	
	whom	
	whose	

（三）导练

在完成自主学习之后，学生基本弄清楚了本节课的知识要点，但是还需要一些活动来巩固加强。教师在导练环节设计一两个高于学习内容的任务，要求学生充分调动所学知识，通过小组合作完成。导练的过程是学生学以致用的过程，是学生建立新旧知识联系，习得语言，培养技能的过程。

（四）导议

在导议环节，首先教师引导学生就导练中发现的问题进行讨论，接着学生就所学内容进行设问。导议环节是一堂课的高潮，是学生高品质思维活动的集中阶段。这里学生积极思考，主动与他人交流，充分挖掘文本信息，善于发现问题并把自己当成小老师。这里有大量的思维活动，智慧火花闪耀，课堂不再是预设而是生成。学生真正成为课堂主人，甚至扮演老师的角色。

（五）评价

评价是对这一节课学习效果的反馈。评价的方式多样，可以是练习检测，也可以是学生自己总结回顾。这个环节是在讨论的高潮过后让学生回归课堂学习内容，回归基础知识的过程，学生需要反思自己的学习状况并采取相应的改进措施。

"四导一评"教学模式基本框架如上，但是教师不必拘泥于形式，可以根据所教授的对象和内容进行调整，以学生为中心，以最大限度培养学生英语学科核心素养为目的。

六、连线课堂

Module 1 Unit 1 School life in the UK

Teaching objectives

By the end of this period, the students will be able to:

1. use the two basic reading skills (skimming and scanning) properly;

2. summarise the major information about "School life in the UK" using a table;

3. list some differences between school life in the UK and that in China.

Teaching key points and difficult points

The students apply the reading skills, especially skimming, to finding out the main idea of each paragraph.

Teaching methods

Task-based language teaching approach & the communicative approach.

Teaching procedures

Step 1 Lead-in

What do you think of your high school life? Use some adjectives to describe it and give a reason if possible.

【设计意图】 进入高中已有两个多星期，学生对新的学习生活有很多感受，这个问题基于学生真实的认知体验，学生有话可说，有话想说。为了鼓励学生全员参与，教师将这个问题的难度进一步降低，从单个的词入手，鼓励学生用一些形容词来描述自己的感受，给学生以信心。在学生说出自己的感受时，可以根据自己的能力选择要不要解释原因。这样不同层次的学生都可以得到锻炼，体会到参与课堂的成就感。这一活动可以顺利帮助学生激活已有知识，并为阅读课做好主题准备。

Step 2 Reading under guidance

1. Read the passage as quickly as you can to find the main idea of it.

(Main idea: Exciting and happy school life experienced by Wei Hua in Britain.)

2. How did you find the main idea of the passage?

(The teacher leads the students to the strategy: skimming and scanning.)

3. Skim the passage again and fill in the table.

Paragraph(s)	Main idea
Para. 1	1. ____________
Para. 2	Attending an assembly
Para. 3	2. ____________
Para. 4—6	3. ____________
Para. 7	4. ____________ and her activities
Para. 8	Intentions: she felt lucky and hopes to go back.

4. Scan the passage and answer the following questions.

1) According to the headmaster, what should the students spend much time on?

2) Why was it a struggle for Wei Hua to remember the name of her classmates?

3) Who gave Wei Hua a lot of support in her studies?

4) How did Wei Hua manage to improve her English?

【设计意图】 对于篇章的阅读,学生需要首先了解主旨大意,所以阅读的第一个任务就是要让学生尽可能快地找到文章主旨大意。学生在完成第一个任务之后教师再引导学生回顾总结自己刚才所用的方法,利用学生自己对刚才活动的反思引导学生总结出skimming和scanning两种阅读技能。在学生弄清楚这两项技能的用处之后,再让学生找出各段落的大意和回答问题,在任务中训练这两项技能,并把握课文的框架及重要细节。

Step 3 Practicing under guidance

List the differences between the school life in China and that in the UK using a table.

【设计意图】 本篇阅读材料介绍的是英国学校生活,同学们在了解英国学校生活的同时会不自觉地将它和自己的(中国的)学校生活相比较。这一活动帮助学生做自己想做的事情,符合学生的心理需求,能够激发学生浓厚的学习兴趣,学生真正有话可说,有话想说。此外,学生可以将所学内容与自身经历联系起来,可以更好地促进学习内容的转化吸收。利用表格的形式列出不同,使不同之处一目了然,帮助学生了解中英学校生活的差异,同时培养学生的对比分析能力。

Step 4 Discussing under guidance

Discuss in groups and raise your questions according to your understanding. (Teacher prepares some questions in advance in case.)

1. Which kind of school life do you prefer? Chinese or British? Why?

2. What is your dream school life?

【设计意图】 提问是思维训练最好的方式之一，课堂始终以学生为主体，坚持让学生做问题的主人。这一学生提问环节，学生可以根据自己本堂课的困惑或思考提出问题，请同伴解决。如果学生提不出有价值的问题，教师可利用提前准备的问题，刺激学生思维活动。本环节教师预备的两个问题基于上一个活动中制作的关于中英学校生活差异的表格进行扩展。让学生选择并评价两种不同的学校生活，促进学生评价分析能力的养成。

Step 5 Assessing

Use a mind-map to review the main information of the passage.

【设计意图】 教学的最终目的是达到不教，即学生可以自学的程度。在对文章进行多次阅读之后，让学生利用思维导图的形式回顾文章的主要内容，是对文章的再一次梳理，对本节课所学内容的再一次回顾检测，对学生逻辑思维、归纳能力的训练。学生在完成思维导图的过程中会更进一步弄清文章结构，这种结构意识对学生的写作有一定帮助。

Homework

Add more detailed information to the mind-map to review the passage.

【设计意图】 作业要求学生紧接着课堂上的思维导图继续补充细节内容，是上一步任务的延伸，更是对所学内容的巩固。

参考文献

[1] 中华人民共和国教育部.普通高中英语课程标准(2017年版)[S].北京:人民教育出版社,2018.

[2] 于夕真.教师主导与学生主体相结合的英语教学模式构建[J].教育探索,2007(9).

[3] 王世英.论学生主体性英语教学[J].广西教育学院学报,2011(4).

[4] 夏谷鸣.英语学科教学与思维品质培养[J].英语学习(教师版),2017(2).

[5] 李倩.高中英语教学中的学习风格类型体现研究——教材·教师·学生[D].重庆:重庆师范大学,2017.

[6] 武晓燕.试论建构主义理论对英语教学的启示[J].外语与外语教学,2006(2).

[7] 郑菁.多元智能理论视域下的初中英语阅读课教学设计[D].福建:闽南师范大学,2017.

第九章

一核四自四化

一、激活内涵

面对新课程改革提出的要求，针对株洲市第二中学生源相对较好、学生自身发展内驱力相对较强的实际情况，经过不断实践革新，该校英语教学逐渐形成了聚焦学生核心素养培养，强化学生自主学习能力，提升学生的思维品质的“一核四自四化”英语教学特色，即以培养英语学科核心素养为核心，以六要素整合的英语学习活动观为指导，倡导学生“自主预习、自主讨论、自主展示、自主检测”的自主学习方式，和教师以问题导学的“四化”英语课堂教学特色，“四化”即“导学问题化、问题情境化、情境思维化、思维创新化”。

在这种教学氛围中，教师充分尊重学生学习需求，引导学生在巧妙设计的教学情境中开展综合性、关联性和实践性的学习活动。通过“五步激活教学”：巧创情境，激活兴趣（Preparation）；巧设问题，激活探究（Presentation）；巧搭平台，激活讨论（Process）；巧妙总结，激活生成（Production）；巧托任务，激活迁移（Progress），促进学生语言能力和学习能力的培养与塑造。其中Preparation和Presentation环节属于基于情境的学习理解活动，Process和Production环节属于深入情境的应用实践学习活动，最后的Progress部分属于发散情境的迁移创新学习活动。在每类活动中有机融入语言知识学习、语言技能提升、学习策略运用、思维品质发展和文化意识培养，帮助学生积极主动地参与到探究主题意义的学习活动中，学会运用所学语言分析问题和解决问题，达到发展英语学科核心素养的课程目标。

在“一核四自四化”这一特色教学理念指导下，教师一方面善于创设情境，在与学生积极互动、共同发展的同时，引导学生通过质疑、调查、讨论、总结和反思等学习方法，在语言实践运用中循序渐进提高语言素养；另一方面，教师注重培养学生学习的独立性和自主性，提供学生以表现舞台，注重课堂教学的生成性，变原有的教师“一言堂”为为学生量身定做的个性化课堂，努力满足不同层次学生的学习需求，促进学生在教师指导下主动地、富有个性地学习，实现由维持被动性学习向自主创新学习转变。

“五步激活教学”聚焦核心素养，课堂在问题引路、激活探究、深入探讨、提炼总结、创新迁移中环环相扣，循序渐进推动知识学习，逐步推进能力养成，实现教学“创造着”学生的发展，终极目标指向核心素养的培养（如图1所示）。

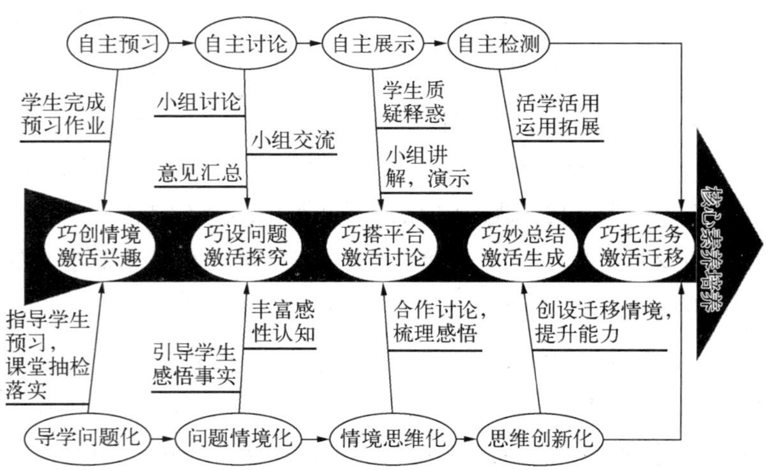

图1：
五步激活教学

二、聚焦核心

普通高中英语课程具有重要的育人功能，旨在发展学生的语言能力、文化意识、思维品质和学习能力等英语学科核心素养，落实立德树人根本任务。普通高中英语课程倡导指向学科核心素养的英语学习活动观和自主学习、合作学习、探究学习等学习方式。“一核四自四化”英语特色教学凸显英语教学中核心素养的培养。具体来讲，我们不仅仅是把英语作为一种语言交流工具去教，而是通过具有综合性、关联性和实践性的学习活动培养学生的自主学习能力、创新能力，多元思维和批判性思维，发展跨文化交际能力，促进学生多元文化意识的树立。

（一）学生从被动接受到自主学习，自主学习能力得以提高

自主学习是以学生作为学习的主体，通过学生独立的分析、探索、实践、质疑、创造等方法来实现学习目标。“四自”教学正是基于这样的理念而努力培养学生的学习方式。例如：自主预习环节中，学生在教师的指导下自主朗读，自主练习听力和口语，自主积累词汇，自主收集美文美句，自主阅读文章，自主收集相关资料（见图2），同学们不断丰富英语学习方法和改进自主学习策略；自主讨论环节中，教师在课堂上提供学生互相交流的平台，可以是两人合作、组内合作，或者跨组合作，或者师生合作等，同学们相互探讨，相互倾听，甚至相互辩论，有利于分析问题和解决问题

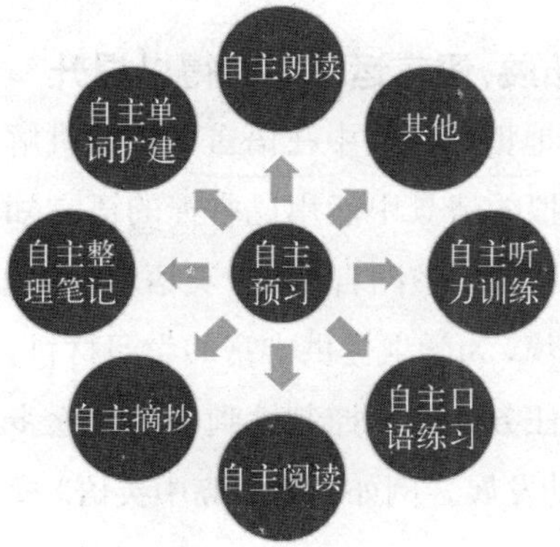

图2：
自主预习

能力的提高，有利于批判性思维的锻炼；自主展示是学生最喜欢的教学环节之一，学生在教师的指导下，围绕课堂所学，通过多种方式呈现自己对于所学知识的理解和运用，如：思维导图、流程图绘制，口头汇报，课堂表演，课堂写作，项目汇报等。这些将大大激发学生学习的欲望，促使他们积极地掌握知识和锻炼能力，提高自主学习有效性；自主检测指的是学生深入学习课堂内容，建立知识体系，完成更具挑战的学习任务，检测自己的学习效果，促进知识能力的正向迁移，如：完成一篇相关话题作文、创作一首英文诗歌、改写歌词、续写文章、编写英语课本剧、录制英语节目、开展英文辩论会、自主命制习题、撰写英文小论文等。总之，"一核四自四化"英语教学倡导培养学生主动参与、乐于探究、勤于动手的学习习惯，培养学生搜集处理信息、分析解决问题的能力以及交流合作的能力。通过这样的教学，学生的自主学习能力得到极大提高。

表1：
自主学习方式举例

自主学习环节	自主学习方式举例
自主预习	自主朗读；自主练习听力和口语；自主积累词汇；自主收集美文美句；自主阅读文章；自主收集整理错题……
自主讨论	两人合作；组内合作；跨组合作；师生合作……
自主展示	思维导图绘制；流程图绘制；信息结构图绘制；口头汇报；课堂表演；课堂采访；课堂写作；项目汇报……
自主检测	完成相关话题作文；创作英文诗歌；改写歌词；续写文章；编写英语课本剧；录制英语节目；开展英文辩论会；自主命制习题；撰写英文小论文……

（二）学生从知识学习到运用拓展，语言运用能力得以提升

现行课堂教学中，教师过多地把精力集中在语言知识的讲解上，运用英语也只是停留在在模拟的情景中运用已掌握的语言知识，课堂模式基本以教师控制为主。"一核四自四化"英语教学中，教师创设以意义为中心的真实语境，为学生提供丰富的学习材料，充分考虑学生实际和课程要求，任务难度从控制性到开放性逐步提升，注重学生的主动建构和主动发展。例如：《牛津高中英语》模

块九第三单元"The meaning of colour"的第一课时，基于色彩的文化内涵理解的教学目标，教师的教学设计打破教材框架，根据学生学情整合教学内容，设计教学步骤，从歌曲"Tie a yellow ribbon round the old oak tree"导入，到VOA Special English之"Green Expression"听力理解，到在阅读语篇中理解colour idioms，到最后简要介绍中文习语中的色彩意义。学生在全英文多模态教学中开展听力、词汇、阅读学习，通过分享、讨论，最终延伸到文化对比（用英语讲中国故事）——"Please introduce some Chinese colour idioms"和小组写作任务"Make a leaflet introducing a Chinese or English colour idiom"（如图3所示）。这样的教学鼓励学生在使用语言的过程中学习语言，在学习语言的同时学会用语言"做事"。通过激活原有知能结构，到质疑探究，讨论合作，总结归纳，拓展运用，学生一步步感受学习成功，发展了他们的"就近发展区"，成就了生生互动、师生互动的英语课堂。

图3：
教学步骤

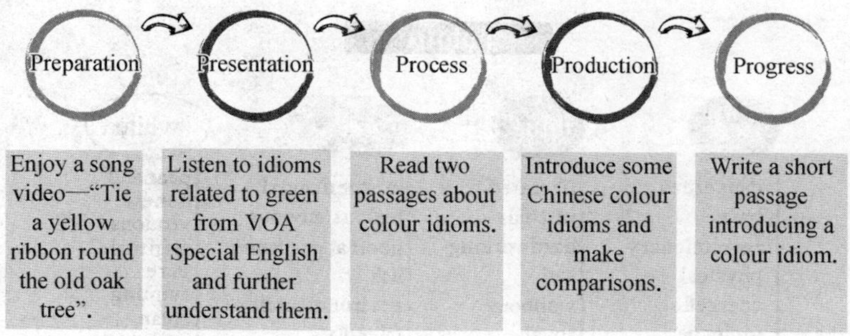

（三）学生从概念学习到体系建构，思维品质得以培养

语言和思维密不可分。思维品质指思维在逻辑性、批判性、创新性等方面所表现的能力和水平。思维品质体现英语学科核心素养的心智特征。思维品质的发展有助于提升学生分析和解决问题的能力，使他们能够从跨文化视角观察和认识世界，对事物作出正确的价值判断。英语学科核心素养的思维品质，包括批判性思维能力、解决复杂问题的能力、创造性的思考能力。具体来说，包括

学生能够辨析语言和文化表现的各种现象；能够分类、概括信息，建构新的概念；能够分析、推断信息的逻辑关系；能够正确评判各种思想观点，合理表达自己的观点等。

概念是对事物本质特征的抽象。教材中的定义、定理、公式、性质、观点、模型等都是概念，因为它们都是对事物本质特征的抽象。“五步激活教学”中，教师积极引导学生对于纷繁的语言现象进行化繁为简的分析、理解和掌握，如：语音知识掌握、听力技巧分析、词汇分类学习、语法框架搭建、写作得体性表达，甚至语用文化差异等等。同学们通过提取关键词、列提纲、列表格、画概念图、画流程图等，梳理重点，突破难点，形成一定的知识体系（如图4所示）。这样的学习是将复杂的事情搞简单，将具体的事实来提炼，是透过现象看本质，这样的课堂是以“对话交流”为基本特征和培养创新能力的课堂。

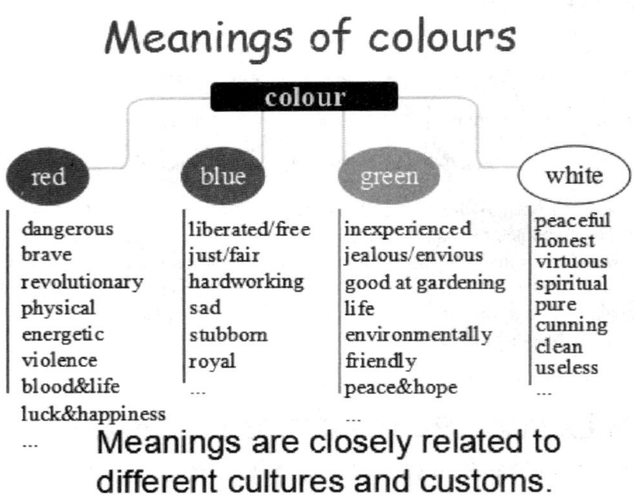

图4：概念图

（四）学生从工具学习到多元文化理解，文化意识得以养成

英语作为外国语文课程，显然必须包括文化内涵以及在文化内涵中蕴含的品格，具体包括对中外文化的理解和对优秀文化的认知，以及在全球化背景下表现出的包括知识、观念、态度和行为

的品质。这要求学生在英语课程的学习中，能获得文化知识，理解文化内涵，比较文化异同，吸收文化精华，形成正确的价值观和自信、自尊、自强的品格，建构一定的跨文化沟通和传播中华优秀文化的能力。因此，教师应经常鼓励学生根据教材话题开展课外自主阅读活动，开展基于跨文化主题项目的研究性学习，从而建构文化异同比较的意识与能力。通过传播中国优秀文化项目实践而深化对中国文化的理解与价值认同、发展传播中国优秀文化的能力等。如：《牛津高中英语》模块九第一单元“Different countries, different cultures”，教师将整个单元的文章按照地理方位分类，利用3个课时分小组阅读介绍加拿大、英国、澳大利亚、美国、德国、比利时、西班牙等国家的文章。然后学生从地理方位、地貌特征、城市特色、著名景点、体育运动、国家象征、语言历史、饮食文化等多角度、多方面提炼归纳重要信息。通过列表格、画思维导图等方式鼓励学生交互式阅读，相互提问，相互介绍所代表的国家特色及文化。最后，教师将全班分成东、西、南、北、中五个小组，以“Beauty of China”为主题，要求学生收集整理网络资料等，模仿教材篇章结构，运用所学的语言知识写作并制作PPT，用英语讲述中国故事，介绍中国不同地区的重要特征和特色。经过学生和教师的共同努力，两周后进行小组成果展示，并邀请两位“评委（本组英语老师）”点评，评出最佳解说奖、最佳PPT制作奖、最佳作文奖等。这样的学习是宏观的全景式的信息加工，同时也是通过阅读建构价值与意义，通过评价、解释语篇反映的文化传统和社会文化现象，比较和归纳语篇反映的文化，形成学生自己的文化立场与态度、文化认同感和文化鉴别能力。

三、点击缘由

（一）基于对教学现实的思考

如何使高中英语课成为学生喜欢的课程？如何通过一节节

生动、活泼、有效的英语课使学生的英语核心素养得到提高？《普通高中英语课程标准（2017年版）》指出："实现英语学科核心素养的课程目标，必须构建与其一致的课程内容和教学方式。""指向学生学科核心素养的英语教学应以主题意义为引领，以语篇为依托，整合语言知识、文化知识、语言技能和学习策略等学习内容，创设具有综合性、关联性和实践性的英语学习活动，引导学生采用自主、合作的学习方式，参与主题意义的探究活动，并从中学习语言知识，发展语言技能，汲取文化营养，促进多元思维，塑造良好品格，优化学习策略，提高学习效率，确保语言能力、文化意识、思维品质和学习能力的同步提升（中华人民共和国教育部，2018：8）。"然而，纵观我们的英语教学，依然广泛地存在着"少、慢、差、费"的尴尬现象。例如，很多教师打着培养学生自主学习能力的旗号，简单片面地认为"鼓励学生选择适合自己的学习内容、学习方法、作业练习、评价形式，努力把教学的主动权让给学生，把学习的自主权交给学生"，就是自主学习。事实上，这样的教学缺乏教学方式的自我完善，缺乏对学生进行学习方法和学习策略的科学指导，最终会导致学生课堂参与程度和学习投入度低，学生学习认知过程与结果脱离断裂，有合作无学习等诸多问题。表面上看学生似乎是在自主学习，成了学习的主人，其实很多情况下是形式上的自主，而不是实质上的自主，从而导致了低效课堂，甚至无效课堂。"四自"英语教学有意识地引导学生学习并且尝试各种不同的学习策略，逐步形成适合自己的学习方法。教师积极指导学生规划自己的学习，利用多种资源开展学习，循序渐进地形成有效的学习策略，提高自主学习能力，为学生可持续发展和终身学习奠定良好的基础。

（二）基于现代教育教学理论的启示

建构主义学习理论认为，学习是学生自己建构知识的过程。知识不是通过教师传授得到，而是学习者在一定的经济社会文化背景下，借助其他人（包括教师和学习伙伴）的帮助，利用必要的学习资料，通过一一建构的方式而获得。任何学习过程都是学习者在自身已有的知识系统上吸收新知识的过程。学生获取知识的多少取决于学习者根据自身的经验去建构有关知识的能力，教师对学生的意义建构只起帮助和督促的作用。同时，建构主义学习理论强调学习情景的重要性，认为学生的学习是与真实的情景相联系的，是对真实情景的一种体验。学习者只有在真实的社会文化背景下，借助于社会性交互作用，利用必要的学习资源，才能积极有效地建构知识，重组原有知识结构。因此，教学过程要重视学生对过程的参与和亲历，要关注学生的经验背景和意义网络，要重视情境的创设（张光明，2014：16）。在学习过程中，教师要为学习者提供各种资源，鼓励学习者通过主动探索完成意义建构，以达到自己的学习目标。

思维导图理论认为人脑这台令人惊异的机器有五大功能——接收、保持、分析、输出和控制。这五大功能都是彼此强化的：如果产生了兴趣或者受到激励，并且接受过程与大脑功能互不冲突，接收数据就比较容易一些。有效地接收信息之后，你会发现保持和分析信息也很容易。反过来，有效的保持和分析会增强接收信息的能力。类似地，包含一系列复杂的信息处理活动的分析，要求对已经收到的信息有保持的能力。而分析的质量会明显受到接收和保持信息的影响。这三项功能都趋于指向第四项功能——输出，即通过思维导图、说话、手势等，把已经接收、保持和分析过的信息表达出来。人脑不是按照工具条和菜单的方式进行思维的，它像所有自然生物一样进行着有机思维——像神经系统或树枝。要进行良好思维，人脑就需要能反映这一自然有机思维的工具。思维导图正是这样的工具（东尼·博赞、巴利·博赞，2017：11）。

《普通高中英语课程标准（2017年版）》关于英语学习活动的设计提出以下要求：(1)情境创设要尽量真实，注意与学生已有的知识和经验建立紧密联系，力求直接、简洁、有效；(2)教师要善于利用多种工具和手段，如：思维导图或信息结构图，引导学生通过自主和合作相结合的方式，完成对信息的获取与梳理、概括与整合、内化与运用，教会学生在零散的信息和新旧知识之间建立关联，归纳和提炼基于主题的新知识结构；(3)教师要启发学生积极参与针对语篇内容和形式的讨论和反思，鼓励学生围绕有争议的话题有理有据地表达个人的情感与观点（中华人民共和国教育部，2018：63）。

（三）基于校情和学情实际出发

该校是湖南省首批八所示范性重点高中之一。建校60余年，为国家、为社会输送了大量栋梁之材。作为三湘名校和株洲市窗口学校，学校被誉为“发明家的摇篮”，荣选“全国文明校园”，是株洲地区办学规模最大、质量最优的省重点高中之一。学校英语教研组云集特级教师，全国、省级、市级劳动模范，市级学科带头人及市级教学骨干。拥有研究生学历的教师比例达到65%。学校学生整体学习能力较强，学习动机较强，对自己的奋斗目标持有较稳定的抱负和希望。学校英语教学始终走在株洲前列，高考成绩居株洲地区第一，竞赛硕果累累。数年前学校就提出“创建学术性高中，培养创新型人才”的先进办学理念，鼓励每个教研组形成以信息加工教学模式为基础的特色学科教学模式。全体英语教研组老师在教研组长特级教师陈莉双老师的带领下开展了“小组合作教学探究”“英语自主学习意识和策略的养成”以及“英语学科特色的信息加工教学模式探究”等省、市、校级课题研究活动，部分老师参与了株洲市英语教研员张光明老师牵头组织的省级课题“英语趣味教学”研究活动。教师在大量实践和思考的基础上积极探索“一核四自四化”教学特色和培养具有自主学习能力素养的创新型人才的教学方法，逐渐形成了高一习惯培养、高二能力提升、高三高考突破的能力培养实施路径。

四、亮化创新

"一核四自四化"教学和传统英语教学相比，优在将教学实践和现代教育教学理论进行真正意义上的有机结合；新在对于学生核心素养特别是自主学习能力培养和多元文化理解培养的措施扎实有效。

该校的英语"五步激活教学"模式是经过外语组教师大量实践、反复思考和总结提炼而来。这种以课堂教学为主阵地的学生自主学习能力培养的教学模式具有良好的可操作性。该模式几乎可以用于任何课型，每个教学步骤逻辑严谨，承上启下，循序渐进，充分尊重学习者学习认知心理，体现了建构主义教学、任务型教学、信息加工教学、核心概念教学、启发式教学等多种理论的研究成果。教师在每堂课的目标设计、教学环节设计、活动设计、检测设计直指核心素养培养，既强调基础知识、基本技能的学习掌握又巧妙引导学生逐步养成自主学习能力，既发挥教师的教学主导作用又彰显学生的学习主体作用。英语教学绝不简单停留在书本知识讲授，而是每位教师都积极充当课程开发者和实践者，从前置性作业的精心布置到课中语言能力思维培养到课后自主检测的安排指导，满足学生个性化、多元化发展需求。

五、全屏步骤

"一核四自四化"教学特色在教学过程中表现为"五步激活教学"，现说明如下：

（一）巧创情境，激活兴趣

此环节是课堂的导入环节。俗话说，"好的开始是成功的一半”，教师通过创设情境、吸引学生的注意力和激发学生学习兴趣，让学生打开话匣子，激活已有经验，帮助建构新信息。教师可以利用多种媒体和手段，如教学图片、互动游戏、简笔画、实物、录音、视频、新闻采访、电影、动漫，也可以是教师或者学生演讲、唱歌、朗诵诗歌或者表演短剧导入，激活知能，引入新知识教学情景。如教授《牛津高中英语》模块九第三单元的阅读文章“National flags, colours and cultures”时，恰逢国庆节前后，教师在进入阅读之前先给学生展示国庆节株洲市大街小巷悬挂国旗的相关照片，引入邀请学生简要介绍国旗的形状、图案、颜色以及所代表的意义这一活动。通过充分利用相关背景知识，不动声色地引导学生进入新授课的强大心理场。又比如《牛津高中英语》模块十第一单元语法Linking words，教师上课时首先播放了自己拍摄的一个小视频，内容是湖南工业大学门口一家著名烙饼店的烙饼制作过程，短短一分半钟的视频，配上一位同学清晰流畅的英文解说，让全体学生精神大振，兴趣大涨，不由自主地和教师一起走进了Linking words的大家庭。总而言之，这个教学环节从学生感兴趣的话题入手，利用刺激物的特点来吸引学生对教学内容的注意，充分调动学生的无意注意，鼓舞学生以一种积极的情绪状态愉快学习，并为学生提取并组织原有知识提供形象而具体的参照源与刺激源。

（二）巧设问题，激活探究

激活学生已有经验后，教师接下来通过提问引导学生感知事实，形成概念，探究本节课的重点和难点。问题是思维的起点，教师要精心设计问题，以问题为导向，引领学生的思维，让学生独立思考、推理和探究，训练学生的思维品质。这种问题应该是循序递进，逐步提升，由细节性到主旨性，从表层信息抓取到信息推断，从事实的理清到作者情感态度、观点的判断，从主旨大意到语言特色、文体特点，从下位概念到上位概念，从已知到未知，从表层到深层，教师引领学生积极和文本作者或者学习材料开展对话，搭建学习"脚手架"。如《牛津高中英语》模块十第一单元的阅读文章"Teach a man to fish",教师可以提出这样的问题:

1. What does a fish mean?
2. What is the meaning of "giving a fish"?
3. Why should we give them a fish?
4. According to the passage, how do people give a fish?
5. What may be the result of giving a man a single fish?
6. What other ways can be used to help improve the poor countries? If possible, list some examples.
7. What is the advantage of teaching a man to fish compared with giving a man a single fish?

这个教学步骤的目的是通过环环相扣、启发思维的问题,引发思考,激活探究。利用问题链,追根溯源,纵深挖掘,帮助学生理解问题的来龙去脉和内在联系,增加思维广度和深度,这样学生对所学内容逐步加深理解,如同抽丝剥茧,最后豁然开朗,符合学生的认知规律。

(三)巧搭平台,激活讨论

学生通过自主探究之后,对文字描述、图片呈现或表格列举的事实性信息有了基本了解,初步完成了文本理解工作。接下来,教师需要给学生一个应用实践平台,基于所学布置新的有梯度、有拔高的学习任务,训练学生的梳理、分析、推理、阐释的能力及批判性思维。在教师的引导下,通过两两合作、小组合作,甚至是跨组合作让他们继续完成新任务。如:合作整理文章概要、拼图、小组合作写作、讨论文章续写内容、讨论不同观点、讲故事、讨论疑难知识点等等,在互动有效的学习氛围中拔高提升思维品质。比如上面所说的"Teach a man to fish"一课,教师布置小组讨论第一个问题:"What do you think of the two ways mentioned in the article?";接着观看一段英语视频(习近平总书记关于一带一路"the Belt and

Road Initiative”的设想和措施落实）进一步引发讨论第二个问题：“What measure is China taking to help to build a better world?” 以及第三个问题：“What do you think of the Belt and Road Initiative? Is it to give a fish or teach to fish? Why?”。可以说，这样的问题设计更多地考量学生的视野、观点，既来源于教材又高于教材，具有时代感，引发师生、生生之间新一轮交流和更多的话语输出，形成更积极的语言输出和交流状态。当然，在必要的时候，教师应适当提供功能性语言或者模仿文本，搭建学习“脚手架”。在这个过程中，学生基于具体的主题及语篇情境，主动参与主题意义的探究活动，并从中学习语言知识，发展语言技能，汲取文化营养，促进多元思维发展。

（四）巧妙总结，激活生成

学生通过前面三个步骤的学习，对本节课知识有了整体理解，为了更好地展示出学生通过自我探究、合作讨论得到的成果，同时也为本堂课做一个精炼的总结，教师可以引导学生运用思维导图等将所学进行分类总结，提炼升华。思维导图的使用有利于学生对其所思考的问题进行全方位和系统的描述与分析，有助于学生对所研究的问题进行深刻的和富有创造性的思考。思维导图不一定要很复杂，但是要彰显知识结构、脉络层次、思维方向，分类归纳，演绎重点。教师要经常鼓励学生使用思维导图总结提升，展示优秀作品，长此以往定将起到举一反三的教学效果。例如：在学习《牛津高中英语》模块三第二单元Word power板块的派生词时，教师指导学生运用思维导图，大胆构建派生词汇网络，用不同图形构造来整理加前后缀的词形、词性变化，找出规律，举一反三。又如在学习《牛津高中英语》模块九第三单元“The meaning of colour”时，学生归纳教材中colour的文化内涵，进行二次加工整理，绘制思维导图。一方面是对教材极好的梳理认知过程；另一方面扩大了词汇量，加深了句型学习（如图5–6）。

图 5–6:
思维导图作品

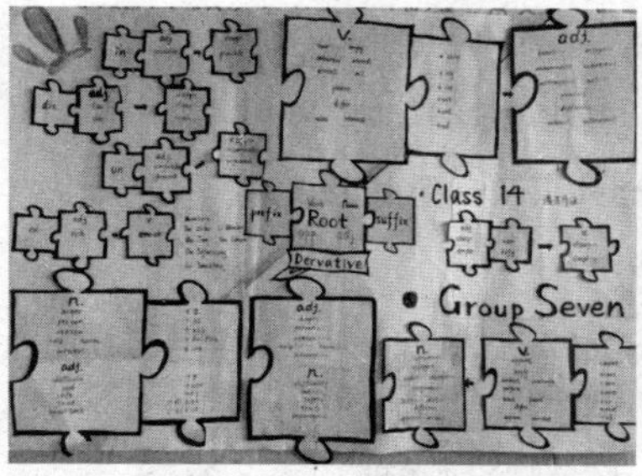

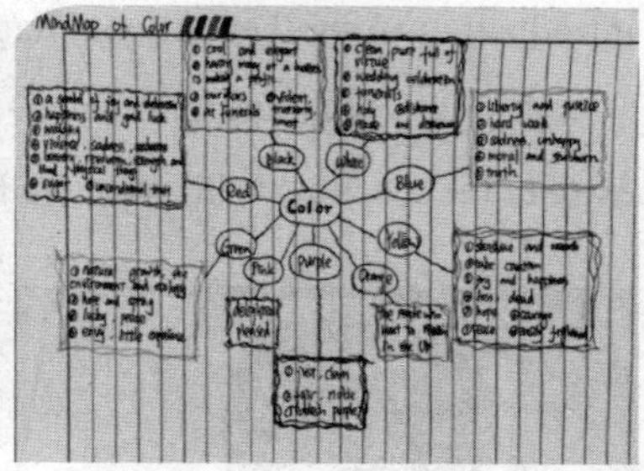

(五) 巧托练习,激活迁移

学习是一个连续的过程。任何学习都是在学习者已经具有的知识经验和认知结构、已经获得的动作技能、已形成的态度等基础上进行的。当学习者面临新的学习情境的问题情境时,学习者如果利用原有的知识或技能获得了新知识或解决了问题,这就是顺向迁移,就是进步(progress)。巧托练习,就是给学生提供应用课堂习得知识的机会,这种练习任务应尽可能与真实生活背景相联系。最终,几乎在学校学到的每一点知识的价值都要以在校外世界中的应用价值这一标准来衡量。同时,这样的练习符合新课程标准要求——教师设计的每类活动应有机融入语言知识学习、语言技能运用、学习策略应用、思维品质发展和文化意识培养,帮助学生积极主动参与到探究主题意义的学习活动中,满足学生的个性化学习需要。让我们再次回到《牛津高中英语》模块九第三单元的"The meaning of colour",教师在教学最后可以设计如下要求,学生可以自由选择完成,并经过一个星期的打磨,最后教师提供一节课给学生展示自己的作业完成情况。以下为作业内容和两份学生作业(如图 7–8 所示):.

1. Group work: Design a class flag or an emblem. Introduce the colours, patterns as well as the meaning;

2. Group work: Perform a song related to colours or write a short poem in which at least 5 colours are used.

3. Individual assignment: Search the Internet and write a brief

introduction to another national flag by imitating the text.

4. Individual assignment: Design a mask for your teacher and explain the meaning with what we have learnt in the unit.

图7–8：
学生作业

六、连线课堂

下面以《牛津高中英语》模块九第二单元“The Acropolis now”为例具体说明“五步激活教学”的操作过程。

Module 9 Unit 2　Reading (Period 2) 阅读策略培养教学设计

Recognizing and Understanding Reference Markers

【学情分析】

学生学习基础较好，学习态度认真，学习热情高。学生已具备在阅读中获取信息的能力，部分学生能用英语自信地表达观点。但是多数学生理解整合知识、逻辑推理和分析论证观点等能力较为欠缺。此外，虽然学生对于代词有一定的了解和学习，但对于reference marker的概念、重要性、功能、类型的认知及自主运用的意识和策略有待提高。

Teaching objectives

By the end of this period, the students will be able to:

1. further the understanding of the reading passage by recognizing and understanding the reference markers;

2. master the reading strategy of recognizing reference markers;

3. develop the awareness of applying the reading strategy.

Key and difficult points

1. Understanding the concept of reference markers (it, them, one, this, these, that, those, which, noun phrases, adverbs, appositive clause, etc.)

2. Applying the reading strategy to reading comprehension.

【整体设计思路】

通过围绕主题，创设情境；问题导学，启发思考；小组合作，总结提炼；实践内化，迁移创新等教学活动，引导学生概括出知识化结构，加深对于reference marker的理解，自觉运用这一阅读策略分析语篇，反思和巩固所使用的阅读策略。

Teaching procedures

Step 1 Preparation (巧创情境，激活兴趣)

Activity 1 Daily report

Several students come to the blackboard and introduce

something about the Acropolis. One will speak on behalf of the old monuments. One, as a guide, will use a time chart to express the damage done to the Acropolis. The third, as a restorer, expresses the hope for more concern and protection of the Acropolis.

【设计意图】 这是阅读第二课时。学生对于昨天所学课文不同角度的重述,不但可以帮助他们熟悉教材内容,温故知新,而且表演者的特定身份(如"会说话"的雅典古城、热情的卫城导游和认真敬业的修缮工作者)和风趣活泼的表演会吸引学生的无意注意,教材内容仿佛从书本上走了下来。学习兴趣得以激发,学习气氛变得轻松。另外,学生的表演围绕文章的主线"impact, damage, protection"展开,符合循序渐进教学原则。学生在讲解描述的过程中,或多或少都会使用一些代词,如it, they, them, which等,这样的活动设计巧妙激活学生已有知识和经验,为接下来的学习做了良好的知识和情绪铺垫。

Step 2 Presentation (巧设问题,激活探究)

Activity 2 Fill in the following blanks with proper words.

The ancient Greeks have had a greater influence on western civilizations than others. 1. They made many advances in various fields that have influenced the world so far.

In particular, we often associate ancient Greek civilization with the capital city of Athens, the greatest symbol of 2. which is the Acropolis, constructed in the 5th century BC in honour of Athena. On top of the Acropolis, there are three main temples to Athena.

3. It has been damaged partly by natural forces like earthquakes and partly by man. In 1458, the Turks seized control of Athens and used the Parthenon as a warehouse. In 1687, the large part of the building was destroyed because of an attack from Italy, 4. which caused the gunpowder to explode. In 1801, many of the best sculptures were stolen.

In a gesture to help preserve history, the Greek government appointed a committee to undertake a complete repair of the great cultural relic. The committee is also undertaking important work to educate the public to protect it from damage. By learning how to protect the monuments, people will be able to enjoys this historic site for generations to come.

【设计意图】 教师将教材内容缩写为一篇180词左右的小短文，要求学生根据语境结合课文填写正确的词语。一方面考查学生对于所学语篇的知识回顾总结、语篇所表达的核心意义的理解；另一方面创设新的语言学习情境，引出要解决的问题，即理解reference marker的意义和识别这一语言现象的应用和功能。

Activity 3 Find out what the underlined expressions refer to in groups.

1. What do the the underlined expressions (They; which; It; the building; which; this historic site) refer to?

Keys: They—the Greeks　which—Athens

It—the Acropolis　the building—the Parthenon

which—an attack from Italy

this historic site—the Acropolis

2. What are the underlined expressions called in a grammatical way?
3. What is the definition of reference markers?
4. What is the purpose of the use of reference markers?

【设计意图】 学生通过小组讨论下划线画出词组所代表的意义，回答教师精心设计、环环相扣的问题，追根溯源，纵深挖掘，初步理解reference marker的内涵。

Step 3 Process (巧搭平台，激活讨论)

Activity 4 Underline the reference markers and point out what they each refer to.

1. The Temple of Athena Nike is the smallest among the three. It used to house a 13-meter-high gold-covered statue of Athena.
2. Last night, I ran out of petrol. That really taught me a lesson.
3. I shall say this to you: he is an honest man.
4. Since Blake was still in a coma (昏迷中), I stayed at the hospital the whole day. Her parents came a few times to visit her and so did her friends.
5. The buildings have also been damaged by the millions of travellers who visit them each year.
6. She seems not to have understood my words, which greatly upsets me.
7. As we all know, China is a great country with a history of over 5,000 years.

8. Mr. Smith, our new neighbour, is very kind to us.
9. We heard the news that our team had won.
10. In 1816, these sculptures were turned over to the British Museum and are still shown there under the title of "Elgin Marbles".

【设计意图】 通过上一步学习活动，学生了解reference marker的定义和基本功能。接下来教师趁热打铁，提供10个句子让他们继续深入感知运用这一阅读策略。所提供的例句基本涵盖了高中阶段出现的reference marker的相关类型，同时补充了课文中未提到的其他reference marker的形式，如副词so、there，同位语从句等。学生在寻找reference markers时，会有疑惑和困难，这也正是启发教学的最佳时刻。教师鼓励学生首先自己思考之后再进行小组讨论，在互动有效的学习氛围中提升分析、辨析、总结、推断等思维品质。

Step 4　Production（巧妙总结，激活生成）

Activity 5 Draw a mind map of reference markers. Two volunteer students finish their maps on the blackboard.

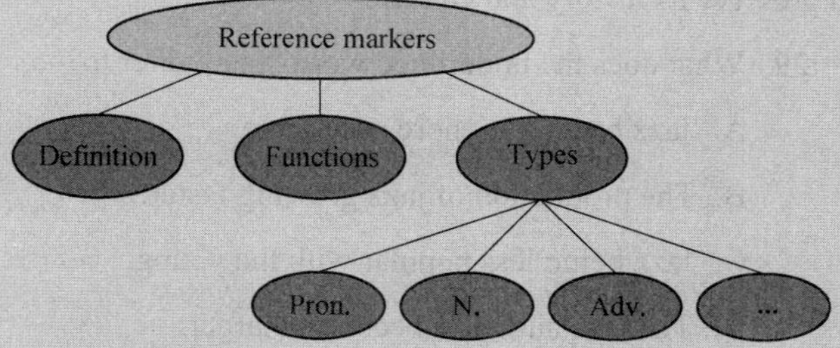

【设计意图】 学生完成事实感知和概念解读后，教师要求他们通过有创意的思维导图总结提炼这节课所学的

reading strategy——recognizing and understanding reference markers，这种学习是从理解感悟到整合提炼，从具体事实到抽象规律，有利于学生对其所学内容进行全方位系统的描述与分析，也有助于学生对所研究的问题进行深刻和富有创造性的思考，有利于个性的张扬。教师也可以鼓励小组内部分享，之后在全班分享，挑选优秀作品张贴，鼓励学生培养聚合和发散思维。

Step 5　Progress（巧托练习，激活迁移）

Activity 6 Read the following paragraphs and choose the best answers to the questions.

***2017全国卷I　C篇**

Despite the celebrations, though, in the U.S. the jazz audience continues to shrink and grow older, and the music has failed to connect with younger generations.

It's Jason Moran's job to help change <u>that</u>. As the Kennedy Center's artistic adviser for jazz, Moran hopes to widen the audience for jazz, make the music more accessible, and preserve its history and culture.

29. What does the underlined word "that" refer to?

A. Jazz becoming more accessible.

B. The production of jazz growing faster.

C. Jazz being less popular with the young.

D. The jazz audience becoming larger.

***2017全国卷I　D篇**

To construct a working still（蒸馏器）, use a sharp stick or

rock to dig a hole four feet across and three feet deep. Try to make the hole in a damp area to increase the water catcher's productivity. Place your cup in the deepest part of the hole. Then lay the tube in place so that one end rests all the way in the cup and the rest of the line runs up—and out—the side of the hole.

33. What does the underlined phrase "the water catcher" refer to?

A. The tube. B. The still.

C. The hole. D. The cup.

***2016全国卷II　C篇**

Members go on the site and register the books they own and would like to share. BookCrossing provides an identification number to stick inside the book. Then the person leaves it in a public place, hoping that the book will have an adventure, traveling far and wide with each new reader who finds it.

30. What does the underlined word "it" refer to?

A. The book.

B. An adventure.

C. A public place.

D. The identification number.

***2016全国卷III　B篇**

"My friends said: 'Now we believe your stories,' " Welty added. "And I said: 'Now you know. These are the people that make me write them.' " Sitting on a sofa in her room, Welty, a slim figure in a simple gray dress, looked pleased with this explanation.

26. The underlined word "them" in Paragraph 6 refers to Welty's ________.

A. readers　　　　B. parties

C. friends　　　　D. stories

【设计意图】 学习知识的最终目的是运用。理解reference marker的能力提升可以促进学生准确快速掌握多模态语篇的意义。为此，教师认真挑选了2017年全国I卷和II卷中的四道阅读真题，当堂检测学生运用阅读策略分析问题、解决问题的能力，注重学习能力的迁移运用，促进学生核心素养的形成。

Homework

1. Do the reading practice on P112–113 of the Workbook.

2. Finish off the exercises and find out the reference markers' meanings.

参考文献

[1] 中华人民共和国教育部.普通高中英语课程标准(2017年版)[S].北京：人民教育出版社，2018.

[2] 程晓堂、赵思奇.英语学科核心素养的实质内涵[J].课程·教材·教法，2016(5).

[3] 鲁子问.课堂：英语核心素养植根的沃土[N].中国教育报，2016(9).

[4] 陈琦、刘儒德.当代教育心理学[M].北京：北京师范大学出版社，2003.

[5] 张光明.中小学英语课堂趣味教学[M].长沙：湖南人民出版社，2014.

[6] 东尼·博赞、巴利·博赞.思维导图[M].北京：化学工业出版社，2017.

第十章

一核七导

一、激活内涵

株洲市外国语学校英语教学特色总结为“一核七导”，即：以核心素养为中心，以情景导入、问题导学、篇章导练、创新导论、多元导评、经典导演、文化导游为手段。“一核”是英语教学开展围绕的中心点，致力于发展学生的语言能力、思维品质、文化意识和学习能力，培养适应终身发展和社会发展需要的必备品格和关键能力。“七导”是实现教学核心的方式和手段，涵盖情景导入、问题导学、篇章导练、创新导论、多元导评、经典导演、文化导游（见图1）。

图1：“一核七导”教学特色

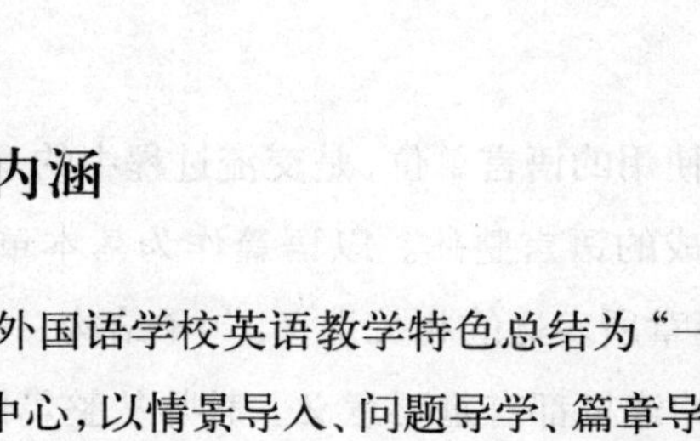

（一）情景导入

在英语课堂教学中，教师首先创设情境，用语言、多媒体、板书或者图片等各种手段，营造出一种符合教学内容的真实环境，让学生身临其境，唤醒学生强烈的兴趣和求知欲，自然地导入新课。

（二）问题导学

新课导入之后，教师有针对性和目的性地抛出数个问题，以问题为载体。在系列问题的引导下，学生自己主动去发现问题、解决问题，对知识进行合理的建构和重建，养成自主学习的能力。

（三）篇章导练

语篇是实际使用的语言单位，是交流过程中的一系列连续的语段或句子所构成的语言整体。以语篇作为基本单位的导练模式，对理解整个篇章所表达的相关意义、句子结构、段落之间的衔接以及逻辑思维的连贯都有重要意义。教师从整篇内容入手，根据篇章语言的线索对整篇文章有一个大概的了解，然后分段找出每段的主要意思，对文章进行表层理解，在此基础上对篇章进行深层理解。

（四）创新导论

“创新是一个民族进步的灵魂。”在英语课堂教学中，我们也需要创新。“师者，传道授业解惑也。”然而，知识，不可一成不变、机械地教授，同一个问题，往往在不同的时代被赋予不同的含义和意义，教师要结合当今实际或学生兴趣点，多样创新地去打开学生的思维，引导他们多角度看待问题。

（五）多元导评

在英语课堂教学中，针对学生任务完成情况，教师引导学生进行多维度评价，不再是简单的终结性评价，可从学生的合作能力（Cooperation）、创造能力（Creation）、竞争能力（Competitiveness）、交流能力（Communication）、鉴赏能力（Comment）这五个方面对学生进行评价。

（六）经典导演

在当今的教学中，英语教学不再只局限于课堂。在课外创建英语戏剧社，在重要节日晚会进行话剧表演、戏剧配音等形式多样的表演活动，能够让学生将课堂当中所学知识点，运用到实际表演当中，检测和提高学生英语水平，丰富学生学习生活。

（七）文化导游

古人云：读万卷书，行万里路。实践出真知，英语的学习也要在实践中检验和提升。该校在英语教学中，建立游学项目，鼓励学子在游中学，在学中游，摒弃了那种在课堂和教室里枯燥的学习，让学生在体会异国文化的同时加深对英语的理解。

二、聚焦核心

核心素养这一概念是现今中国教育界的热点。根据教育部2014年3月30日印发的《关于全面深化课程改革 落实立德树人根本任务的意见》，学生发展核心素养是指学生应具备的适应终身发展和社会发展需要的必备品格和关键能力。就英语学科本身而言，英语学科核心素养分为四个维度，即语言能力、学习能力、思维品质和文化意识。该校英语课程紧紧围绕这四个维度来开展。

（一）落实常规，发展学生语言能力

语言能力指在社会情境中，以听、说、读、看、写等方式理解和表达意义的能力，以及在学习和使用语言的过程中形成的语言意识和语感。在该校的日常英语教学中，发展学生的语言能力具体落实为以下活动：1. 严抓背诵关卡。要求学生每天记忆定量单词，按时按质完成每单元规定背诵材料，并在每学期的中期和后期举行抽背比赛，以比赛形式检测和督促学生完成规定背诵材料，提高学生的积极性和参与度，达到帮助学生积累必要语言素材的目的。2. 营造英语学习氛围。为营造全校性英语学习氛围，该校在教室的走廊上、墙壁上贴着中英文版的名人名言及标语，食堂窗口张贴中英文菜名，确保随处可见英文。3. 设计“英语读书卡”。指定一些简易的中英文对照读本如书虫系列、《外教社—朗文中学英语分级阅读》等书籍作为学生阅读刊物，要求学生完成一定阅读量，并每学期举行两次阅读过级，检测学生阅读水平和效果。4. 设立英语角，每周四第九节课为英语角时间，由外教担任组织者，鼓励英语教师也参与到英语交流当中，营造纯英文语言交流环境。

（二）良好引导，培养学生学习能力

学习能力指学生积极运用和主动调适英语学习策略、拓宽英语学习渠道、努力提升英语学习效率的意识和能力。在激发学习者的学习动机、形成浓厚的学习兴趣的前提下，学习能力强调学习者自主学习、主动学习和习惯的养成。在具体的教学中，针对新课导入环节，该校教师往往采用实物、图片、视频等各种教学手段，营造出真实环境，让学生身临其境，有效地激发学生学习兴趣和求知欲，达到新课成功导入的目的。在引导学生思考、学习这一块，教师往往抛出数个有针对性的问题，以问题为载体，让学生自己去发现问题、解决问题，养成自主学习的能力。同时，引导学生运用符合英语学习规律的方法，快速有效地掌握和使用语言，获得语言学习的成就感。

（三）注重思考，发展学生思维品质

思维品质指思维在逻辑性、批判性、创新性等方面所表现的能力和水平。在英语教学中，常常出现这样的现象，教师提问："请翻译句子'你的名字叫什么？'"几乎所有学生都会回答："What is your name?"。句子本身是课本范例，学生熟知，几乎都能做到脱口而出。但只要教师稍作变通，要求翻译句子"我的名字叫什么？"时，很多学生就不知如何作答。这是学生思维为范例所限，不知变通，机械套用固定语言模式所致。然而，类似现象在英语课堂中数不胜数。该校在发展学生思维品质过程中，打破传统教学模式，课堂导入以创设情境的方式，激发学生学习兴趣和求知欲，课中以问题为载体，让学生自主思考，培养自主思维能力，合理设置任务环节，如用brainstorm发散学生思维，free talk环节让学生主动思考，分析归纳，多元个性化产出，形成思维碰撞，导出新论点。

（四）立足实践，培养学生文化意识

语言是文化的载体，了解文化，方能恰当使用语言，形成相应思维。学习英语，不但要形成跨文化交际的意识和基本的跨文化交际能力，同时应具备一定的传播中华优秀文化的能力。

该校在很早前就与诸多欧美国家学校建立了联系，每年派部分学生去国外游学，体验真实语言环境，感受当地文化、习俗，融入当地生活。同时举办一年一度的地球村夏令营活动，在全英语环境里，让学生足不出户体验到各国风情，了解西方国家文化。

然而，英语归根结底仍是一门工具，在学习英语相关文化、培养相应的思维时，该校不忘对学子们提出要求："学外国语，做中国人。"师夷长技，为己所用，望学子们在对外交流过程中，以独立、自

信的姿态，传播中华优秀文化。

三、点击缘由

随着时代的发展、科技的进步，在21世纪的今天，全球化和数字化俨然已经把世界变成了地球村，文化的发展不再是各自封闭，而是在相互影响中共存，教育也不再局限于本国视野，全新的经济文化环境对教育、办学及培养怎样的人才提出了新的要求。该校作为一所外国语特色学校，学生外语水平超出了其他学校的水平，所以更应紧跟时代发展趋势，培养新型特色人才。在中学阶段的英语教学中，仅仅让学生掌握听、说、读、写四项技能和基本英语语法知识已远远不够，在掌握基本英语语言能力之外，还要让学生了解中西文化差异，拥有跨文化交际意识和跨文化交际能力，形成全球胸怀和国际视野，学习和借鉴世界各民族文化之精华，师夷长技，弘扬中华民族优秀文化。因此，该校打破以语言技能学习为中心的传统英语教学模式，根据社会对新型英语人才培养的需要，提出“一核七导”英语情景教学模式，发展学生的英语语言能力、学习能力、思维品质和文化意识，使其成为拥有中国灵魂、国际视野和领袖气质的新型国际化人才。

四、亮化创新

“创新是民族进步的灵魂，是一个国家兴旺发达的不竭源泉。”在不断发展的当今社会，国际间的交流越来越频繁。伴随“一带一路”的不断深入，英语的运用随之也越来越广泛，对英语的综合素质培养被摆在了突出的位置。传统的初中英语教学模式以应试教育为主，很多学生的语言学习脱离了实际。作为一所外语特色的学校，该校提出的“一核七导”英语情景教学模式很大程度提高了学生的英语综合素质，培养了学生的英语核心素养。

该校利用自身的优势建立了资源库，如在教人教版《英语》八年级下册“Have you ever been to Singapore?”这一课时，教师在学校资源库中找到学校去新加坡留学和工作的学生视频并在课上播放，这样不仅可以增强学生的兴趣，而且在情感上能够鼓励学生好好学习，努力提高他们的英语水平，成为像视频中的学姐和学长们那样优秀的人。

每逢中国的一些传统节日，学校都会组织一些中国传统节目的英语节目表演，如中秋节的“经典穿越”：在老师的指导下，学校会安排一些英文改编舞台剧如《嫦娥奔月》给学生排练，学生通过自己查词典或上网，熟习并背诵英文台词。这种突破传统，贴近学生的教学模式为提高学生的英语综合能力提供了广阔的空间。“经典导演”让英语学习回归本质，它是传统课堂的创新，改变了教师主导地位，让学生成为策划者、表扬者和主导者，这极大提高了学生英语的综合运用能力。

该校每年都会有学生去欧美国家游学，也每年都有学生考取新加坡公费留学。他们在其他国家和当地人同吃、同住、同学，在真实的语言环境中加深语言的学习，这也是传统教学上的创新。

五、全屏步骤

该校以培养兼具中国灵魂、国际视野、领袖气质的新人为己任，致力于培养学生能力与素养，以课堂为阵地，以学生学习方式的革命为突破口，创立了“一核七导”下的“四问四究，任务外延”阳光主体课堂教学模式。所谓的“四问四究，任务外延”阳光主体课堂教学模式是指课堂教学的五个环节，即设问导究、呈问合究、质问深究、创问互究、任务外延。

第一步:"设问导究"。这里主要体现"一核七导"的情景导入,是指在课堂的启动阶段,教师根据教学内容创设真实语言环境,情景导入,激发学生强烈的求知欲。在此基础上,教师围绕学习目标,帮助引导学生探究课本知识,提出自己的问题,小组共同归纳、梳理、收集问题,形成小组第二天需要解决的针对性问题(小组个性化的自学导纲)。

第二步:"呈问合究"。问题导学,把小组在设问导究环节收集的问题,呈现在课堂上,通过师生、生生互动的方式共同合作探究解决问题。

第三步:"质问深究"。在基本完成本节课学习目标的基础上,鼓励学生大胆、自信地对问题进行质疑,勇于向课本、教师以及其他权威挑战,针对本堂课所学知识提出更深层次的问题,进行更深层次的探究,从而达到查漏补缺、深化知识、发散思维、求异创新的目的。

第四步:"创问互究"。学生针对本堂课所学的内容,围绕学习目标,尝试编拟一些拓展性问题,各个小组相互之间交换探究,在检查过程中再加以订正、反思和归纳。教师针对所教内容,尽量安排一些篇章去检测学生,用篇章导练的方式巩固所学知识。

第五步:"任务外延"。把书本上所学迁移到生活中,解决生活中的实际问题,这才是课堂学习的最终目的,这也就是所谓的学以致用。教师会以多种评价方式去评价学生。"任务外延"应是课堂的最终价值取向,教学应是来源于生活而最终又服务于生活。

该模式下的课堂充满会意的笑声,情不自禁的掌声,此起彼伏的辩论声,热火朝天的讨论声,自信、高亢、声情并茂的表达声。从而让课堂真正实现高效化,全面提高学生的素养。

六、连线课堂

本设计内容选自一堂获得初中全国赛课一等奖的课例,课型是初三的完形写作课，通过听、说、读、写、看等一系列活动，让学生在完形和写作方面水平都有相应提高。英语教学中如何实现核心素养和教学设计的结合，是初中英语教师应该思考和追求的。教师设计了各种形式的活动，体现了以学生为中心、以人为本的教学理念，符合英语核心素养的四维目标。

在课堂的导入环节，教师要努力激活学生主体的思维，使得他们产生强烈的兴趣与求知欲。

Step 1 Preparation (设问导究)

T: I am your new teacher today. I come from Hunan. My name is Duan Yong. I like animals. Do you like animals? Tell me as many animals as possible (brainstorming).

Ss: Pig, tiger ...

(PPT上关于动物的单词从四方进入组合成一个马的形状。)

【设计意图】 教师穿着印有马的图案的衣服走进教室，课还没开始就营造气氛，创设情景，所谓"未成曲调先有情"。PPT上马的形状更加渲染气氛。"头脑风暴"激发学生兴趣，学生把已学过动物的英文名称说出来，既轻松又自然地进入了今天的主题，马的图案为讲关于以马为主题的完形填空做好铺垫。

"头脑风暴"和重点句式的吟唱帮助学生掌握和复习关于动物的词汇，并操练目标句型，懂得词汇的正确表达和运用，达到语言能力方面的要求。通过这种方式实现对单词的巧妙记忆和灵活运用。单词、句型可以通过英语歌曲学习，形成英语学科特定的学习方式。

T: So many animals. What's your favourite animal?

Ss: …

T: So many cute animals. We must sing a song for them. OK, let's sing a song about animals together.

Ss: …

T: When I point to this group, this group sings loudly. When I point to another one, that group sings loudly.

【设计意图】 教师教学生唱一首非常贴近主题的歌曲，歌曲叫做"My favourite animal"，不但拉近与学生的距离，活跃气氛，也为后面的主题做好铺垫。在唱的同时，学生也练习了英语。既增强了课堂的趣味性，也增强了课堂的实效性。

在完形填空内容呈现环节，要求学生自己去找合适的答案，通过这种学习策略培养其逻辑思维能力和品质。

Step 2 Presentation (呈问合究)

T: OK. Look at my T-shirt. You must know what my favourite animal is. What is it?

Ss: Horse.

T: Yes! I have a friend. Her name is Mary. Her favourite animal is also a horse. Its name is Bay. Let's see what happened between Bay and Mary. Please read the passage and fill in the blanks.

It was December and snow was heavy. "We shall have to sell the horse Bay this year," Mary's dad said. "Our horse Bay can't ____1____ any more." Mary knew the farm needed strong horses to bring the sheep back. "I know Bay is ___2___", Mary told her dad, "but he's my favourite. Don't let me ___3___ him." Her dad said, "We don't keep them as ___4___." Mary understood. ___5___ she knew Bay was different. She couldn't imagine (想象) what the world would be like without him.

The snow was falling faster. Then Mary had a/an ___6___. She jumped onto Bay and ran over the farm. "We'll bring the sheep back and show dad how well you work," Mary said. At that time, Mary ___7___ a bleat (咩咩的叫声) from above. She got off Bay and began to climb up the steep (陡峭的) wall. She was almost at the top. At that time, she lost her balance (平衡) and fell onto a rock. She tried to ___8___, but her foot hurt too much.

Students read the passage and fill in the blanks (Ss do it alone). Then students work in groups and the teacher gives them a large piece of paper and a pen to write down the answers. Then the teacher sticks the answers on the blackboard. The teacher discusses with the students which is the best and how to get the answers.

【设计意图】 以篇章导练的方式，先让学生做不带选项的完形填空，他们填出来的词自然生成了一篇带选项的完形填空的试题，然后再讨论哪个词更好。让学生明白只有根据上下文意思去推敲，才能填入正确的词，同时这样做完形填空，可以更加吸引学生的注意力。后面增加讨论环节，在讨论的情况下，做题技巧会越发清晰。通过问学生为什么这么填、为什么那个答案最好，总结生成出完形填空的解题策略。总的原则：先完意，后完形；八字方针：上下求索，瞻前顾后；三步法：读（读关键信息）—填（在读的基础上比较、斟酌，得出最佳选项）—读（通过读找到语感，验证答案）。

在这个环节，学生互助交流，解决疑难。要求学生通过小组合作的形式，在黑板上把答案呈现出来，恰好就构成了完形填空的选项，这直观地反映了完形填空的出题思路，同时也培养学生的创新能力。

Step 3 Production（质问深究）

T：What happened later? Please work in groups and write an end to this story. You can be creative!

【设计意图】 这个故事并没有结束，读到高潮处戛然而止。学生可以充分发挥自己的想象，给这篇文章写一个结尾，让学生达到有话想说、不说不行、不吐不快的境界，增强写作的驱动力，培养学生的创新能力。

Step 4 Suspense（创问互究）

Show their compositions on the blackboard and make the students come to the front to correct the mistakes. Then choose one student to read the best one. Then read the original ending.

> Then Bay went under the rock. He was telling Mary to get onto his back! Mary got onto the horseback and Bay carried her home slowly and carefully.
>
> "What happened?" her dad asked worriedly.
>
> "Bay saved me," Mary told him. Dad's voice shook when he said, "I wouldn't sell Bay forever."

【设计意图】 学生上黑板去更正错误，这可以培养学生的观察能力和纠错能力。让学生读一篇文章，感受地道的英语，琅琅书声让学生享受语言带来的美感。

Step 5 Progress (任务外延)

1. T: Which one is the best?

【设计意图】 展示好作文的标准，让学生注意写一篇好作文应该从哪些方面去考虑。在做题的过程中，不断引导学生总结归纳解题策略。

2. Summary

Review what we've learned today.

【设计意图】 课的结尾就像打鱼收网。这个时候，让学生自主总结一节课所学的内容，学生说的同时，幻灯片上打出主要内容，强化记忆，也培养学生的总结归纳能力。如果时间允许，把有关动物的歌再唱一遍，通过唱歌培养学生的英语语感，也通过歌声让学生慢慢建立和动物和谐相处的意识，在愉快的歌声中结束这节课。

3. Homework assignment

T: Revise your writings and email me at dy852@163.com.

【设计意图】 完善文章，写完发电子邮件给教师。教师真正地做到与学生交流，而不是虚假的作业。

英语学习是学生主动建构意义的过程，在这一过程中，学生以主题意义探究为目的，以语篇为载体，在理解和表达的语言实践活动中，融合知识学习和技能发展；通过感知、预测、获取、分析、比较、创新等思维活动，建构结构化知识；在分析问题和解决问题中，发展他们的思维品质，形成文化理解，让他们想学习，会学习，塑造正确的人生观和价值观，促进英语核心素养的形成。

参考文献

[1] 中华人民共和国教育部.关于全面深化课程改革 落实立德树人根本任务的意见[Z]. http://old.moe.gov.cn/publicfiles/business/htmlfiles/moe/s7054/201404/167226.html. 2018.

[2] 中华人民共和国教育部.普通高中英语课程标准(2017年版)[S].北京：人民教育出版社，2018.

[3] 何善芬.英汉语言对比研究[M].上海：上海外语教育出版社，2012.

[4] 辛涛、姜宇、刘霞.我国义务教育阶段学生核心素养模型的构建[J].北京师范大学学报(社会科学版)，2013(1).

[5] 张光明.中小学英语课堂趣味教学[M].长沙：湖南人民出版社，2014.

[6] 张光明等.直击新课程学科教学疑难 高中英语[M].北京：教育科学出版社，2014.

第十一章

一核三层

一、激活内涵

北师大株洲附属学校的教学特色为“一核三层”。该校一直坚持围绕提升英语学科核心素养这一教学中心，将学生基础知识、思维能力、学习能力等因素作为判断依据，将学生分为基础、拓展和纵深三个层级，按照话题阅读、词汇、写作、听说四个模块结合教材单元话题，逐渐形成了立体式、渐进式的英语教学特色（见图1）。

核心素养视域下的高中英语教学不局限于提高学生的语言知识和语言技能，而是从更深、更广的角度来考虑学生的全面发展。英语学科核心素养内涵可以概括为四个方面：语言能力、思维品质、文化意识和学习能力。语言能力、思维品质与文化意识相辅相成，互相促进，而学习能力则贯穿始终。为全面且高效地提高学生的核心素养，结合学生的实际情况，该校提出了“因材施教”为指导思想的分层教学。分层教学在尊重学生现有基础和学习能力的

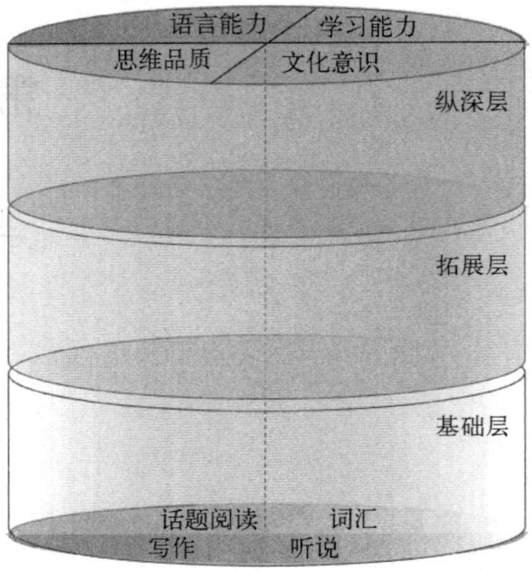

图1:
"一核三层"英语教学特色

情况下，充分利用课堂，为学生素养的提高创造条件，使学生在课堂上不仅学得知识，而且培养诸如语言表达能力、分析与解决问题的能力、思考与观察能力及使用工具书与查找资料的能力等。此外，从学习态度方面，分层教学还可发挥纵深层学生的特长，调动基础层学生的积极性，激发拓展层学生的热情，促进每个学生在最适合自己的英语学习环境中求得发展。

二、聚焦核心

为全面体现英语学科的育人价值，结合中国基础教育英语课程的现实需求，《高中英语课程标准（2017年版）》将英语学科核心素养归纳为语言能力、文化意识、思维品质和学习能力四个方面。

语言能力包括语言知识和语言技能两个方面。语言知识是全面的、生动灵活的，不局限于语音、词汇和语法层面的知识，还包括语篇知识和语用知识，注重以语篇为载体、话题为主线的课堂才能将语言知识的教学引领到更高层次。

在英语学习的过程中，学生要接触大量的英语国家社会现象和文化传统，站在一个新的角度和位置来更深刻地理解本民族文化，并学会对此评价、解释、比较和归纳，这一过程中能逐渐形成自己的文化立场和态度，文化认同感和鉴别能力，也能增进和形成跨文化意识，提升跨文化交际能力（程晓堂、赵思奇，2016：84）。此外，在英语教学中，教师还要注重学生文化品格的培养，即培养学生的人文情怀，树立学生健全的人格以及帮助他们成为有社会担当的人。

语言与思维的关系十分密切，学习和使用语言要借助思维。在英语教学中，教师要鼓励学生敢于质疑，培养批判性思维、创新思维；引导学生逻辑、辩证、系统地思维，从而形成科学思维（王蔷，2015）。需要特别注意的是，用英语进行理解和表达的过程不仅有利于学生培养通用思维能力，而且有利于学生逐步形成英语使用者（不一定是英语本族语者）特有的思维能力。

由于语言环境等因素的限制，对中国的中小学生来说，学好英语并非易事，因此，发展英语学习能力尤其重要。学习能力的培养是多方面的，包括培养英语学习的兴趣和习惯、形成有效的英语学习策略和具备用英语思维的能力。对英语学习有正确的认识和持续的兴趣，就有积极主动的学习态度和成就动机，能够确立明确的学习目标，有主动参与语言实践的意识和习惯。

结合该校分层教学的背景，为了落实核心素养的培养，提高英语教学效率，该校英语教研组通过共同研讨、集体备课，制定以下具体目标（见表1）。

表1：英语课堂分层教学目标

层级 / 目标	A层（纵深级）	B层（拓展级）	C层（基础级）
语言知识	（1）落实教材和考纲的语言知识	（1）落实教材和考纲的语言知识	（1）夯实英语基础
语言技能	（2）提升学生听、说、读、写、看的语言交际能力	（2）提高学生听、说、读、写、看的语言交际能力	（2）提高学生听、说、读、写、看的语言交际能力

（续表）

层级 目标	A层（纵深级）	B层（拓展级）	C层（基础级）
思维品质与学习能力	(3) 发展学生的英语思维能力及探究拓展的能力	(3) 培养学生总结、归纳和整理知识的能力	(3) 培养学生总结、归纳和整理知识的能力
	(4) 维持学生持久的学习动机和毅力	(4) 帮助学生形成良好的英语学习习惯	(4) 增强学生学好英语的自信心
文化品格	(5) 使学生了解英语国家的政治、经济、文化及与本国生活方式的异同；增强国际意识，并加深对本国文化的理解	(5) 使学生了解英语国家最突出的文化现象，能简单地介绍本国文化并尊重异国文化	(5) 使学生初步认识英语与英语国家文化、生活以及价值观
	(6) 帮助学生塑造健全的人格，成为有社会担当的人	(6) 帮助学生塑造健全的人格，成为有社会担当的人	(6) 帮助学生塑造健全的人格，成为有社会担当的人

三、点击缘由

（一）分层教学提出的背景

由于招生形势的变化，该校的生源构成也发生了变化。按中考与该校自主招生考试中的成绩分，学生由免费生、公费生和自费生构成；按来源不同，学生又分为对接生（来自本校初中部、未经历初三第二个学期的学习和中考的学生）和校外生。他们无论是学历背景、学习习惯、认知水平、智力水平还是学科成绩，差异都非常大。从校情与学情出发，针对学生存在的个体差异，实行因材施教、分层教学、分类指导，才能使学生得到个性化的发展，使学校走上一条可持续发展的道路。该校的分层教学在这种情况下应运而生，成为优化单一班级授课制的有利途径。

（二）分层教学的目标

就英语学科而言，该校分层教学的总体目标为：把以生为本、以学为本的思想与核心素养的培养相结合，将知识学习与技能发展融入主题、语境、语篇和语用之中，促进文化理解和思维品质的形成，引导学生学会学习，提升其自主学习、终生学习的能力。

而就基础、拓展和纵深三个层级而言，又对每个层级的学生设定了不同的培养目标：

1. **发展纵深级**

这一层次的学生，一般语言知识扎实，学习习惯良好，因此主要目标是提高他们深刻理解知识，灵活运用知识的能力，培养他们的创造能力，发展他们的思维能力和语言技能。

2. **提高拓展级**

这部分学生一般在学习习惯上有欠缺，不少都有懒惰思想，学习缺少恒心和毅力，不愿意做更深入的思考。因此主要目标是在要求他们熟练掌握基本知识，灵活运用基本方法的基础上，注重文化品格的渗透，提高其学习兴趣，改善其学习习惯，提升自主学习能力和理解探究能力，最终使学习成绩更上一个新台阶。

3. **帮助基础级**

基础级学生语言基础不牢固，语言技能极为欠缺，成绩不理想，缺少必要的学习信心与向上的动力。因此，加强思想教育，重视心理疏通，转变他们的学习态度，增强他们学习的信心，培养他们良好的学习习惯，努力使他们掌握最基本的知识和技能应成为主要目标。

总之，以落实核心素养为总体目标，以该校校情与学情为背景，以现代教育理论为指导，从学生的知识基础，学习、思维能力的实际出发，通过班级组织与教学形式的变化，使不同层次的学生经过努力达到相应的教学目标的分层教学，是适应该校生源现状的一种有效对策。

四、亮化创新

（一）分层方法人本化

在对学生进行分层时，该校持有的总体原则为：面向全体学生，促进每一个学生的发展，使每一个学生都能有收获。具体而言，该校的分层方法具有综合化、动态化以及精细化的特点。初次分层标准以考试成绩为主，再次分层时还会考虑学生的行为习惯、思维能力、学科兴趣等，同时为了使分层更合理，该校还会参考教师、家长、学生的意见，使得学生能够被分配在最适合他们的层次学习，这充分体现了该校分层教学的综合化。为了保证各个层次学生都拥有不绝的竞争力和不灭的进取心，使每个学生随时处于一个充满活力的积极进取的发展变化过程，该校会根据学生的反馈信息，灵活调控学生的分层。学生分层采取动态化管理的方法，一般每学期调整一次，使得分层不断优化和科学化。此外该校的分层教学不但是班间的分层，还细化到班内的分层。班间的分层是显性分层，而班内的分层则是一种隐性的分层。教师通过调查和观察掌握班级内每个学生的学习状况、知识水平、特长爱好，将学生分组，形成一个个学习群体。利用小组合作学习和成员之间的互帮互学形式，充分发挥师生之间、生生之间的互动、激励，为每个学生创造发展机会。

（二）教学环节精细化

为从真正意义上落实分层教学，该校的英语教学精细到每一个环节，即备课、课堂教学、作业布置、辅导都要考虑学情，即不同层次学生在基础知识、思维能力、文化品格及学习能力上的差异，以提高分层教学的效果。

1. 备课：集体备课与个人备课并行。按不同层次学生实际情况认真钻研授课内容，确定具体可行的教学目标，分清哪些属于共同的目标，哪些不属于共同目标。在把握教学目标的同时，根据不同层次学生的认知水平，确定对各层次学生的不同要求，在教学设计中体现出来。

2. 课堂教学：教学活动要符合学生的实际情况，既有统一要求，又有区别对待。对A层次学生以鼓励创新为主，对B层学生以激发兴趣为主，对C层次学生以增强信心为主。要尽量满足不同层次学生的学习需要，特别是在问题设计和课堂任务设置上要有梯度，能够让不同层次的学生都参与到教学活动中来，都能体验到成功的喜悦。

3. 作业布置：学生作业分必做、选做两类。必做作业全年级统一标准，统一要求。这是根据考纲及教材的基本要求设计的、较基础的题。选做作业主要指拔尖提高题，根据A层次和B层次学习水平设计，要求A层次必做，鼓励B层次都能去做，并要求他们比一比谁做得多，谁做得好。对C层次一般只布置最基础部分的作业。

4. 辅导：对A层次学生的辅导注重知识之间的联系和区别，注重思维的培养，并提供一些课外阅读和拓展活动等作业，充分开发其学习的潜能；对B层次辅导重在分析和解决问题能力的培养；对C层次辅导重点放在最基本的知识点的掌握，以打好基础为目标。在辅导形式上，除采用教师个别辅导外，还可成立课外兴趣小组、互助小组等，开展互帮互学，使学生整体优化。

（三）教学内容模块化

为加强学生核心素养的培养，该校的英语课程正逐步从单一的语言知识的传授走向整合、关联、发展。将知识学习与技能发展融入主题、语境、语篇和语用之中，促进文化理解和思维品质的形成，引导学生学会学习，提升学习能力。就教学内容而言，该校将《牛津高中英语》教材的11本书所涉及的单元话题、语法、词汇、句型与听、说、读、写这四项技能相结合，优化成话题阅读、词汇、写作、听说四个大模块，这四大模块又被细化成各个小模块，各模块的内容既相互独立，又相互衔接。优化后的模块使英语知识的学习和语言技巧的培养更加板块化、系统化、简约化。在模块化教学中，教师始终注意：1. 为切合学校分层教学的实际，每一个子模块都就基础级、拓展级、纵深级设有不同的教学目标和教学任务等；2. 模块的形成是循序渐进的，即随着平时教学的进展和学生语言知识和语言技巧的提升而同步变化；3. 各模块知识的运用要通过"话题"这个载体得到充分利用；4. 要根据高中生的特点，创造性地开发利用教材、书刊、报纸及网络等资源，丰富和拓展各模块的内容，把教学变得生动、时尚、更具有感染力。

（四）评价方式多元化

分层评价学生是实施分层教学的原动力。分层教学对学生的评价，主要采用考试评价和综合评价两种方式。考试评价是根据学生的实际水平，在月考、统考等环节，合理设计试题，体现不同层次的要求。C层次的考试试卷要求单独命题，A、B层次的试卷可以整合在一起，但可以以附加题的形式进行分层。综合评价即评价内容多元化，不仅以考试成绩为标准，还将学生平时课堂参与、作业以及学生学习的主动性列于考察范围。分层教学要求教师用发展的眼光看待学生，无论什么层次的学生，在评价时都应遵循及时性、客观性、激励性原则，充分发挥评价的诊断功能和激励功能。但对不同层次的学生的评价应有所区别，对A层、B层的学生所取得进步应采用竞争评价，高标准、严要求，促使他们更加努力奋进，对于C层的学生的点滴进步应采用激励评价，鼓励他们努力向高一层次发展。

五、全屏步骤

经过多年的探索，该校英语组逐渐形成了分层教学背景下以培养核心素养为目标的渐进式、立体式英语课堂。教学活动是一个完整的教学系统，它是由多个相互关联，前后衔接的环节构成。该校的英语课堂教学共分为五个步骤（见图2）。

图2：
该校英语课堂教学步骤

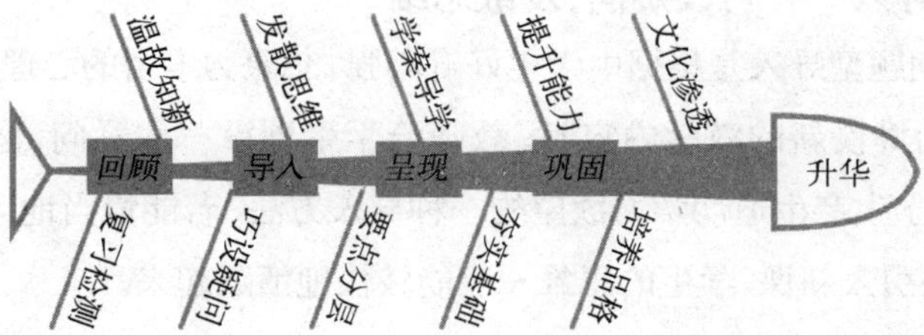

（一）回顾——复习检测，温故知新

检测是指学生在教师的引导与要求下，针对上节课所学内容的重难点所开展的反馈性检测。它可以敦促学生课后进行自主复习，归纳总结，吸收理解上堂课所学，从而帮助学生建构新的知识结构，培养学生的学习能力，也可以反馈学生的学习效果，帮助教师调控教学，提高教学质量。

回顾检测的形式是多样的，如口头的演讲形式促进学生提升口语能力，笔头的5分钟精炼小文培养写作能力，扎实的词汇检测帮助学生夯实基础，此外教师还会设计一些诸如“非常6+1”“中国汉字听写大赛”等形式的游戏型检测，既锻炼了学生的思维能力与反应能力，也培养了学生的合作能力，提升其学习兴趣。如在复习构词法的教学中，教师可以设置这样的抢答题：“Please list 5 verbs beginning with en”“Please pick out the word different from others: politely, happily, quickly, friendly, conveniently”。

此外，针对该校的分层教学，三个层次的学生基础不等，他们对知识的认知有深有浅，所以，检测的内容最起码要包括基础与延伸两部分，即分层设计回顾检测的内容。即便是同一个任务，也可以让它有层次感。例如在回顾《牛津高中英语》模块一第一单元Reading教学时，针对A层的学生教师可以要求学生用100词为文章写一篇summary，针对B层的学生教师可以设置一篇语篇填空，而对于C层的学生教师可以要求其写出几个描述英国学校与学习生活的形容词,并鼓励其造句。

（二）导入——巧设疑问,发散思维

问题型导入是根据中学生好奇心强,想象力丰富的心理特点,在开始讲授新的教学内容时,教师给学生创设一些疑问,激发兴趣,使学生产生迫切学习欲望的一种导入方法,若能恰当地运用这种方法引入新课,学生的思维一般能较快地活跃起来。

在设置导入问题时,为保证导入的高效,教师尤其注重问题的情境性、启发性、针对性和趣味性。情境性是指问题的设置要因人、因时、因课而异,提问要源于生活,情境真实,学生才更容易理解,乐于接受。启发性是指问题的设置简洁直接,既能激发学生的拓展性思维,又能快速地启发学生,把他们的思维迁移到本堂课的授课内容。针对性是导入问题要根据教学内容、教学目标定制,还要考虑不同层次学生的心理特征、知识能力基础的差异程度。最后,在导入时,教师应以学生的兴趣方向为切入点,同时辅以教师的自身魅力,必要时教师还会借助热点话题、图片、视频等使导入更生动形象,使学生迅速把兴奋点转移到教学内容上。例如在教授《牛津高中英语》模块八第三单元的Reading部分时,恰逢十一国庆假期来临,教师设置的问题则为:教师打算国庆出游,询问同学们都去过国内哪些景点,并请同学们告知出游时要注意哪些细节,如何制定出游计划等。从而导入到本课的游记阅读:“Visiting the masters”。

（三）呈现——学案导学,要点分层

学案是教师站在学生的角度为学生主动学习而设计的自学方案,为学生的健康成长开辟了崭新的天地,它摒弃了以往教师备课时忽视学生的做法,更加关注学生的多元智能。学生在学案的指导下,易于发挥其思维能力、学习能力和合作能力,提高语言能力。在学案导学的教学模式中，教师是主导者，学生是积极的参与者。教师在课前要充分备课，使得学案的设置科学合理，选材新颖得当，符合学生的认知水平。课堂上，学生以主人翁的身份投入学习活动，在探究知识的过程中发现问题、解决问题，从而体验到学习的快乐。

结合该校的分层教学特色，教师在学案编制时还充分考虑了不同层次学生的基础能力、学习能力、思维能力等因素，制定有梯度的教学目标、教学内容、课堂任务。学案导学的任务既有统一要求，又有区别对待，能够让不同层次的学生都参与到教学活动中来，都能体验到成功的喜悦。A层次学生的学案要重视发展思维和鼓励创新；B层次学生的学案要能激发兴趣，提升能力；C层次学生的学案要使其夯实基础，增强信心。例如在教授定语从句时，C层次的学生只要求能正确选用关系词，找准先行词，划出定语从句并能读懂含有定语从句的复合句；B层次的学生除要达到以上要求外，还要能使用不同的关系词写出含有定语从句的复合句；A层次学生在以上两个层次的基础上，还要能将定语从句转化为非谓语作定语和名词性从句。

（四）巩固——夯实基础，提升能力

一堂好课，不仅需要引人入胜的导入、精辟清晰的知识呈现，还应包括有的放矢的巩固练习，英语基础知识的掌握、语言技能的提高、学生智力和创新意识的培养等都离不开这一基本活动。因此，把握巩固练习设计的原则、精心设计课堂练习就显得尤为重要。教师在设置巩固练习时，一是注意其层次，让不同层次的学生达到练习的目的；二是注意其灵活性和多样性，练习的设计既要有基础性的操练，也要能促进学生思考，激活思路，调动其思维能力和创新能力。由于英语学科的特殊性，教师还会开放性地设计巩固练习的内容，并通过丰富多彩的形式表现出来，把英语融入课外生活，使“英语生活化”，从而增强他们的学习动机，体会学习英语

的乐趣，激发他们的创造热情。例如：在学习《牛津高中英语》模块四第一单元的“Advertising”话题时，教师设计的巩固练习是要求学生用英语设计一个情境性的公益广告，主题有“吸烟有害健康”“保护环境，人人有责”等可供选择，并鼓励学生到户外拍摄、制作影像短片，配上英文字幕。在学习模块九第一单元“Canada—land of maple trees”时，则要求学生设计阅读材料的思维导图。这样的巩固练习既是对课堂知识的复习与延伸，又促使学生通过自己动手体验学习乐趣，激发其思维能力、创新能力，并提升其社会参与意识。

（五）升华——文化渗透，培养品格

英语核心素养体系包括语言能力、文化意识、思维品质和学习能力。其中的文化意识不仅包括了解各国文化，形成跨文化交际意识，还包括在英语学习中逐渐形成正确的情感、态度、价值观，做一个有人文情怀和健全人格的社会公民。《普通高中英语课程标准（2017年版）》中指出：“在学习英语的过程中，接触和了解外国文化有益于对英语的理解和使用，有益于加深对中华民族优秀传统文化的认识与热爱，有益于接受属于全人类先进文化的熏陶，有益于培养国际意识。”因此，在课堂中教师一定要注重文化渗透，努力使学生在学习英语的过程中了解外国文化，发展文化交际的意识和能力。以《牛津高中英语》模块九第三单元“The meaning of colour”为例。Reading部分涉及国旗、颜色和文化，通过阅读语篇，学生可以了解各种颜色对不同国家和民族而言在视觉和心理上所引发的联想和象征意义不尽相同，某种颜色在一种文化中是褒义，而在另一种文化中可能具有完全相反的意义，同时在教学中教师还借机渗透不同国家在政治、民俗风情、思维方式等方方面面的异同。又例如在学习模块一第二单元“Growing pains”这一话题时，教师则应把握契机，引导学生思考如何以正确的态度面对各种成长的烦恼。

六、连线课堂

Revision of Module 2 Unit 3　Amazing people

Teaching objectives for Level A

By the end of this period, the students will be able to:

1. remember key words, phrases like *optimistic*, *inspire*, *pay off, realize one's dream*;

2. master the sentence patterns such as *it is .. that, only to do*, etc. and write sentences with these sentence patterns;

3. make use of the words, phrases and sentence patterns to be reviewed in this period freely;

4. get the key information from the speech given by Jack Ma;

5. understand the passage offered and complete the corresponding exercises;

6. express what they have learned from Jack Ma's story;

7. learn some important qualities from amazing people such as persistent, determined, optimistic, etc. and immerse them into life.

Teaching objectives for Level B

By the end of this period, the students will be able to:

1. remember key words, phrases like *optimistic, inspire, pay off, realize one's dream*;

2. master the sentence patterns such as *it is ... that, only to do*, etc. and write sentences with these sentence patterns;

3. understand the passage offered and complete the corresponding exercises;

4. express what they have learned from Jack Ma's story;

5. learn some important qualities from amazing people such as persistent, determined, optimistic, etc. and immerse them into life.

Teaching objectives for Level C

By the end of this period, the students will be able to:

1. remember key words, phrases like *optimistic, inspire, pay off, realize one's dream*;

2. master the sentence patterns such as *it is ... that, only to do*, etc. and translate the sentences into English;

3. understand the passage offered and complete the corresponding exercises;

4. express what they have learned from Jack Ma's story;

5. learn some important qualities from amazing people such as persistent, determined, optimistic, etc. and immerse them into life.

Difficult points for Level A

1. how to lead the students to get the key information from Jack Ma's speech;

2. how to guide the students to express what they have learned from Jack Ma and other amazing people fluently.

Difficult points for Level B

1. how to make the students write sentences correctly by imitation;

2. how to guide the students to express what they have learned from Jack Ma and other amazing people fluently.

Difficult points for Level C

1. how to make the students master the words, phrases and sentence patterns in the period;

2. how to help the students understand the passage offered and complete the corresponding exercises;

3. how to guide the students to express what they have learned from Jack Ma and other amazing people fluently.

【设计意图】 本堂课是关于单元话题模块——成功人物的第二节复习课,在第一课时中,教师带领学生回归教材,对单元的重点单词、短语及句型进行了详细的复习和讲解。由于需要掌握的词汇多,句型较难,故本节课以巩固运用与能力提升为目的,结合新高考题型,设计了以马云的成功之路为话题的相关习题进行操练,并将核心素养(语言能力、思维品质、文化意识、学习能力)的培养渗入其中。

Teaching procedures

Step 1 Testing (for Level A and Level B)

I. Words

1. ____________ *v.* 启迪,激励

____________ *adj.* 令人鼓舞的

__________ *adj.* 感到鼓舞的

__________ *n.* 灵感

2. __________ *adj.* 各种各样的

__________ *n.* 种类

__________ *v.* 改变,变化

3. __________ *v.* 使灰心,劝阻

__________ *n.* 泄气

__________ *n.* 勇气

__________ *v.* 鼓励

4. __________ *adj.* 好奇的

__________ *n.* 好奇心

__________ *adv.* 好奇地

5. __________ *n.* 财富,运气

__________ *adj.* 幸运的

__________ *adj.* 不幸的

__________ *adv.* 幸运地

__________ *adv.* 不幸地

6. __________ *adj.* 乐观的

__________ *n.* 乐观

__________ *adj.* 悲观的

__________ *n.* 悲观

7. __________ *v.* 探索

__________ *n.* 探索

8. __________ *n.* 质量,品质

II. Phrases

1. 对……好奇 ____________________

2. open up ____________________

3. 还清,成功 ______

4. look up to sb ______

5. 为……作贡献 ______

6. result in ______

7. 实现梦想 ______

8. be qualified for ______

9. 全身心投入做某事 ______

10. go down in history ______

【设计意图】 本环节是对上节课内容的检测,用中英互译词汇的方式巩固学生的基础知识。

Step 1 Testing (for Level C)

I. Words

1. ______ *v.* 启迪,激励

2. ______ *adj.* 各种各样的

3. ______ *v.* 使灰心,劝阻

4. ______ *adj.* 好奇的

5. ______ *n.* 财富,运气

6. ______ *adj.* 乐观的

7. ______ *v.* 探索

8. ______ *n.* 质量,品质

II. Phrases

1. 对……好奇 ______

2. open up ______

3. 还清,成功 ______

4. look up to sb ______

5. 为……作贡献 ______

6. result in ________________________________

7. 实现梦想 ________________________________

8. be qualified for ____________________________

9. 全身心投入做某事 ________________________

10. go down in history _________________________

【设计意图】 本环节是对上节课内容的检测，用中英互译词汇的方式巩固学生的基础知识。

Step 2 Leading-in (for all levels)

Introduce an amazing person Jack Ma by talking about the hot topic Singles' Day.

【设计意图】 本单元的核心话题是Amazing people，刚好今天"双十一"，以此导入该课。

Step 3 Analyzing and translating (for Level A and Level B)

I. Analyze the structure of the following sentences.

1. If breathed in, they can result in illness or even death. (L43, P43)

2. He too visited the tomb, only to catch a high fever the next day. (L43, P31)

3. Once the paper makers showed people how to make paper, it came into widespread use all over the world. (P51, exercise)

4. Without her work, there would be very few mountain gorillas left today. (P57, A)

5. Although Yang did not get the best scores on every single test, it was his high scores on the psychological tests that finally won him the status of China's first astronaut. (L23, P57)

II. Translate the following sentences by imitating.

1. 被采访时,马云说他成功的秘诀就是持之以恒。

____

2. 他参加了两次高考,结果都失败了。

____

3. 只要我们像马云那样不放弃梦想,我们一定会实现我们的目标。

____

4. 如果没有阿里巴巴平台,我们就不能这么方便地购物。

____

5. 如果没有当初的坚持不懈,马云就不可能成功。

____

6. 很多人持有这样的观点:被誉为第一生产力的科学技术是社会发展的源动力。而马云却认为是科技背后的梦想引领着世界的进步。(the primary productive force, power) (only for level A)

____

____

____

【设计意图】 本环节回顾并操练本单元的重点句型。为了使学生更好地理解、运用句型,让他们仿照例句写出与马云相关的句子,提升语言理解和运用能力。

Step 3 Analyzing and translating them into Chinese (for Level C)

1. If breathed in, they can result in illness or even death. (L43, P43)

2. He too visited the tomb, only to catch a high fever the next day. (L43, P31)

3. Once the paper makers showed people how to make paper, it came into widespread use all over the world. (P51, exercise)

4. Without her work, there would be very few mountain gorillas left today. (P57, A)

5. Although Yang did not get the best scores on every single test, it was his high scores on the psychological tests that finally won him the status of China's first astronaut. (L23, P57)

【设计意图】 本环节回顾并理解本单元的重点句型，并识记句中词汇。通过翻译，增强学生的语用能力。

Step 4 Listening and watching (for Level A)

1. Listen to a short speech made by Jack Ma and answer the following questions.

1) When did Jack Ma first go to Hanover?

2) Why did Jack Ma want to rent a small booth?

3) Why did Jack Ma go back to Hanover this time?

4) In Jack Ma's opinion, what is it that changes the world?

2. Complete the following sentences from the speech.

1) We are at great time of innovation, ________ (灵感), invention and ________ (创造力).

2) And I think everybody is working hard, trying to ________________ (实现他们的梦想).

3) It's the dreams that ________________ (驱动着世界).

4) It's a ______________ (奇妙的世界). It's the world ______________ (属于年轻人的) and it's the world ______________ (属于未来的).

【设计意图】 将听力技巧的提升渗透到该环节，一方面培养学生捕捉信息的能力；另一方面通过直观的视频，提升学生的学习兴趣。演讲中的生词还可作为拓展词汇要求A层学生掌握。

Step 4 Reading (for Level B and Level C)

Ma Yun (Jack Ma) was born on September 10th, 1964, and he is the founder and chairman of Alibaba Group. Jack Ma was born in Hangzhou, Zhejiang Province. When he was very young, he found his strong interest in the language English. His English name Jack Ma was given by an American tourist. Jack Ma learned English by himself. Starting at age 12, he woke up early and walked or rode a bicycle to Hangzhou's hotel so that he could practice his English with foreign tourists. He offered free tour guide to show foreigners around and they taught him English for exchange. He did this for nine years.

Unlike many successful Chinese entrepreneurs, Jack Ma never studied in the US, and he had no status, money or connections. Jack is not naturally a lucky man; he failed his college entrance exam twice and made it into college on his third try and became an English teacher after graduation.

Jack Ma first experienced the Internet in 1995 on a short trip to Seattle. He can remember searching for the word "beer" on Yahoo! At that time, very slowly, came out the American beer, Japanese beer and the German beer, but no Chinese beer, so he was very curious and typed "China" on computer, but no China, no data. Jack Ma came back to Hangzhou with just 1 dollar and said "I want to do something called Internet" .

In 1999, with the help of more than a dozen friends who pooled their resources, Jack Ma founded Alibaba. The 18 founders had a dream that someday they could build up a company that could serve millions of small businesses and make it easy to do business anywhere. However, many people didn't believed that he could succeed at that time, some of whom even treated him as a big liar, while Jack didn't care about this and he never thought of giving up. Nowadays, Alibaba, Taobao and Tmall have become a kind of lifestyle. They create jobs, benefit customers, and help entrepreneurs fulfill their dreams. Alibaba went public last year on the New York Stock Exchange and became one of the most valuable companies in the world, and it also made Jack Ma become the richest man in China, even in Asia. Jack Ma is nicknamed "Crazy Ma" and is seen as China's version of Steve Jobs or Bill Gates according to American media.

1. According to the text, which of the following statements is true?

A. Ma Yun's English name was given by himself.

B. When he was 12, Jack Ma began to learn English at school.

C. In order to learn English from foreign tourists, Ma Yun provided free tour guide for them.

D. Ma Yun spent a lot of money learning English from foreigners.

2. What can we infer from the third paragraph?

A. Jack Ma first experienced the Internet in 1995 on a short trip to Seattle.

B. Chinese beer is not so delicious as American beer, Japanese beer and German beer.

C. Ma Yun knew nothing about the Internet before he went to Seattle in 1995.

D. The development of Internet in China may fall behind farther than that in America, Japan and Germany.

3. Which of the following is not the contribution made by Alibaba?

A. It helped many buyers and sellers do business in an easier way.

B. Many entrepreneurs succeeded in setting up their own businesses through it.

C. It helped many people unemployed make a living.

D. All the customers could buy the high-quality products at a low price.

4. According to the text, which of the following plays the most important role in Ma Yun's success?

A. Luck and talent.

B. Money and status.

C. Dream and perseverance.

D. Coincidence and education.

【设计意图】 将阅读技巧的提升渗透到该环节，培养学生通过阅读捕捉重要信息的能力，也让学生对马云有一个大体的认识，为下一个教学步骤做铺垫。

Step 5 Consolidating (for all levels)

Fill in the blanks with the proper words.

Ma Yun—The Underdog, Who Seized the Moment

Ma Yun failed his college entrance exams twice. He managed 1. ________ (get) into Hangzhou Normal University on his third attempt, 2. ________ he studied English. He graduated in 1988 and taught English for years at the Hangzhou Institute of Electronic Engineering.

Ma first experienced the Internet in 1995 on a short trip to Seattle. He can remember 3. ________ (search) for the word "beer" on Yahoo! Ma noticed there was not a single online listing for "Chinese beer", unlike those that popped up (冒出) for American and German beer. He quickly became 4. ________ (curiosity) about this online information system. 5. ________ (gradual), his curiosity turned into a vision.

According 6. ________ *USA Today*, he believed in the Internet's business potential when few other Chinese did. So in 1999, Alibaba, which is devoted to 7. ________ (promote) online businesses, was born in his apartment. At the time, e-commerce was unheard of in China. "I called

8. ________ (me) a blind man riding on the back of blind tigers," he once said to *The Guardian*.

It turns 9. ________ that he was right. "The business model Ma Yun created in China suited the Chinese market," said Feng Pengcheng, director of the China Research Center for Capital Management at the University of International Business and Economics. "Ma 10. ________ (seize) opportunities as China was transforming into a market economy with the middle class unleashing buying power online on a significant scale."

【设计意图】 本单元的中心话题是Amazing people，所以本节以马云的故事为载体，设计了语篇填空练习，使学生的语言学习由词、短语过渡到语篇。

Step 6 Discussing (for all levels)

There is no doubt that Ma Yun is an amazing person, and what is it that makes him amazing? What can you learn from his story?

【设计意图】 通过讨论对马云故事的感想激励学生追求梦想，强调成功所需要具备的重要品格如坚持不懈、乐观勇敢、果断等。

Homework

I. Proofreading (for all levels)

What's the biggest online shopping day in the world? Not Valentine's Day. Not Cyber Monday and Black Friday. The winner is China's Singles' Day.

Singles' Day began as a day for unmarried or uncoupled people to celebrate their lives. Single people, looking for an excuse to buy them presents, started it in November 11, 1993. It became a major shopping day in 2009. Ma Yun, a man in the control of Alibaba, desires to increase sales at the e-commerce company. So they launched an annual online sale that day. Fortunate, all the efforts paid for.

When it first begin, Singles' Day was a comfort for actual single people, but it quickly became a success commercial phenomenon, inspired other retailers to get involved in the e-commerce.

【设计意图】 改错是新高考题型中的难点,也反映了学生写作中常犯的错误。通过习题总结改错方法和要点。

II. Writing (for Level A)

假定你是李华,你的美国朋友Tom听说在中国通过扫描二维码(scan QR codes)就可以轻松实现移动支付(mobile payment),感到不可思议。请你写封邮件告知移动支付在中国的相关情况,内容包括:

1. 在中国最流行,提供了便利;

2. 快捷且强大的功能:如买早餐,买地铁票;

3. 改变我们的生活,引领世界。

注意:1. 词数100左右;

2. 可以适当增加细节,使行文连贯。

【设计意图】 本环节是对本节课所学知识的巩固性输出练习,旨在提高学生的语言运用能力,使学生领会语言信息的输入与输出,理解关键单词、短语、句型与篇章写作之间的内在联系。

参考文献

[1] 程晓堂、赵思奇. 英语学科核心素养的实质内涵[J]. 课程·教材·教法,2016(5).

[2] 中华人民共和国教育部. 普通高中英语课程标准(2017年版)[S]. 北京: 人民教育出版社,2018.

[3] 刘玲. 基于目标教学的英语口语实践活动设计[J]. 英语教师,2015(15).

[4] 王蔷. 从综合语言运用能力到英语学科核心素养——高中英语课程改革的新挑战[J]. 英语教师,2015(16).

第十二章

一核二本三常规

一、激活内涵

株洲市第十三中学英语教学特色总结为“一核二本三常规”（见图1），即以学生英语学科核心素养的培育为核心，让学生吃透教材、用活校本，在学习过程中落实抓听写、背句子、读美文三项常规。具体表现在，一方面以国家必修教材（《牛津高中英语》模块一至五）和选修教材（《牛津高中英语》模块六至十一）为根本，落实常规课堂教学，保障国家规定的高中课程教学；另一方面通过国家课程校本化实施和校本化课程多样化多形式开展具有学校特色的课堂教学，提供符合校情和学情的课程教学。在教学过程中，以“两案五学”为课堂教学的基本思路（即以教材为基础，精心设计导学案和导评案，让学生进行任务导学、自主探学、合作助学、当堂测学、评价延学），强化常规的学习方式，即狠抓听写、背诵句子和阅读美文，以此落实学生基础知识和基本技能，从而达成学生英语学科核心素养的培育。

图1:
"一核二本三常规"
教学特色

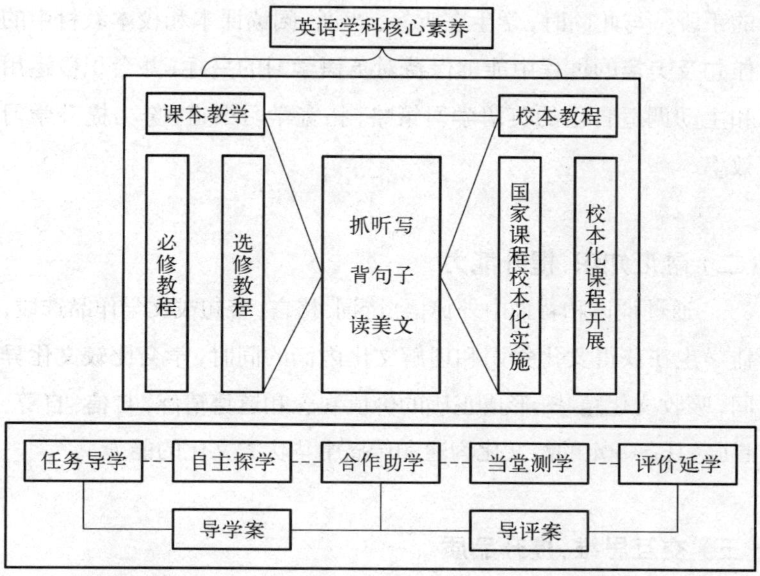

二、聚焦核心

根据《普通高中英语课程标准(2017年版)》(中华人民共和国教育部,2018：4),英语学科的核心素养构成要素包括语言能力、文化意识、思维品质和学习能力。

为把学生学科核心素养培养落到实处,该校进行课堂教学时,注重对课本知识的有效整合。从学生实际情况出发,以"两案五学"为课堂教学的基本思路,从而让学生将课本真正吃透,切实促进学生英语学习能力、语言能力、文化意识和思维品质的提升。

(一)创设情境,提升兴趣

在教学过程中,教师指导学生阅读和背诵高级词汇及佳句美篇,为学生创设良好的语境,培养学生的语言意识和英语语感,让学生在语境中整合性运用所学知识,识别并赏析其恰当表达意义的手段。与此同时，学生在听写、背诵、阅读课本和校本教材中的佳句及美篇的过程中能够保持对英语学习的兴趣，并会积极运用和主动调适自己的英语学习策略，拓宽学习渠道，努力提升学习效率。

（二）融汇知识，提升能力

通过诵读和背诵中外谚语、诗词、格言、警句或文学作品选段，让学生在获得文化知识和理解文化内涵的同时，学会比较文化异同，吸收文化精华，形成正确的价值观念和道德情感，自信、自尊、自强，具备一定的跨文化沟通和传播中华优秀文化的能力。

（三）交互思维，提升品质

在课堂上让学生学写佳句、美段并相互修正完善，以培养学生思维的逻辑性、批判性、创新性。通过课堂的学习和练习，学生能辨析语言和文化中的一些现象，能够分类、概括信息，建构新概念，也能够分析、推断信息的逻辑关系。通过相互之间的思维碰撞，正确评判各种思想观点，理性表达自己的观点，并初步具备用英语进行多元思维的能力（孙英杰，2015：143—144）。

三、点击缘由

该校采用“一核二本三常规”的教学特色主要基于两方面原因。

（一）英语教研氛围浓厚，团队新老结合，战斗力强

1. 加强学科专业学习、教育理论学习和信息化教学手段学习，在课堂教学中不断融入新的元素，满足不同的教学需求。

2. 深入钻研教材，精心备课，因材施教，结合学生的实际情

况，对教材的教学内容有效整合，做到在备课中知识结构由浅入深，注重学科素养的渗透和学科能力的培养，形成了“善于把握教学重难点，注意调动学生学习兴趣和积极性，注重英语学科核心素养培养，注重教学实效，勇于创新”的教学风格。

3. 倡导新课程理念，充分发挥学生学习小组的作用，从小组讨论、小组展示、小组互评、小组释疑、小组评价五个方面激发兴趣、实化活动、强化能力。

4. 在国家必修课程校本化实施方面一直不断探索和研究，通过课题研究和校本开发等积累了大量的实践经验。尤其是在校本研究和走班课程开发方面，一直走在全市甚至全省前列。

（二）生源质量中等偏下，学生的英语基础普遍偏弱

1. 生源质量中等偏下。学生的学科综合水平和英语能力均处于全市中下层次。

2. 学习习惯不佳。主要表现在：一是思维能力不强、不善于思考、思维不严谨的学生占大多数；二是学习主动性欠缺，课堂不动笔、只听不记、不会归纳总结、习惯被灌输、习惯性丢学习资料的学生占多数。

3. 家庭环境因素制约。主要表现在：一是家庭环境复杂，部分家长不重视学生学科素养发展；二是部分家长过分溺爱，对学生要求不严格，致使学生长期处于学习散漫和随意状态，并最终导致学生受挫能力差。

在学生基础知识和基本技能等方面都欠缺的情况下，需要教师从常规学习中去抓学生基础知识的落实。而英语知识的落实最终还是在于提升学生的听、说、读、写、看五种技能。因此，经过长期的研究和探索总结出：要降低教学重心，以听写、背诵和阅读三方面为抓手，通过分层分类教学模式，“抓常规、抓反复”，从而培养学生的学科核心素养。

四、亮化创新

“一核二本三常规”的教学特色一方面沿袭了该校的教学理念：先学后教、先读后导、先放后扶，进一步优化“四化课堂”——优化学案、细化活动、趣化课堂、强化能力。另一方面，在教育综合改革、高考改革和课程改革深化等一系列教育大背景下，作为株洲市“应对新高考”选课走班试点单位，该校积极尝试国家必修课程校本化实施和校本课程多样化、多形式开展，使学科核心素养和能力培养涵盖课程理念、课程目标、课程要求、课程开发、课程实施和课程评价六方面。

（一）基于国家课程的校本开发

根据学生的实际需求，在高一、高二开发了课本词汇（1）、课本词汇（2）、单元话题写作（1）、单元话题写作（2）、英语援助课程等10门走班课程，围绕词汇、写作和两考题型分层次分模块教学。每周采用4+1的走班教学模式，即4节行政班教学+1节走班课教学。学生按照自己的需求，自主选课选班，最大限度满足内需，促进学生学习能力、思维品质的个性化发展。

（二）基于学生兴趣的校本挖掘

在高一英语教学中，还通过校本课程的开发与开设，进一步推进学生学科核心素养的培养，给学生更多体验和提升的平台。该校开发了《英语趣配音》《PETS口语培训》《十分好英语》等有关兴趣或技能培养的公共校本选修课程，提高学生学习能力、语言能力，提升学生思维品质，增强学科学习兴趣。

（三）基于校际互通的校本延伸

作为全省第一个“普职融通”试点单位，该校与工业学校实行两校互通，师资共享，并根据校情、学情制定《普职融通英语课程》，降低英语教学难度，更关注字、词、句的识记和篇章的理解。

五、全屏步骤

该校把教学理念与课堂中的“两案五学”紧密结合，通过抓听写、背句子和读美文三项常规的落实提升学生的核心素养。

（一）任务导学，驱动自主学习

导入课堂学习的方式可以多种多样，其中最好的方式就是给学生任务，让学生带着任务来进行课堂中的学习。任务根据课型的需要而定，比如词汇任务、写作任务、拼读任务、语法任务、阅读任务等。例如，在传统节日的课堂教学中，可以让学生在欣赏视频《外国人看中秋》之前先给学生进行brainstorm，让学生把与中秋节相关的词汇通过one by one的方式激活之后，提问：“What words are mentioned in the video? What aspects are referred to in the video?”。这种任务引导，不但降低了学生对于视频理解的难度，而且有助于驱动学生更快地获取信息，掌握关键点。

（二）自主探学，挖掘潜在能力

学生学习的主动性、自觉性是教师最迫切需要培养和发展的。该校教师在学生自主探学方面花了很多心血，下了很多工夫。教材以及自制的导学案是帮助学生进行自主探学的依托。比如高一、高二的语法学案，教师课前要求学生对课本语法知识进行自学，课堂限时15分钟进行学案自主探学，对知识点的识记、理解、运用与再加工进行自我梳理，充分挖掘学生的潜能。

（三）合作助学，培养钻研精神

课堂上积极进行学生小组合作探究学习，一直是该校英语教学的特色和亮点。教师积极探究不同的合作模式，让学生在合作中思维相互碰撞，培养钻研精神。

首先，巧设两两合作（pair work）。这种模式主要用于模块的Welcome to the unit和Task的口语与听力练习中相互的看图说话、情景对话、交互作答等。这种合作模式有助于学生获得更多的口语锻炼机会，交换双方信息。

其次，实化组内合作（group work）。这种模式对于信息量大、难的内容非常实用。比如在Project教学中，首先把任务布置给小组，组员按照所需分工，共同协作完成。例如模块四第一单元"Advertising"的Project部分，要求学生以"禁烟"为主题按组设计一个海报。课堂内要求学生分工安排素材收集、海报绘图、创意设计、文字整理和展示宣读。这种合作模式，对于每个人的任务分工明确，全体成员有事可干并且在自己分配的领域能够尽可能地发挥自身的潜能。

同时，活用组间合作（team work）。这种模式既要合作又要竞争，因此最常出现在阅读课堂中。比如在模块十第一单元"Teaching a man to fish"授课中，要求学生按段落大意进行课文分段，并绘制思维导图，然后在组内选出最有说服力的导图进行组间交流，组间进行合议分析之后，最后形成班级的终稿。这种合作与竞争模式，就是要学生在相互交流的过程中不断提出问题、分析问题和解决问题，让思维品质和语言能力得以充分展示。

（四）当堂测学，巩固旧识新知

当堂检测的方式有很多，但是基于该校的情况，主要从三方面着手。

一抓听写。《论语》中说道:"学而时习之。"习可以是练习、复习。而听写就是听、说、读、看、写五个方面同时进行的最有效的"温故而知新"的手段之一。在听写过程中,学生的速记速写的速度、听力的反应能力、下意识的英语思维和英语听力理解能力都能够得到训练,从而可以提高学生英语综合素养。为提升学生的听写能力,不是采用单一的听英文或中文写单词的模式,而是从多角度多样化进行探究。为了更好地帮助学生夯实基础知识,提升语言学习能力和学习效率,教师在听写形式、听写内容和听写要求上做了许多研究和尝试。听写形式上,采取了中英互译(教师报英文,学生写英文并释义;教师报汉语释义,学生写英文单词、短语或结构)、英英互译(教师报英文释义,学生写英文单词、短语或结构)、同义词和反义词拓展等方式;听写内容上,包含单词、短语、句型结构、段落等方面;听写要求上,涉及单词拼写、词语释义、词形变化、长难句结构分析等层面。

二背句子。《荀子·劝学》中说道:"数诵以贯之,思索以通之",意思是背诵能帮助思考,思考需借助背诵。这与该校的教学理念不谋而合。大家一致认为,背诵是语言学习的法宝,它是学习、积累语言的有效方法,是培养语言能力的基本手段,为训练学生的英语口头表达能力、阅读理解能力及综合运用语言的能力提供了有力的保障。因此在英语教学过程中,教师一直坚持让学生背诵。这不但可以帮助学生掌握大量的英语基础知识,有助于学生汲取文化营养,加深文化底蕴,提升文化意识,而且还能培养学生丰富的语感,进行听、说、读、写等各项活动,从而提高解决实际问题和创新的能力。教师主要从这几个方面抓学生背句子的落实:第一,从素材选取上把关。课本、校本教材、真题还有报纸杂志里满是好素材,如谚语、格言、警句、长难句等。第二,从达成目标上把关。抓背诵目标达成的方式主要是两种,一是背得出,二是用得活。比如在走班课程话题(模块五第二单元环境保护话题)写作课中,就要求学生背诵同学写的开头、主体和结尾佳句以及范文佳句。学生在学习过程中，语言能力、学习能力、思维品质都有了长足的进步。比如在模块九第四单元“Biblical Idioms in English”教授过程中，就尝试要求学生背诵课文中的六句圣经谚语，并选择其中一句编个小故事。这样既提升了学生的思维品质，又提升了学生的文化意识。

三读美文。阅读不但能够激发学习兴趣、培养学生的语感，在拓宽知识面、构建语言体系、提升文化意识方面更是影响非凡。很多古语都提到了阅读的重要性，如“读书破万卷，下笔如有神”“熟读唐诗三百首，不会作诗也会吟”“富贵必从勤苦得，男儿须读五车书”“一月不读书，耳目失精爽”。该校教师也在指导学生阅读的过程中，深刻感受到经常读好句子、好文章对提升学生语言能力、思维品质和文化意识的深远影响。比如，在模块八第一单元“Appreciating literature”教学过程中，让学生反复阅读中外的文学作品——小说和诗歌。在“A Red Red Rose（一朵红红的玫瑰）”的诗歌赏析课中，让学生反复诵读唐诗《江雪》（“The Scene in Snow”），并让他们将这两首诗进行对比。学生通过齐读、默读、精读，非常准确地从韵律、诗体、意境这些角度对两首诗进行了分析，不但培养了逻辑思维能力、丰富了语言表达能力，更提升了中外语言文化意识，增强了民族自豪感和自信心。更值得一提的是，学生的学习能力也在潜移默化中提升。在关于中秋节的英语视频中出现了一句“海上生明月，天涯共此时”的诗句翻译，学生对于译文“The moon was rising from the sea, and all people were sharing this moment.”提出了很大的质疑，他们通过复读原诗、泛读译文，从“信、达、雅”等方面分析译文与原诗的差异，并提出了自己的几种翻译：“1. Rising is the full moon above the sea, arising harmonious feeling you and me. 2. When moonlight shines over the sea, lost in yearning are you and me.”。由此可见，读美文对于学生核心素养的培养是功不可没的。

（五）评价延学，提升学科自信

评价延学，主要是通过课堂评价，达到以评促学、以评促教、以评促研的目的（黄丽燕，2016：13—17）。这里所讲的评价，从广义上来说主要分成两种：一是自我评价，二是他人评价。具体来分，主要为自我评价、学生评价、教师评价。

自我评价部分，教师通常会给学生下发导评案，内容有词汇导评案、语法导评案、阅读导评案和试卷分析导评案。比如针对每次考试，教师都会让学生进行自我评价和梳理，通过每次自我评价，学生能够找到自己的问题所在并调整学习和应考策略，这样就能更好地提升学科自信。以下就是试卷分析导评案。

表1：
试卷分析导评案

<table>
<tr><th>时间</th><th>听力</th><th>阅读</th><th>完形</th><th>语法</th><th>改错</th><th>写作</th><th>总分</th><th>得分点</th><th>失分点</th></tr>
<tr><td></td><td></td><td></td><td></td><td></td><td></td><td></td><td></td><td></td><td></td></tr>
<tr><td rowspan="2">自我小结</td><td>难点</td><td colspan="8"></td></tr>
<tr><td colspan="9"></td></tr>
</table>

课堂上的学生评价主要是组内评价和组间评价。通过合作交流、辩论等，让学生进行相互的点评，发现对方的优点和不足，完善自我，从而达到双方的共同成长。

教师评价主要从学生知识掌握情况和课堂呈现情况两部分着手。教师的评价不再是简单的分出优秀、良好、合格、不合格这些等级，更多的是关注每个学生的个性发展和小组的整体共性发展。因此，课堂上教师对学生个人和小组进行积分管理，评选各类“达人（talent）”。这样，既可以满足学生个性化的发展，又能够在趣味和竞争中激发团队意识，从而真正意义上提升学科自信心。

六、连线课堂

落实学生英语核心素养培养，课堂始终是主阵地。以下是该校高二上学期英语走班课程话题写作2的两堂学案课例。

Module 5 Unit 2 话题写作2　第一课时

任务导学——【本单元话题作文题目】

假定你是李华，某英文报社为宣传“世界无车日”新增了一个专栏，特邀你给主编Mr. Black写一封信介绍中国目前为此开展的绿色出行活动，要点如下：

1. 开展活动的原因；
2. 具体的活动或做法；
3. 带来的好处。

注意：

1. 词数100左右；
2. 可以适当增加细节，以使行文连贯。

1. 根据作文题目，自主复习本单元的话题相关词汇；

2. 阅读Task中的文章，对篇章结构、词句表达和人称时态进行分析。

【设计意图】　本单元话题为环境保护。结合《牛津高中英语》模块五第二单元Task中的相关写作要求，设计了这一有意义的关于环保活动的写作练习。其目的有二：第一，让学生对教材的话题内容熟悉，并能联系生活实际，学以致用，达成学习能力和语言能力的提升，并培养学生良好的情感价值观；第二，结合课本话题，设计生活化的任务型写作，有利于目标语言的学习，加强学生思维品质和学习能力的培养，从而提升学生的写作水平。

自主探学

Before writing

（一）作文审题

根据以上的作文题目，确定时态、段落要点、人称。

1. 时态：______________________

2. 段落要点：

   Para. 1:

   Para. 2:

   Para. 3:

3. 人称：______________________

（二）头脑风暴

基本词汇、句型大集合

1. with great interest in sth ______________________
2. column *n.* ______________________
3. publicize *vt.* ______________________
4. 世界无车日 ______________________
5. 采取措施 ______________________
6. the living standard ______________________
7. 支付得起 *vt.* ______________________
8. 私家车 *n.* ______________________
9. 海报 *n.* ______________________

10. 提醒某人某事 ____________________

11. energy conservation ____________________

12. 环境保护 ____________________

13. 鼓励某人做…… ____________________

14. 过着低碳生活 ____________________

15. It is suggested that ... should do ...

____

16. public transport ____________________

17. 增强某人的意识____________________

18. do one's part ____________________

【设计意图】 本校学生英语基础比较薄弱,尤其是写作水平普遍偏低。在长期的写作练习中可以发现,学生写作水平低的主要原因是词汇量不够以及无法有效地用英语来表达自己的想法。因此在写作之前加入了作文审题训练和词汇激活准备。这样既降低了写作难度,又能帮助学生提升写作技能,加强思维训练。

While writing

独立写作(注意使用高级段落层次和句型,并把握段与段之间的衔接,语气礼貌得体)

姓名: ________ 行政班级: ________ 得分: ________

....

....

....

....

....

....

…………………………………………………………………………………

…………………………………………………………………………………

【设计意图】 本部分预留足够的给学生独立完成写作任务的空间和时间，创设语言能力和学习能力发展的情境。

合作助学

After writing

检查(注意语法、拼写、标点错误；请用红笔修改，并把好的句子标注出来)

(一)自查

***检查写作任务是否完成，要点是否齐全，卷面是否工整！**

1. 查句子结构：查句子结构的完整性，即句子是否存在主语，或需要宾语的句子是否缺宾语等；查句子是否无句法结构、是否是纯粹中文式英文表达。

2. 查谓语动词：查两个或两个以上的动词之间是否有连词连接；查谓语动词的时态；查现在时中谓语动词的单数第三人称格式；查主谓一致。

3. 查人称：可以边翻译边检查。

4. 查单词大小写：查句子第一个单词首字母是否大写；查逗号后面第一个单词首字母是否小写。

5. 查句子语序：查陈述句陈述语序；查疑问句疑问语序；查部分倒装句和完全倒装句的语序。

6. 查单词：查单词词性；查单词拼写。

7. 查标点符号：查一个句子结束时是否用小圆点作句号；查两个句子中间为逗号时是否有连词。

(二)互查

写作要点十八字：字数够、卷面美、要点全、逻辑通、文

字优、思想好

【设计意图】 本环节主要培养学生理性的思维品质和语言能力。在平时或者考试作文中，学生只图迅速完成写作任务，不求或者不明白如何高效无误地完成写作任务，因此写作的自查和互查要点可以单独呈现给学生，让学生由感性的认知上升到理性的思维，清楚意识到写作并非写完就行，还应该做好检查。

Module 5 Unit 2 话题写作2　第二课时

任务导学——【本单元话题作文题目】

假定你是李华，某英文报社为宣传9月22日“世界无车日”新增了一个专栏，特邀你给主编Mr. Black写一封信介绍中国目前为此开展的绿色出行活动，要点如下：

1. 开展活动的原因；
2. 具体的活动或做法；
3. 带来的好处。

注意：

1. 词数100左右；
2. 可以适当增加细节，以使行文连贯。

自主探学

（一）听一听（听汉语释义写英文，并注明单词和短语的词性）

1. ________________　　2. ________________

3. ________________　　4. ________________

5. ________________　　6. ________________

7. ________________　　8. ________________

9. ________________　　10. ________________

【设计意图】 为加强学生对课本话题词汇和相关句型结构的识记,课堂对第一课时学习的重要词汇和结构进行听写。一是能够检查学生词汇的掌握情况,二是能够促进学生课后复习的学习习惯养成并提升学习兴趣。

(二)评一评

1. 字数够、卷面美、要点全、逻辑通、文字优、思想好;

2. 作文20分以上的同学:曾灵、李婷、赵晓萌、唐梦田、周雨婷、周雅妮、申奥、黄涛。

【设计意图】 第二课时是在批改完学生第一课时完成的作文后进行设计的。本环节将学生写作任务完成得较好的方面摆在突出位置,主要是为了更好地激发学生的写作兴趣。

(三)查一查(请对照你的作文订正错误)

1. 审题失误:题目要点是介绍中国目前开展的活动,而不是应该或将要开展的活动,所以在活动具体做法介绍中:1) should, can, had better, will 这些情态动词的使用是不恰当的;2) 时态要尽可能用现在完成时或一般现在时,不用一般将来时。

2. 要点不全或不充分:活动带来的好处在文中被具体活动或做法直接代替。

3. 逻辑、条理不清晰:1) 段落数超过3个;2) 连接词、过渡句、段落开头的主题句和结尾的总结句使用意识不强。

4. 词、句、段错误:1) 单词拼写错误。在自己作文上更正：措施measure、私人的private、大气atmosphere、加强strengthen、政府government、介绍introduce、美化beautify、保护conserve、提高improve、邀请invite、荣幸pleasure、污染pollution、益处benefit、活动activity。2）单词词性混乱。区分：succeed\success\successful。3）短语搭配混乱。识记并区分以下固定搭配：have/show an interest in/be interested in; with interest in; remind sb to do sth; had better do sth; last but not least; inspire sb to do sth; devote oneself to (doing) sth; make great achievements; with the development of sth/with sth developing; go out on foot。4）句子结构与短语结构不分。区分because与because of; with + O + OC与as + 主 + 谓。5）一个段落的构成仍然是：First, make posters to teach people. Second, do some speeches about energy conservation. Third, go out on foot instead of by car.

【设计意图】 学生的写作水平参差不齐。为了让学生的语言表达能力和逻辑思维能力共同提高，本环节将学生的共性化以及突出问题一条条指明。这样做，既可以帮助学生进一步积累本话题写作的相关词汇，又可以培养学生的逻辑思维能力和语言能力。

合作助学——找一找（找出文中的错误，并改正）

Dear Mr. Black,

It is my honor to be invite as a special editor of your new column. I'd like to introduce what we have done in the World Car Free Day in China.

With the development of science and technology, our environment become worse and worse. Among those environmental problem, the most serious is air pollution. To both save energy and protect the environment, China has taken the followed measures. First, people are advised to take public transportation more often rather than to drive a private car when going out. Second, posters about environmental protection are put on around the city to strengthen people's awareness. Last but not least, there are strict laws to regulate your behaviors.

Because these measures, our land turns into a greener land than before. I do believe that if everyone can make a effort to it, the problems will be solved for years to come.

Yours,

Li Hua

【设计意图】 该环节的设计符合高考短文改错的题型，这样既创设了情境让学生提升专项解题能力，又是第一课时自查部分的延续，可以更好地提升学生思维品质、语言能力和学习能力。

当堂测学——读一读

（一）连句成文（给标了数字的句子排序并按照语意进行分段）

Dear Mr. Black,

With great interest in your new column to publicize the World Car Free Day, I'm writing to tell you about what we have done in China.

① First, there are many posters put up to remind people of the importance of energy conservation and environmental protection.

② It is suggested that public transportation should be a better choice than private cars for people to go out.

③ As the living standard has been improving, more and more families can afford private cars, resulting in heavier traffic and more serious air pollution.

④ Not only is our sky cleaner, but also the traffic is better than before.

⑤ Aimed at solving these problems, two main measures have been taken.

⑥ Second, the government encourages everyone to live a low-carbon life.

⑦ What I want to stress is that these measures have strengthened people's awareness and won the nationwide support.

⑧ Hopefully, the problems in our country will be dealt with in the near future if everyone does his or her part.

Yours,

Li Hua

【设计意图】 本环节着力让学生通过理解句意来分析语篇上下文的逻辑关系，从而进行语句排序。这样做既有利于培养学生的逻辑思维能力，又有利于提升学生的语言能力。

（二）范文赏析（圈出文中使用得漂亮的单词和短语，并在高级的句型结构下面画上波浪线）

Dear Mr. Black,

With great interest in your new column to publicize the

World Car Free Day, I'm writing to tell you about what we have done in China.

As the living standard has been improving, more and more families can afford private cars, resulting in heavier traffic and more serious air pollution. Aimed at solving these problems, two main measures have been taken. First, there are many posters put up to remind people of the importance of energy conservation and environmental protection. Second, the government encourages everyone to live a low-carbon life. It is suggested that public transportation should be a better choice than private cars for people to go out.

What I want to stress is that these measures have strengthened people's awareness and won the nationwide support. Not only is our sky cleaner, but also the traffic is better than before. Hopefully, the problems in our country will be dealt with in the near future if everyone does his or her part.

Yours,

Li Hua

评价延学

(一)佳句拜读(大声朗读以下句子,分析长难句结构或高级表达,并将好的表达结构摘抄到范文本上)

简洁的开头:

1) It is my honor to be invited to write a letter to you, which is about the World Car Free Day in China. (高熳佳)

2) I'm invited to write a letter about activities China has done for it. (黄 涛)

3) I am Li Hua, with great interest in your new column. (李潇男)

4) I am Li Hua, the person who was invited to introduce some activities in China on the World Car Free Day to you for a new column. (李丹妮)

多样的主体：

1) Nowadays, there are more and more private cars in our life, causing many traffic problems and giving off lots of carbon dioxide. (高熳佳)

2) The reasons why we do this are to improve the living standard and to protect the environment. (唐梦田)

3) With the rapid development of the living standard, there are more and more private cars. There is no denying that it leads to environmental pollution. (周雅妮)

4) Because of our bad behaviors, the pollution is more serious than before. (曾嘉懿)

5) In the past years, we have planted many trees on both sides of the streets. (申 奥)

6) It is clear that the atmosphere pollution is becoming more and more serious. (刘 旖)

7) It is high time for us to take some measures immediately. (言 语)

8) It is high time that we took some measures to solve the problems. (张潇旖)

9) Plenty of people are willing to protect the environment by using private cars less and planting more trees. Additionally, a large number of volunteers persuade people to take public

transportation, which is beneficial to energy conservation and environment. （曾　灵）

10) To publicize the low-carbon life and strengthen citizens' awareness of environmental protection, China has taken many measures. At first, public transportation has been developed so that people are more likely to take public transportation. （赵晓萌）

11) Reminding people to conserve energy and inspiring people to live a low-carbon life are the most important ways to achieve this aim. （欧阳宇婷）

12) It is everyone that should do his or her part to go out by bus or by bike. （文湘琦）

升华的结尾：

1) In summary, these measures have strengthened people's awareness. I hope if we try our best to do these, the problems will be solved for years to come. （陈锦炎）

2) The earth is our last hometown and only in this way can we have a beautiful and peaceful environment. （李　婷）

3) If we do so, the more energy we save, the healthier life we will live. （黄依佩）

【设计意图】 这两个环节体现了该校着力于学生英语核心素养的共性和个性化的培养。首先，范文的赏析，能够让学生再一次在良好的语言环境中提升自己的语言能力。让学生圈出和划出高级的表达，能够让学生再一次对本写作话题的相关词汇、短语和结构进行回顾和梳理，以此提升学生的学习能力和思维品质。其次，佳句拜读，能够在有共性的范文基础上，让学生按照个人喜好选取多样化的表达，既能够给予被选学生充分的鼓励，满足学生自我完善与自我提升的需求，又能巧妙地进行生生互动，达到相互学习、相互成长的目的，促成学生思维品质、学习能力、文化意识提升的共赢。

（二）背一背

1. 背诵范文赏析部分的短文。

2. 背诵佳句拜读部分开头、主体和结尾的句子各两句。

【设计意图】 这个环节主要是通过背诵，帮助学生提升英语语言能力和学习能力。

参考文献

[1] 孙英杰．高中英语教学中多元思维能力的激发与培养[J]．科技创新导报，2015(27).

[2] 黄丽燕．英语学科核心素养视角下的测评改革思考[J]．英语学习（教师版），2016(12).

[3] 中华人民共和国教育部．普通高中英语课程标准（2017年版）[S]．北京：人民教育出版社，2018.

第十三章

一核一读一讲

一、激活内涵

醴陵市青云学校英语教学特色总结为“一核一读一讲”(如图1所示)。

图1:
“一核一读一讲”教学特色

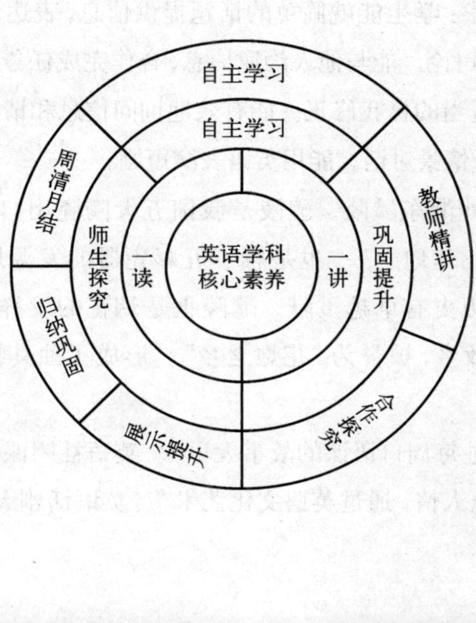

一核指英语学科核心素养。从语言能力、文化意识、思维品质、学习能力四个方面培养全面发展的学生。

一读指的是注重朗读。朗读是学习语言知识必须掌握的一种基本技能，是学好一门语言的基础。朗读训练是学好英语的有效方法之一。它有利于提高学生口语表达能力，还有助于形成良好的语音、语调，能够有效培养学生语感，使学生的英语听力能力和思维能力在朗读中得到提高，更能给予学生以美的享受，使学生想读、爱读，进而爱说、爱学。

该校通过优化晨读方式，开展晨读抽查活动，举行音标闯关赛、英语歌曲合唱比赛、课文朗诵比赛、英语话剧大赛、英语文化艺术节等多样的活动，创造英语朗读和展示规范语音语调的机会，提高学生学习英语的兴趣。

该校开展“五个一”活动（每日学习一个单词、一个短语、一个句子，每月学唱一首英语歌、观看一部英语电影）；课堂教学中设置自主朗读任务。通过丰富的活动和平台提升学生朗读能力、培养文化素养。

一讲是指用英语讲中国故事，说家乡风土。

《义务教育英语课程标准（2011年版）》中关于语言技能之“说”明确要求：学生能就简单的话题提供信息，表达简单的观点和意见，参与讨论。能与他人沟通信息，合作完成任务。能在口头表达中进行适当的自我修正。能有效地询问信息和请求帮助。能根据话题进行情景对话。能用英语表演短剧。

该校地处湘东醴陵。醴陵是我国五大陶瓷出口地之一、重要的陶瓷产业基地之一，也是釉下五彩瓷器的发源地。其对中国瓷器烧造历史有卓越贡献。醴陵也是烟花的发祥地，是花炮祖师李畋的故乡，被誉为“花炮之乡”。形成了独具特色的花炮文化。

该校通过每周口语课的故事大讲堂、英语社团课学习用英语介绍家乡风土人情；通过英语文化艺术节、英语话剧大赛，以及组织学生到瓷厂和花炮厂实地尝试拍摄英语宣传片等活动让学生讲述和演绎中国传统故事，诉说家乡风土。从而使学生了解更多中国文化，树立正确的情感态度与价值观，增强文化自豪感，并且能使用英语将家乡特色向世界推广。

在课堂教学中将单元话题与本土文化相结合。例如教授志愿服务话题时，让学生提出他们能为家乡的瓷器与烟花文化传播提供哪些志愿服务。这样将语言知识学习和家乡文化融汇，让理论联系实际。

二、聚焦核心

为了将英语学科核心素养细化在英语课教学中落实，使其充分发挥效果，该校采取以下方法。

每节课前开展“五个一”活动，活动内容的选择和教授都由学生在教师指导下完成。学生自己查阅并准备好要教授的内容，然后按时间轮流教授并讲解相关内容及文化背景。这样可以培养学生自主学习兴趣和拓宽英语学习渠道。通过每日、每月开展不同层次的活动让学生养成良好的学习习惯。

优化创新晨读方式，开展晨读抽查活动，举行音标闯关赛、英语歌曲合唱比赛、课文朗诵比赛、英语话剧大赛、英语文化艺术节等多样的活动，创造学习和使用语言的机会。

参加这些活动前学生要进行大量文本的朗读才能在比赛中确保语言的发音准确。英语歌曲的歌词、英语话剧的剧本中蕴含着英语国家的文化知识，学生要充分理解并通过声音、动作和表情完美地演绎出来，将语言能力和文化意识培养相结合。

课堂教学时，在合作探究步骤中引导学生在独立思考的基础上进行合作分析探讨；有展示任务的小组按要求进行合作探究并且准备展示。展示小组集体完成：快速板演，有规划地设计好版面，使用双色粉笔对重点进行标注；清楚大方地讲解或展示，其余同学认真倾听，积极思考，对关键点做好笔记；积极参与补充与质疑，创新问题解决方式等。教师全程融入学生的合作探究中，观察了解学生学习的做法、思路、问题、解决途径等，对小组学习活动进行动态评价，还可以进行小组内的小点拨和微指导。对学生的展示、交流高度关注，及时点评，引导学生相互评价、充分补充、深入质疑，适时进行方法点拨，引导学生拓展思维，对展示、补充质疑进行动态评价。在每日的课堂活动中锻炼学生的思维品质，培养学生逻辑性、批判性、创新性等方面的思维能力。

三、点击缘由

该校是一所全日制民办初级中学。学校以勤奋乐学、慎思善问、主动实践、超越自我为学风，以"崇实图新，志攀青云"校训为校园文化内核。

学校坚持"创新教育，文化引领""先成人，再成才""教三年，促三年，看终身"的办学理念，实施"养成教育与创新教育相结合"的教育模式，以研究性学习为引领，以综合实践活动为平台，加强课堂教学研究和校本课程建设。

在这样的办学理念指导下，该校十分重视对学生语言能力、文化意识、思维品质、学习能力的培养。通过多样的活动进行养成教育和创新教育。"教三年，促三年，看终身"以教初中三年为基础，眼光长远地培养学生学习能力和策略，形成了该校特色课堂的教学模式"三段六环"。以自主学习开始，师生探究解决重难点，巩固提升达成教学目标。

该校的学生来自城区和农村各小学。由于各种因素的影响，学生的基础参差不齐。一部分学生在小学接受了较良好的英语启蒙教育，有一定的语言基础知识和技能，已能听懂有关熟悉话题的语段和简短的故事，能与教师或同学就熟悉的话题交换信息。这部分学生学习英语的兴趣很浓，信心也很足，渴望在语言知识和能力等多方面都有更进一步的提升。

然而还有一些学生，尤其是来自农村的学生，在英语基础方面很薄弱，在语言技能方面，尤其是读的技能，基本上没有得到过训练，音标和字母的拼读也没有掌握好；对英语学习严重缺乏兴趣、主动性和积极性，缺乏正确的英语学习方法，不能明确学习英语的目的，没有真正认识到学习英语的目的在于交流；在学习中缺乏小组合作意识，课堂上表现被动、封闭、沉闷；不能做好课前预习和课后复习，学习没有计划性和策略性，自主意识弱，不注意知识的巩固和积累。

由于该校学生在英语学习上存在个体差异，提高学生学习英语的兴趣是教学首先要思考的问题。课堂中采取多种多样的教学形式，改变传统的教学模式，提高课堂效率。开展"五个一"活动，通过丰富的活动和平台让学生轮流来板书单词、短语、句子，并讲解、领读，这样就可以让学生在积累语言知识的同时培养学习能力。每月学习一首英语歌曲，在课前播放学生录唱的音频。欣赏一部英语电影并且在此过程中积累单词、句子、短语以及文化知识。这样的学习活动能很好地在情境中发展语言能力、学习能力和文化素养，训练英语思维。

该校在课堂上建立学习小组，进行"英语小竞赛""口语交际""情景对话"等活动，充分调动学生的学习积极性、能动性。发挥学生主人翁的地位，促使其不断学习进步，教师和学生一起快乐学习。

从地方历史文化特色上看，醴陵是釉下五彩瓷器的发源地和烟花的发祥地，被誉为"花炮之乡"。这些历史文化特色也成了学生将英语运用到与家乡相关的实践活动中的最好素材，丰富了特色校本课程的内容，增强了学生的语言表达能力。

四、亮化创新

（一）学习策略的创新

学生阅读教材，按要求独立完成导学案的预习任务，以弄懂基础知识和完成基础部分为主要目标；使用双色笔写好学习笔记，构建知识网络，圈出疑难之处。这样长期坚持有助于学生养成良好的预习和利用旧知学习新知的习惯，有效提升将新旧知识联系的综合运用能力。

教师引导学生在独立思考的基础上进行合作分析探究；要求分工明确、参与面广、检查帮扶、达成基本共识。

在展示提升步骤，由展示组集体完成展示探究任务，组内由组长依据组员英语基础和擅长特点分配板书、讲演、答疑等工作。非展示组可以进行补充和质疑，或是提出创新观点和解法。在这一过程中巧妙地训练了学生的逻辑思维和批判性思维。各有分工则让更多学生能自信地参与，大方而清楚地展示语言能力。补充和质疑又使得学生的创造性和发散思维得到了发展。

（二）教学理念的更新

教学思维的重点由原来的站在教师的角度考虑怎么教，转向从学生的角度考虑怎么学。教师把课堂的主动权、出彩权交给学生，从而真正落实新课标“教师为主导、学生为主体”的要求。教师由知识的传授者变成课堂活动的策划者和指导者。课堂上，充分调动学生的积极性，让学生自己观察、自己表述、自己思考、自己动手、自己总结，让学生真正成为课堂学习的主人。

五、全屏步骤

促使学生在探索环境中学习知识，在学习中追求更充分的学习功能和让自己更满意的学习方式，从而达成学生基础知识的获得、核心素养的形成。在教学中突出学生、突出学习、突出合作、突出探究。强调为学生创造合适的情景，使学生在参与中建构起自己的经验体系，将知识纳入自己的经验体系，从而形成语言能力、学习能力、文化意识、思维品质的全面提升。

在这样的理念指导下，该校形成特色的英语课堂教学模式“三段六环”。“三段”为自主学习、师生探究、巩固提升；“六环”为自主学习、教师精讲、合作探究、展示提升、归纳巩固、周清月结。

（一）自主学习（8—10分钟）

学生阅读教材，完成导学案的预习任务，以弄懂基础知识和完成学案中的基础部分为主要目的；按要求完成学习任务，使用双色笔写好学习笔记，构建知识网络，圈出疑难之处。

（二）教师精讲（约10分钟）

教师根据教材实际，针对课堂的重点、难点、疑点进行讲解和学法指导。

（三）合作探究（5—7分钟）

学习内容为重点、难点问题，典型习题等。知识与生活、知识与能力、知识与积累巧妙结合。学生层次通过自主学习和教师精讲得到提升。合作探究在小组内完成，通过学生之间的相互提问、讨论，解决自己的问题，同时帮助他人解决问题，使自己所学的知识更巩固，理解问题更透彻。

（四）展示提升（约10分钟）

展示与交流由展示小组集体完成，在展示过程中各人分工负责，负责板演和展示的学生必须在组间和组内轮换。展示以师徒对子上台的形式进行，徒弟发言，主要讲讨论成果，师傅补充，其内容包括提出合作探究未解决的问题、发现的问题和解决问题的方法、易错点以及回答教师和同学的质疑等。其余学生认真倾听，积极思考，对关键点应做好笔记；积极参与评价与质疑。

（五）归纳巩固（5—8分钟）

课堂教学内容必须当堂过关。对本堂课所学进行总结归纳，完成意义建构。当堂训练，巩固课堂所学。

（六）周清月结

在每周星期五第六节课内，师徒应对本周内容互相进行检查；相邻班级每组派一个代表到邻班相同组别随便抽取一人检查，结果必须达到优秀，如未达优秀，则在下周一抽测，如仍不能过关，下周班主任和任课教师下组指导监督过关。每月进行单元检测，内容注意针对性，以基础题为主，基础题未达优秀的学生隔周补考，补考仍不能合格的请班主任和任课教师指导监督，由组长和师傅负责监督过关，并请家长帮助过关。

六、连线课堂

下面以人教版《英语》八年级上册第九单元Section A (1a–1c) period 1为例，具体阐释该校的“一核一读一讲”英语课堂。

Teaching objectives

Students learn how to make, accept and decline invitations and talk about obligations.

Key and difficult points

1. Make, accept and decline invitations.
2. Talk about obligations.

Teaching procedures

学生先自己拼读本课的新单词，朗读1a中的短语和1c中的句型，初步了解本节课的学习内容和词汇、句型任务。

Step 1 T: Are you busy this weekend?

S1: Yes, I am.

T: What do you have to do this weekend?

S1: I have to do my homework.

T: I am busy this weekend too. I must play with my son on Saturday afternoon. I have to work on Sunday afternoon.

【设计意图】 师生通过自由对话的形式自然引入本节课的话题：本周末的活动安排。这样既能吸引学生的注意力又能最快地导入主题，也为后面的情景创设做铺垫。

Step 2 T: Sun Ning and his classmates also have many activities this weekend. Let's see their activities on Saturday afternoon.

(Show the pictures about phrases in 1a: prepare for an

exam, help my parents, go to the doctor, meet my friend, have the flu.)

T: What does he have to do on Saturday afternoon?

Ss: He has to prepare for an exam.

T: What does she have to do on Saturday afternoon?

Ss: She has to meet her friend.

T: What does he must do on Saturday afternoon?

Ss: He must go to the doctor.

T: What does he have to do on Saturday afternoon?

Ss: He has to help his parents.

T: What does she must do on Saturday afternoon?

Ss: She has the flu. She must go to the doctor.

T: How about their Saturday afternoons?

Ss: They are busy.

T: Yes. This is Sun Ning's report card. He got good grades. He is very happy. He wants to share his happiness with his classmates. He would like to invite some classmates to have a party.

【设计意图】 学生自主预习本课的词汇和对话句型后，再结合创设的较真实的情境在教师引导下在交流对话中学习本课重点词汇。学生自主预习和教师的精讲结合有助于进行重点词汇教学及单词读音和记忆法的指导。

Step 3 T: Next let's listen to their conversations and answer: Can his classmates come to his party? Listen and check (√) Can or Can't.

Names	Can	Can't
Ted		✓
Jenny		
Tim		
Wilson		
Anna		
Kay		

T: Who can come to his party on Saturday afternoon? Who can't come? Please make conversations and show the answers.

S1: Can Ted come to his party?

S2: No, he can't.

【设计意图】 通过听第一遍听力材料来进行关于邀请句式的了解。这样,在展示组学生合作展示任务答案的同时,其他学生可以进行质疑或纠错。

Step 4 T: Why can't they come to Sun Ning's party? Listen and write down the reasons.

Names	Can	Can't	Reasons
Ted			
Jenny			
Tim			
Wilson			
Anna			
Kay			

T: Can Ted come to Sun Ning's party? No, he can't. Ted has to help his parents. Why can't the others come to Sun Ning's party?

Ss: Tim has to prepare for an exam. Anna has to meet her

friend. Wilson must go to the doctor. Ted has to help his parents. Kay has the flu. She must go to the doctor.

【设计意图】 通过小组内合作完成整个情境内容的综合表达。既培养了学生合作分析探究的学习能力,又锻炼了语言表达能力。

Step 5 T: You are excellent. Is Sun Ning's party big?

Ss: No, it's small. Only a classmate can come to his party.

T: Now he would like to invite you to come to his party on Saturday afternoon. Can you come to his party?

Please role-play the conversation:

A: Hello, I'm Sun Ning. Can you come to my party on Saturday afternoon?

B / C / D: Sure, I'd love to. / Sorry, I can't. I have to/must …

【设计意图】 这是一个由情境到自身的角色扮演任务。设计这个任务的目的是将话题引到学生自身来,让学生参与到情境中去。展示前组长组织分工,展示的同学组内轮流共同练习展示任务;最终以师徒对子展示的形式来熟悉句型,准备下面的交际操练。

Step 6 T: Liling Ceramics Expo will open next weekend. Invite some classmates to visit it with you.

S1: Can you go to the Ceramics Expo with me next weekend?

S2: Sure, I'd love to. / Sorry, I can't. I have to/must …

S3: …

S4: …

【设计意图】 教授此课正值醴陵陶瓷博览会召开之际，将本课的主题对话和现实中的情境结合，这样学生会有话说、想说。真实情况下的交际操练可以培养和提升学生创造性、逻辑性等方面的能力和水平，有助于发展学生分析问题和解决问题的能力。

Step 7 T: This class we have learned how to make, accept and decline the invitation about a party. Please summarize and complete the mind-map.

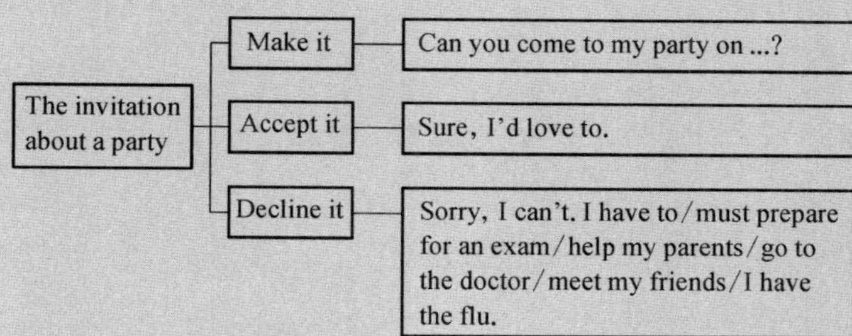

【设计意图】 让学生对本堂课所学进行总结归纳，完成意义建构；努力提升英语学习效率，培养自主学习的意识和能力；做好英语学习的自我管理，养成良好的学习习惯。

参考文献

[1] 周琳. 浅谈新课程理念下的初中英语教学[J]. 成功(教育)，2009(6).

[2] 李龙. 教学过程设计[M]. 呼和浩特：内蒙古人民出版社，2001.

[3] 张向葵. 青少年心理问题研究[M]. 长春：东北师范大学出版社，2001.

[4] 施良方. 学习论[M]. 北京：人民教育出版社，1994.

[5] 郭戈.关于兴趣教学原则的若干思考[J].教育研究,2012(3).
[6] 张楚廷.课程与教学哲学[M].北京:人民教育出版社,2003.
[7] 张光明.全新趣中学英语辅导·高中英语语法[M].北京:北京教育出版社,2012.
[8] 张光明等.直击新课程学科教学疑难 高中英语[M].北京:教育科学出版社,2014.
[9] 中华人民共和国教育部.义务教育英语新课程标准(2011年版)[S].北京:北京师范大学出版社,2015.
[10] 肖建壮.英语学习策略[M].北京:现代出版社,1997.

第十四章

一核四驱

一、激活内涵

南方中学的英语教学特色为“一核四驱”，它是基于该校英语教学实际提出的一套教学理念。“一核”是英语教育的核心，指实现英语学科核心素养，实施英语教学的方向和目标——发展学生的语言能力、文化意识、思维品质和学习能力，为学生的终生发展奠基。“四驱”是实现英语教育的方式、方法和驱动力，包括浸润式全英教学驱动、生活化任务驱动、“六导式”过程驱动和真实性评价驱动(见图1)。它就像四驱车一样，四轮都可发力，保证汽车一往无前。其中，全英教学是英语学习的语言环境，学生在可接受的英语语言环境中学习英语；任务是目标方向，学生每节课在情景化任务驱动下朝着预设目标积极参与学习活动；“六导式”教学过程是行动措施，由“导预、导入、导练、导疑、导用、导评”六环组成，其间开展讨论式英语教学，即在系列问题的导引下，以生生、师生互动为主要教学推进手段，让师生都主动地参与教学全过程的教学方法(见图

2)；真实性评价（Authentic evaluation）是美国专家Grant Wiggins在1986年所提出的，其概念是："真实性评价是检测学生学习成效的一种评价方式，是基于真实任务情境的评价，它要求学生应用必需的知识和技能去完成真实情境或模拟真实情境中的某项任务，通过对学生完成任务状况考察而达到培养学生思考问题、反思实践、提高研究技巧的目的。"也就是说，真实性评价就是让学生运用自己所学的知识和掌握的技能完成一个真实性的任务，用以考查学生知识与技能的掌握程度，以及实践、问题解决、交流合作和批判性思考等多种复杂能力的发展状况。

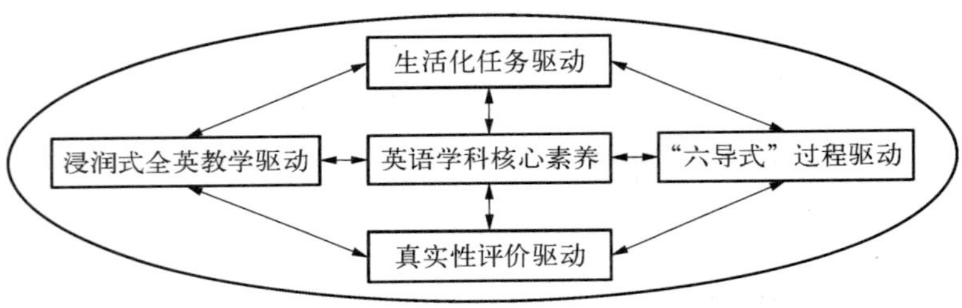

图1:
"一核四驱"教学特色

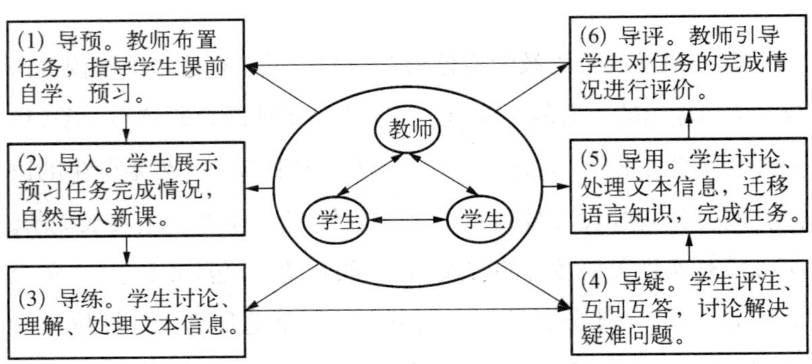

图2:
"六导式"教学方法

二、聚焦核心

南方中学英语教学的核心是发展学生核心素养，落实英语学科核心素养的培养。核心素养主要指学生应具备的能够适应终身发展和社会发展需要的必备品格和关键能力。就英语学科本身而言，要充分理解并把握英语学科核心素养包含的语言能力、文化意识、思维品质和学习能力的内涵。为发展学生学科核心素养，南方中学英语教师围绕英语课程内容的六大要素即"主题语境、语篇类型、语言知识、文化知识、语言技能和学习策略(中华人民共和国教育部，2018：12)"，并结合具体教学环境与需求，对这些理论形成新的理解，依托语篇，通过一系列有意义的英语学习活动，实现目标、内容、方法的融合统一。核心素养的落实最终要落实到课堂，落实到英语的学习过程中。

该校在课堂教学中聚焦核心素养的具体措施有：

(一) 解读文本，挖掘文本价值

这是南方中学英语各备课组进行集体备课、确定和书写教学目标前所必须要做的功课。教师做文本解读和分析时，充分发掘该文本对学生有学习价值的东西：文本的语言学习价值、文本的文化学习价值、文本的思维训练价值等。文本承载的语言知识不仅仅包括词汇知识、语法知识，还包括语篇知识、语篇逻辑等，教师需要帮助学生理解语篇结构，快速把握文本的脉络，从而准确理解全文，理解段落与段落之间的逻辑关系。了解文本中传递的文化价值的目的在于帮助学生通过语篇分析和学习，启迪心智。挖掘文本的思维价值，则要帮助学生了解到作者写了什么(what)，即主题和内容是什么，为什么写(why)，即明白作者写作目的和意图是什么，怎么写的(how)，即了解文体是什么，结构如何；还要体会到文本的隐含的情感态度和价值取向，从而从更深层次把握作者的写作意图。最后基于文本解读，确立教学目标。

(二) 设计活动，丰富互动内容

基于文本的深层次解读和教学目标来设计教学活动。南方中学的英语教学活动包含了一系列生活化、情景化和问题化的语言学习和实践活动。利用不同的warmers和coolers调节课堂气氛，达到教学目的。教师在活动中的角色是monitor，prompter， assessor, organizer, facilitator和resource。活动能促进师生用英语交流、一起做事。教学活动的多样性又建立在活动内容的丰富性上，既强调了语言知识的识记和信息的概括与提取，又能突出分析、评价和创造的思维训练。活动是为学生学习语言知识、提高思维能力、形成积极情感态度、培养英语综合素养服务的。

（三）基于任务，发展思维品质

孔子在《论语·卫灵公》中说过："吾尝终日不食，终夜不寝，以思，无益，不如学也。"子夏曰："博学而笃志，切问而近思，仁在其中矣。"这些都强调学习与思考相结合的重要性。西方的哲人康德也说："感性无知性则盲，知性无感性则空。"这与孔子的"学而不思则罔，思而不学则殆"可以说是惊人的一致。学习与思考是相辅相成的，缺一不可，只有把学习和思考结合起来，才能学到切实有用的真知。思维品质要以语言作为载体来教学，融会贯通，潜移默化。而任务就是用英语去做事，做具体的事。有了任务，学生的思维和想象就会有一定的方向。常有的任务有：用所给的几个词编一段语义连贯的话，用定语从句描述你的老师，用非谓语动词写一段话描述环境污染的原因及危害，阅读课文后进行采访、课本剧表演，设计广告，设计活动策划方案、问卷调查及报告，续写，缩写，写概要，写评论，写报道，写各种信件等。通过任务的完成，进行知识的学习，达成思维的训练。所以，南方中学的英语教学活动是利用生活中的情景，设计相对真实的任务，设计能激发学生好奇心和学习欲望的开放性任务，引导学生创造性地使用语言和发展思维。

（四）指导策略，培养学习能力

学习能力指学生积极运用和主动调适英语学习策略、拓宽英语学习渠道、努力提升英语学习效率的意识和能力（中华人民共和国教育部，2018：5）。英语学习策略训练是指学生在教师的指导下，根据各自的个性特点以及学习和运用英语的需要而有效地运用英语学习策略的活动。南方中学英语教师在具体的教学中，根据教学内容和教学情境，在学习过程中训练和培养学生的英语学习策略，包括词汇学习策略、语法学习策略、阅读策略、信息加工策略、写作策略、交际策略、资源获取策略、时间管理与调控策略、学习规划的制定与调控策略、自我反思与评价策略等。学生在教师的指导下掌握英语学习策略，树立策略意识，提高英语学习的能力，真正实现知识与技能、过程与方法、情感态度与价值观的融合。在语言学习的过程中培养学习能力，具体来说，就是在阅读教学中，让学生学习语篇，把握语篇结构和行文逻辑，理解作者的思路，培养学生对语言信息的预测、概括、推理、判断、转述等能力。在写作教学中培养学生的谋篇布局、遣词造句、情感表达等能力。在培养学生自主学习能力时，设计具体的任务（或阅读，或做项目，或表演等）驱动学生在课外也能用学到的知识和技能去学习、去迁移。比如，把寒假作业设计成：用手机记录下你与父母一起做家务的过程并用英语进行描述，开学时进行展评；或阅读一本简易英语读物，完成读书卡，开学时进行阅读交流并推荐你阅读的名著。这种作业任务的设计，能较好保持学生的学习热情，培养自主学习能力。

（五）构建文化，营造育人环境

实现三维目标、提高学生的英语综合能力和发展英语学科核心素养的主阵地都在课堂。为此，该校构建了南方中学英语教学课堂文化：Situation（设置任务情景的教学方式）；Comprehensive input（可理解的全英语言输入）；Exploration（自主学习与探究的学习方法）；Stratification（差异化分层学习方式）；Question（提问、质疑、批判的思维）；Communication（交流互动的学习环节）；Encouraging Evaluation（激励性评价方式）；Reflection（反思的自我评价方式)(见图3)。课堂文化包括了对话文化、质疑文化、合作文化、评价文化、创新文化、和谐文化等。从该校的英语课堂文化可以看出,他们的英语课堂关注的是学生素养的培养。而素养的培养又是在英语语言学习过程中进行的,融语言学习与育人于一体,在学习和使用英语的过程中,促进人的发展。有了这样的英语课堂文化,提升学生核心素养和学科核心素养就有了相应的教育理念、重要途径和基本方式。

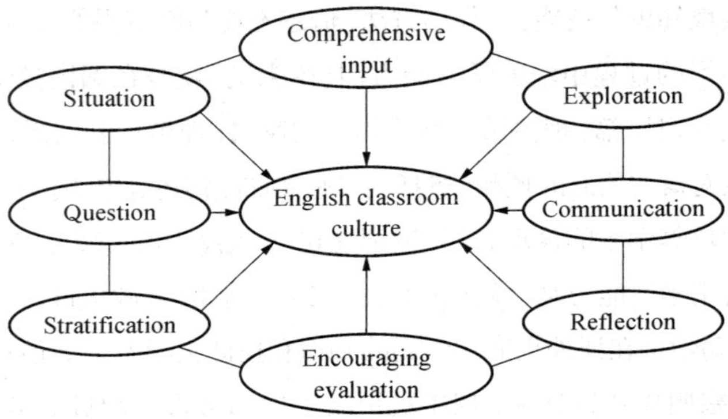

图3:
南方中学英语教学课堂文化

(六)优化过程,落实核心素养

围绕"一核四驱"教学理念,创设了"六导五环式"教学模式,将教学过程细化成五个具体环节,即自主学测、情境导入、释疑探究、展示交流、拓展提高。根据教学内容和教学课型的不同,各环节又能体现不同特色,因材施教;将学科核心素养的"两个关键能力""一个关键意识"和"一个关键品质"落实到教学过程的每一个环节中(见图4)。

总之,英语学科素养的理念已逐渐融入了南方中学日常的教育教学实践,英语教育逐渐体现融知识与技能、过程与方法、情感态度与价值观于一体的核心素养发展方向。分析语篇文本,创设主题情境,活用教学资源,着力培养学生的语用能力。通过感知、理解、分析、比较、概括、评价等思维活动方式,用英语获取、整合、内化信息，理解和表达观点，比较中外文化差异，吸收文化精华，讲中国故事，传播中国声音，介绍祖国优秀文化，培养积极情感和态度。努力让学生学会用英语分析问题、解决问题，形成正确的价值观，发展学习能力，提升学科核心素养，把学生培养成具有祖国情怀、国际视野的高素质人才。

图4:
教学过程的五个环节

三、点击缘由

南方中学的“一核四驱”的英语教学特色的形成是基于以下背景和原因。

（一）国际化的办学特色

南方中学是湖南省示范性高中，是湖南省著名的英语教学和国际化办学特色学校，是株洲市首批拥有聘请外教资格和送学生出国留学资格的学校。1997年学校就取得了聘请外教和送学生出国留学的资格。同年，学校成立了外事办公室，也就是今天的国际合作部。成立以来，国际合作部致力于学校的国际化办学建设。在国际化的过程中，学校英语特色突出，成为第一批全国英语教育实验基地。学校英语教育理念超前，英语教学质量在株洲市名列前茅，南方中学成为株洲市英语教学教研中心和英语教育学科基地，成为湖南省英语教学的典范。南方中学与美国、英国、加拿大、德国、马来西亚、日本、韩国、新加坡、澳大利亚和俄罗斯等国学校建立了友好合作关系。每年都有学生考取或是公费留学于这些国家的学校。英语教研组被评为省优秀教研组，学生在全国英语竞赛中取得优异成绩，学校被授予“优质生源基地”和“优秀英语文化学校”称号。把学生培养成具有爱国情怀、国际视野的新世纪人才是南方中学每位英语教师的责任。学校分批次把英语教师送到英国、美国、加拿大等国家进行全英语高级培训，更新了英语教育理念，大大提高了英语教师的专业素养和教学基本功，为实施浸润式全英语可理解性输入奠定了基础。同时，该校凸显英语教学特色，营造了良好的英语学习文化氛围，也为实施浸润式全英教学提供了条件，浸润式全英教学也成了必需。

（二）情景化的学习特点

什么样的情景下，学习最有效？建构主义认为，知识不是通过教师传授得到，而是学习者在一定的情境即社会文化背景下，借助其他人（包括教师和学习伙伴）的帮助，利用必要的学习资料，通过意义建构的方式而获得。由于学习是在一定的情境即社会文化背景下，借助其他人的帮助即通过人际间的协作活动而实现的意义建构过程，因此建构主义学习理论认为“情境”“协作”“会话”和“意义建构”是学习环境中的四大要素或四大属性。在建构主义理论的支撑下，该校英语组创设了“生活化任务驱动”的学习“情境”，有利于学生对所学内容的意义建构。在建构主义学习环境下，他们的教学设计不仅考虑了教学目标分析，还考虑到有利于学生建构意义的情境的创设问题，并把情境创设看作是教学设计的最重要内容之一。在任务的驱动下，通过“协作”和“会话”，师生共同搜集与分析学习资料、商讨学习任务、评价学习过程和效果、共享思维成果、完成意义建构。学生在较真实的任务驱动下，明白了语言学习的目标是用英语解决生活中的问题，激发了自身的学习欲望和兴趣，形成了良好的学习动机。

（三）最优化的教学目的

教学最优化理论认为，要达到教学最优化的目的，就必须分析学生状况和教学任务，明确教学内容，选择教学方式、方法，拟定教学进度，对教学结果加以测定和分析等等。其关键有二：一是分析教材中主要的和本质的东西，确保学生能掌握这些内容；二是选择能有效地掌握所学内容、完成学习任务的教学方法、方式，进行有区别的教学。叶圣陶先生认为："教师当然须教，而尤宜致力于导。"叶圣陶先生的导学教学论认为："认定目标，致力于导。教学的目的和功能，就是为了不教，要引导自学。既引导学生在知识上、技能上，自为研学、自我历练，又引导学生在思想品质上自辨是非、自我修养。既引导学生自己去读书，又引导学生自己去实践；既引导学生在校时主动学习，又引导学生将来终身自学。这种引导，不仅是言教，而且是身教（雷玲，2015：5）。"在此背景下，"六导五环式"驱动产生了。学生在"六导五环式"过程驱动下，在问题和任务的驱动下来解读文本、自主学习、共同探究、主动参与、反思评价，达到有效学习。它既强调了课内教师引导学生积极进行探究、表达、合作、质疑等实践性学习，又强调引导学生课外自学，培养自学能力。

（四）持续性的评价方式

什么样的评价方式对学生的学习和发展有促进作用？南方中学的英语教师通过理论学习和实践探索发现，过分地强调考试的评价方式不利于学生的学习；《英语课程标准》指出，"英语课程的评价体系要体现主体的多元性和评价形式的多样化。评价应关注学生综合运用能力的发展过程以及学习的效果，采用形成性评价和终结性评价相结合的方式，即关注结果又关注过程，使对学习过程和对学习结果的评价达到和谐统一。"所以，他们在英语教学过程中，既关注知识与技能的掌握情况，又关注学习过程本身，还关注情感、策略、语言文化和知识技能的运用情况。后来，他们引进了"真实性评价理论"，评价强调"做中学""生活化与情景化""学习过程既是自主学习过程又是协作学习过程""评价方式的多元化"等。

（五）经典性的记忆模式

外界信息进入记忆系统后，经历了感觉记忆、短时记忆和长时记忆三个阶段。信息从一个记忆阶段转到另一个阶段多半是受人有意识或无意识控制的。收到外界刺激后，人们会形成短时记忆，然后经过精确的整合性处理，将记忆加以组织，并与其他信息联系起来，在更深层次上加工，信息才能从短时记忆转入长时记忆（Atkinson & Shiffrin, 1968）。基于此，学生在英语环境下，在"六导五环式"过程驱动下，展示交流、分享成果，并通过对获取的信息，运用目标语言进行归纳加工、整合提取、迁移运用，达到长时记忆（见图5）。

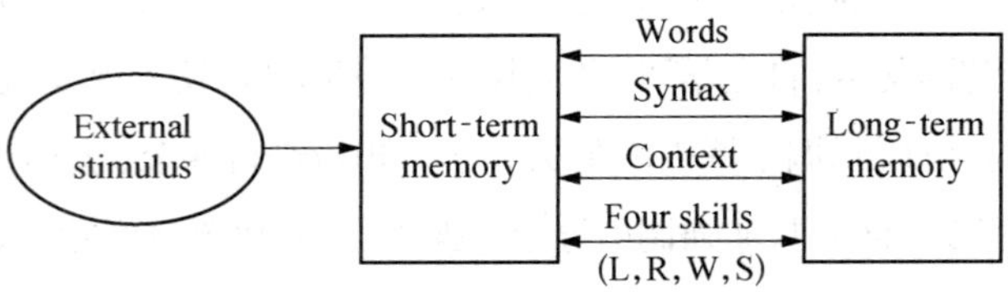

图5：
经典性的记忆模式

四、亮化创新

"一核四驱"教学特色，确立教育教学的根本任务为立德树人，核心为实现英语学科核心素养，让教育教学具有正确的方向和目标。

（一）浸润式英语教学，创新了教学环境

学习任何一种语言都不能忽视社会环境的重要性。如同母语，我们的习得都是在环境中模仿，听、说，然后实现的。南方中学

在英语教学中努力为学生营造一种较真实的语境，采用了浸润式英语教学，即学生的一半至三分之二的时间，被"浸泡"在纯英文环境中，教师不但用英语教授英语，而且还用英语组织和开展课堂教学活动，要求学生尽可能用英语参与讨论、交流和表达。"Speak English as much as possible. Speak Chinese if necessary." 该校在高一、高二年级开设外教课，每月与美国姊妹学校的学生视频聊天一次，每天都有学生的daily report，每周都有English corner。该校非常注意"用"英语。"用"英语即使学习英语和使用英语变成提升学生核心素养和学科核心素养的一种重要途径和基本方式，让学生借助英语、通过英语学习的过程获得人的成长与发展。课上课后教师都鼓励学生用英语"做事"、用英语"说话"，比如：用英语出海报、板报；播报每日英语新闻；举行英语演讲赛；举办"每周一歌"活动和年级英文歌合唱比赛；做英语project；开展英语课外阅读等。通过各种活动，保证学生每周有较长时间处于英语环境中。在这种环境中学生有意无意地进行语言习得，经过一段较长的"浸润积累期"，学生的英语意识和英语学习的兴趣逐渐提高了，学英语和促成长也一体化了。

（二）生活化任务驱动，创新了教学方式

"真实性学习任务的完成需要设计真实性学习活动，活动不具备真实性，也就只能停留在练习的层面上，难以激发学生的参与意识（王笃勤，2007：59）。"变教师一味地讲课为在教师指导下学生用英语做事情，利用思维导图进行意义构建，使学生的知识建构体系化，让学生积极参与探究主题意义，增加了学生使用英语的机会和频率，培养了学生的自主学习能力和探究能力。每一个单元的教学，教师都会围绕单元主题，设计几个任务，如：《牛津高中英语》模块一第一单元的学习中，要求用英语给美国笔友写一封电子邮件，介绍你的高中生活；用定语从句介绍你的班主任/家长/同学；用英语介绍你设计的英语俱乐部等。同时，南方中学一直注重

project的合理利用，即PBL（Project based learning）。project可以有效地激发学生的学习兴趣，并且综合培养学生的听、说、读、写能力。学生在制作project的过程中，可以充分体验小组合作的优势，并且真正意义上运用英语“做事”。把学生课题的主题扩大，时间拉长。也就是说，不一定要局限于书本的内容，甚至应该鼓励学生跳出课本的框架，选择自己感兴趣的内容，去观察、记录（见图6）。

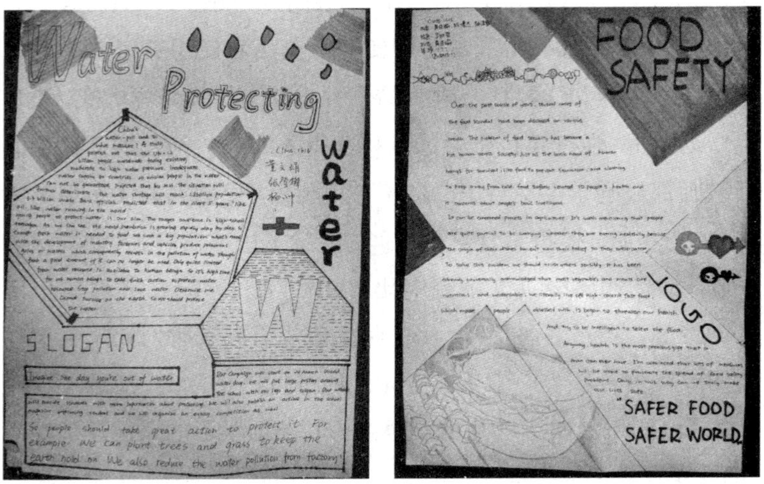

图6：
学生制作的project

建立自己的课题手册，每天记录自己观察到什么，发现了什么问题，解决了什么，有什么新的困惑，接下来要做什么……这实际上就是CLIL（Content Language Integrated Learning）。指导学生做Project Diary：

Project Diary	
Name	Date
Today, I made/learned …	
I spoke English to …	
I wrote …	
One problem I had today …	
Next, I'm going to …	

（三）“六导五环式”驱动，创新了教学方式

“六导五环式”驱动突出了教师的主导作用和学生学习的主体地位。在“六导五环式”驱动下，学生通过自主学习、合作学习、探究学习、讨论式学习和反思性学习等方式，多渠道、多途径学习英语。南方中学英语教师采用了任务驱动、项目学习、阅读档案、学习共同体、思维导图、英语retell、活动式背诵、激励性评价等学习活动来优化学生的英语学习方式，提高了英语学习效率。该校创新了学生知识的生成模式，由教师的填鸭式教转化为学生的体验式学，教师通过交际法、听说法、翻译法、直接法、沉默法、任务型教学法等方式引导学生自己思考、生成，有效地形成知识圈（looped input），鼓励课堂的“自由生长”。在教学过程中坚持自主性、任务性的课前学测，生活性、情景性的课堂导入，启发性、探究性的文本解读，创造性、多样性的成果展示和指导性、激励性的师生评价。同时引进康纳尔笔记法（5R：Record, Reduce, Recite, Reflect, Review），建立学生自己的学习档案（见图7）。

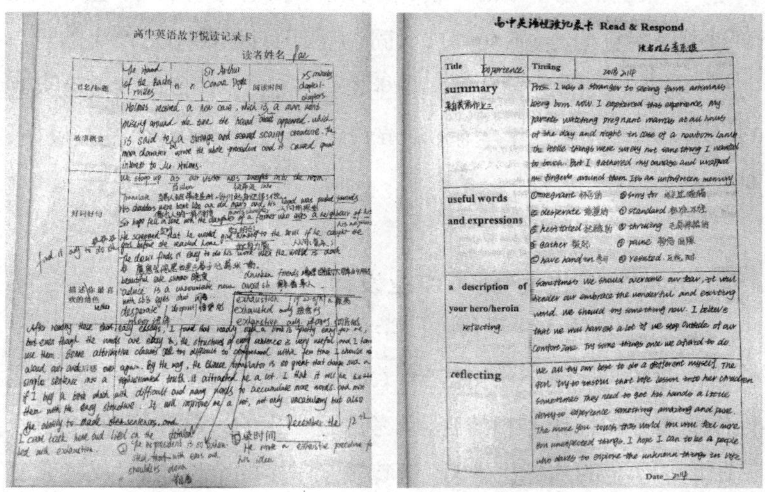

图7：
学生的学习档案

（四）真实性评价驱动，创新了评价方式

真实性评价的目的不只是检验学生是否获得了知识和技能或得到了多少分数，而是强调为学生的发展提供支持性的信息，帮助学生养成自己解决问题的能力和培养与他人合作完成任务的精神。真实性评价激励学生，促进学生全面发展。在真实性评价驱动下，学生始终在“做中学”，全面提高学生语言运用能力。真实性评价主张个性化的学习的同时又强调学生共同学习，倡导师生之间、生生之间的平等交流和合作，共同参与来完成学习任务。采用多元化评价标准，持续对学生的核心素养发展现状进行跟踪检测。英语学习评价不只以传统的评价方式评价学生的语言能力，还尊重学生的多元智能，如学生的人际关系智能、语言智能等。评价的主体由教师变为了学生，学生积极参与了评价的全过程，在学习过程中评价自己和他人的学习。促进学习的评价融“教、学、评”为一体，评价贯穿教学全过程，同时又指导和推动教师的教和学生的学（李雪莲，2016：399—407）。南方中学尤其侧重激励性评价，不失时机地给不同层次的学生以充分的肯定、激励和赞扬，使学生在心理上获得自信和成功的体验，激发学生学习动机，诱发其学习兴趣，内化学生的人格，使学生积极主动地学习；让学生在学习中保持自信心，感受到被认同，克服因自己的不足产生的自卑心理，实现个人的最大发展。学生参与评价，在评价中发表个人观点，分享学习成果。学生在“Don’t be shy! Let me try!”的鼓励下，积极参与评价。

（五）开放性作业，创新了作业设计

语言学习能力和任何一门学科一样，都存在个体差异。单一性的作业与选择性作业相结合，共同任务与自选任务相结合，限定性作业与开放性作业相结合，既考虑到学生的兴趣和作业的实效，又体现了学生的差异化学习；既尊重了学生的个性品质，又注重了

让不同水平的学生都有成功的体验。如针对《牛津高中英语》模块一第二单元Reading，教师设计了如下作业：

(Students may choose one of them.)

1. Read and act out the play.
2. Write a summary of the play.
3. Continue to write the ending of the play.
4. If you were one of the boys, write an email to your parents.
5. If you were the parent, write an email to your sons.

教师以创新驱动，促进学生的学习兴趣与求知欲的提升。有了创新，教学改革才有了动力；有了创新，教学才有了实效；有了创新，学生的英语素养才得到了发展。

五、全屏步骤

“一核四驱”教学特色在教学过程中表现为“六导五环”，现展示如下：

（一）自主学测，翻转课堂

此环节包括导预（Guided previewing）和自测（Self-test），可以在课外或课内进行。课前教师给学生布置情景丰富的自主学测问题和任务，要求学生带着学习任务解读课文。问题和任务有思维导图型、知识学习型、问题思考型和习题检测型等。这些问题情景的设计，既指导了学生自学文本的策略，又培养了学生的问题意识。这种预习是一种在任务驱动下的自学。由于有任务，学生的预习也就变得更有效，而不是漫无目的。这种预习也可以达到课前检测的目的，敦促学生带着问题进教室，更加显现学生的主体地位。

（二）情境导入，引人入胜

此环节为导入（Guided presentation）。苏霍姆林斯基说过："任何一个优秀的教师，他必须是一个善于激起自己课程兴趣，确立自己课程吸引力的教师。"孔子也说过："知之者不如好之者，好之者不如乐之者。"调动学生学习的积极性，培养学生的学习兴趣，促使学生会学、乐学，是英语教学成功的关键。情境导入形式多样，动静结合。有视频、对话、展示等动态导入；也有材料阅读、问题思考、知识导图等静态导入。不管是哪种导入方式，都是基于学生完成自学任务。这些导入方式联系生活，紧扣主题，既激发了学生的学习兴趣，又激活了学生的已有图式和知识，达到了温故知新的目的，让学生带着学习目标走进一个全新的课堂。这样的导入也有利于教师诊断学生的学情，检验学生已有的知识水平和学习状态。这种导入是以学生为中心的自然导入。

（三）释疑探究，思维碰撞

此环节包括导疑（Guided questioning）与导练（Guided training）。在导疑环节，教师指导学生就预习阶段的疑难问题展开组内讨论，解决问题。如果组内不能解决，就由全班或教师帮助解决。教师要能抓住时机，针对学生的自学情况，提出一些思维量较大的问题，让学生在组内讨论探究，组内交流，思维碰撞。与此同时，教师进行导练。教师根据学生对文本理解的程度和对疑难问题解决的程度，指导学生对语言知识和语言材料进行加工、处理。围绕话题和语篇，设计新任务，提出新问题，指导学生进行语言运用微技能训练、问题解读、知识学习和语言交际活动开展，逐步落实各项学习任务和目标。不同的学生有不同的学习基础，对语篇的理解、知识的掌握、任务的完成也不同。让学生自己发现问题并通过小组讨论解决问题，比起由教师提出问题来说更能充分关注学生的个体差异，让每位学生都能主动学习，勇于提出问题，并积极参与小组讨论，突破难点。教师还可以针对学生未能发现的问题，提出探讨，达成学习目标。

（四）展示交流，成果分享

此环节为导用（Guided practice）。文秋芳教授在“产出导向法”中提出要让学生在课堂上为了产出而输入，先有明确的产出任务作为目的和驱动，再有选择地输入、加工，这样更容易盘活所输入的内容和语言，也是努力促使输入和产出“无缝链接”的重要思路和途径。教师在足够的输入基础上指导学生整理、提炼所学知识和技能，以口头与书面的方式完成课内布置的任务，以小组为单位，推荐成员展示学习成果。在活动中学生将组内形成的观点展示给其他同学，教师鼓励其他学生大胆评价并发表不同的看法。教师还能不断地向学生追问，以求让学生获得思维的不断训练。

（五）师生评价，拓展提高

此环节为导评（Guided evaluation）。这是课堂教学总结、评价、提升环节。教师和学生共同参与评价。将评价的自主权交给学生，既让学生学会倾听、欣赏，又使学生能够站在教师的立场上去评价自己的学习结果，进而改善学习效果。教师的评价可以起到指导性的作用。适当运用激励性评价可以在和谐的气氛下激发学生的兴趣，启迪学生的智慧，培养学生的成就感，实现个人最大发展。当然，师生评价不拘泥于某个教学环节，它贯穿于教学的整个过程。评价是动态的。

六、连线课堂

下面以《牛津高中英语》模块十第三单元阅读语篇“Aids today”为例，具体说明“六导五环式”英语教学的操作过程。

Teaching objectives

By the end of this period, the students will be able to:

1. describe the situation of Aids today;
2. explain the ways of Aids spreading;
3. write a speech outline with the title "Cherish Your Life and Prevent Aids";
4. raise the awareness of caring for the people with Aids and cherishing life.

Teaching method

Task-based teaching method.

Tasks: 1. 2017 World Aids Day is approaching. Design a poster about the activities on that day for our school and call for students to do something on that day.

2. Make a speech with the title "Cherish Your Life and Prevent Aids".

Teaching procedures

Step 1 Guided Previewing and Self-test

Have students find out the following information by surfing the Internet before class.

What is Aids?	How is it infected?	Who gets it easily?	What attitude do people have now towards it?

2017 World Aids Day				
Date	Theme	Purpose	The significance of the red ribbon	What people do on that day?

【设计意图】 作为课堂活动的主体，学生应该享有教学目标的知情权。课前教师给学生布置上网查询的任务，并要求学生带着这些任务预习课文。学生可以在预习的过程中对第二天的课堂内容进行预测，做到“心中有数”。任务真实自然，要求学生通过调查找出关于“世界艾滋病日”的相关信息，完成既定表格，且除阅读课文外，还必须查找相关材料，做好记录。此环节学生可采用分工合作的学习方式。此时教师可以给学生一些必要的帮助，如：提供网站名。由于学生是在任务目标驱使下预习，预习就很有成效，而不是走过场。这为课堂讨论奠定了基础，同时也提高了课堂教学的效率，发挥了学生的主体作用，培养了学生查找信息的能力和较强的自学能力。学生在进行课堂展示前，首先通过个人和小组查询了相关信息，这也是PBP（private before public）的过程。

Step 2 Guided Presentation

Talk about the red ribbon.

1. What does it stand for?

2. Why do people choose it as the symbol of Aids?

Collect the information students have found and at the same time ask students to exchange the information about HIV/Aids.

What is Aids?	How is it infected?	Who gets it easily?	What attitude do people have now towards it?

2017 World Aids Day				
Date	Theme	Purpose	The significance of the red ribbon	What people do on that day?

Have students summarize the content of the passage with the title "Aids today".

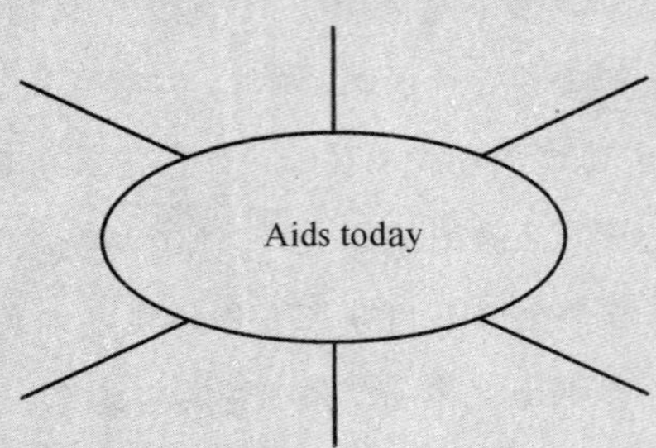

【设计意图】 采用情景导入和实物导入。教师以一条红丝带作为实物，自然地和学生谈论艾滋病的相关信息。然后教师让学生互相展示预习成果，为使学生主动参与教学的全过程开了好头。激活了学生的已有图式和知识后，通过学生之间的信息补充，他们可以建构新的图式。这时，教师让学生在预习的基础上对文章内容进行概括，提炼关键词，训练了学生提取、概括信息的能力，发散了思维，让学生带着学习目标走进一个全新的课堂。

Step 3 Guided Questioning and Guided Training

Activity 1 Analyze the structure of the passage, expressing your opinions actively.

Paragraphs	Main ideas
Paragraph 1	Introduction of a family with Aids
Paragraph 2	Symptoms of the person with the virus HIV
Paragraph 3	Three ways of spreading HIV
Paragraph 4	Situations of Aids today
Paragraphs 5–8	Efforts/Measures to fight Aids
Paragraph 9	Conclusion: the key to stopping Aids

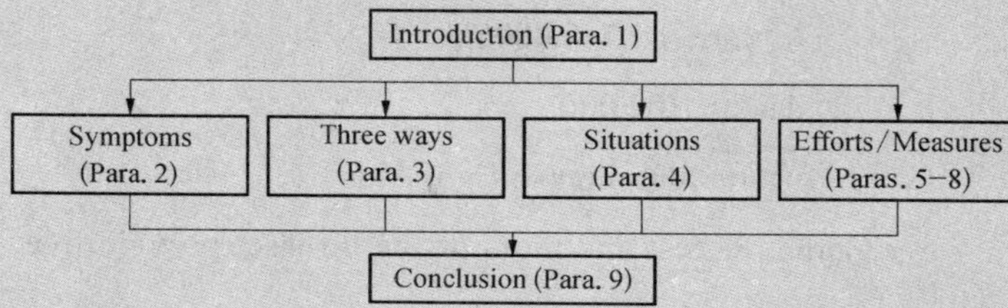

【设计意图】 课文框架脉络是从课文内容方面来讲的。一篇文章是围绕主题和段落大意而展开的，因此，厘清了这些问题就好像做好了房子的框架。教师指导学生画框架图可以培养学生的概括能力，训练学生的语用能力，使学生的知识建构体系化，极大地提高学生的学习效率，同时也是指导学生解读文本，了解文本结构。

Activity 2 Read and fill in the numbered blanks by using the information from the passage.

Aids today

I. Symptoms of the person with the virus HIV

◇ no outward symptoms for years at the beginning

◇ 1. weakness of the immune system

II. Three ways of spreading HIV

◇ unprotected sex

◇ 2. blood-to-blood contact

◇ mother-to-child transmission

III. 3. Situations of Aids today

● Across the world/ Worldwide

◇ 4. infected people: 30 million;

◇ children's deaths: over 4 million;

◇ 5. parents' deaths:15 million

● In China by the end of 2009

◇ 6. carriers: 740,000;

◇ deaths: 105,000

IV. 7. Efforts/Measures to fight Aids

- China: 8. test and monitor the disease; provide free drugs
- International organizations: founded UNAIDS; set up treat centers; teach the young how to 9. prevent Aids

V. Conclusion

◇ the fortunate sister and brother

◇ the key to stopping the disease in the future: 10. education and medical treatment

【设计意图】 这个提纲高度概括了这篇课文提到的内容,因此,它不仅可以帮助学生理解细节,而且还会促进学生把握文章的行文脉络。这个过程也是学生对语言知识和语言材料进行加工、处理的过程。教师指导学生重新领悟教材、完成读书笔记,培养学生的信息分类整理和表述能力。学生在个体学习的基础上与同学讨论完成以上任务并分组向全班同学汇报学习情况。同时,教师结合表格内容和所提问题,口头简述课文内容。接着,教师引导学生借助读书笔记讲述课文。此任务的目的是鼓励学生用英语积极发表自己的观点,训练学生创造性思维能力。这种设计充分体现了课文整体阅读的原则,从课文内容到语言细节都是以框架的形式呈现给学生,而且还符合由浅入深、步步深入的原则,有利于学生提高阅读能力和语言概括运用能力。

Activity 3 Discuss the following questions in groups of 4.

1. What is the main purpose of this passage?
2. What do you think is the best way to stop the disease?

(You can list two more questions for your group to discuss.)

【设计意图】 此环节教师指导学生就文本信息、语言知识等提出问题，并在组内进行讨论，解决问题。如果组内不能解决，就由全班或老师帮助解决。因为不同的学生有不同的学习基础，对文章的理解也不同。让学生自己发现问题并通过小组讨论解决问题比起由教师提出问题来说更能充分关注学生的个体差异，让每位学生都能主动学习，勇于提出问题，并积极参与小组讨论，突破难点。教师还可以针对学生未能发现的问题，提出探讨，达成学习目标。这样一来，学生的主体地位和教师的主导作用充分地体现出来了。

Step 4 Guided Practice

Divide students into small groups (Group of 4 is ideal) for the group cooperation. And tell them the task: each member is required to write one topic different from others. Then cooperate with group members to make a good article.

Topic 1. What do you think of the HIV/Aids situation? Give some examples.

Topic 2. What should we do to help the people who have Aids?

Topic 3. What attitude should we show towards the people with Aids?

Topic 4. What measures should we take to prevent Aids?

【设计意图】 教师以教材为蓝本，并给小组内不同学生提供与本堂课话题相关的不同的课外阅读材料，指导学生阅读，参与学生讨论。本堂课教师采用Jigsaw writing的策略，给出不同讨论话题并要求学生根据讨论话题与讨论所得写下自己对于本话题的理解，然后组内成员互相交流展示，并将这些"片段"修改、完善后形成一篇英语演讲稿："Cherish Your Life and Prevent AIDS"。教育的最终目的是为了人的发展。在学生的终身发展和社会发展中，知识和技能是基础，具有积极的情感、态度和正确的价值观是根本。教师设计这篇英语演讲稿写作，自然地将情感、态度、价值观融合到教学内容中，在学习语言的过程中潜移默化地影响学生的情感，培养学生形成正确的价值观念和必备品格。同时，由于学生积极参与讨论，交流看法，相互学习，养成良好的合作意识，达到了合作学习、共同提高的目的。由于本任务与课堂学习主题相关，又经过了讨论、分享信息的学习过程，因此学生写起来也容易多了。这也很好地整合了阅读与写作。

Step 5 Guided Evaluation

Pick out the best works and read them to the partners first and then to the class.

Students make comments on some of the works and grade them. Then, the teacher makes the comments.

【设计意图】 这一环节有两个程序。先由组长在组内朗读优秀作文，再在班上向全班同学朗读。全班学生在教师指导下，就作文表达的条理性、准确性、流畅性、简洁多样性、情感思想性以及各组同学的任务完成情况进行相互评价，评出最优作文和合作最好的组。在这两个阶段，教师起到的作用仍然是组织者、参与者和指导者，而不是裁判。这样一来，学生在评价中的主体作用得到重视。然后教师引导学生共同分析带有普遍性的问题和一些典型性的错误，并及时进行讲评，及时将信息反馈给学生（恰当地给予鼓励和赞赏），使讲评具有时效性和激励性，让学生得到启迪，掌握写作技能，提高写作能力，使合作学习的效果得以升华。

Homework

1. Choose one from the three:

   1) 2017 World Aids Day is approaching. Design a poster about the activities on that day for our school and call for students to do something on that day.

   2) Polish your speech.

   3) Choose one extracurricular passage about Aids to read and write a summary or your feelings.

2. Read the passage again and underline the language points that you are puzzled about.

【设计意图】 作业分为两个部分。第一部分为分层作业，学生有三个选择。第一个是情景任务：2017 年世界艾滋病日即将到来，代表学校用英语设计一张海报，介绍这天的活动，并且号召同学积极参与。这个作业是为了训练学生的英语语用能力，让学生学会用英语做事。第二个选择是继续完善自己小组的演讲稿。这个作业难度不大，主要是引导学生学会欣赏别人，进行课后巩固阅读成果训练。第三个选择是在圆满完成本堂课教学任务的基础上，给学生提供课外阅读材料，如关于世界艾滋病日、世界艾滋病形势、世界各国关爱艾滋病患者等的文章，学生可以自己选择阅读，然后要求学生对相关材料进行缩写或写读后感等，这是对本堂课知识内容的强化训练。第二部分为教师向学生布置下一堂课的预习内容和目标，这一部分与“导预”相连接。其目的是使学生形成良好的学习习惯和提高自学能力。

参考文献

[1] 王笃勤.真实性评价——从理论到实践[M].北京：外语教学与研究出版社，2007.

[2] 中华人民共和国教育部.普通高中英语课程标准(2017年版)[S].北京：人民教育出版社，2018.

[3] 吴国珍、严修鸿等.《论语》最新英文全译全注本[M].福州：福建教育出版社，2015.

[4] 包育彬、陈素燕.中学英语任务教学的策略与艺术[M].杭州：浙江大学出版社，2004.

[5] 雷玲.教师要学叶圣陶[M].上海：华东师范大学出版社，2015.

[6] Atkinson, R. C. and Shiffrin, R. M. Human memory: A proposed system and its control processes. In K. W. Spence and J. T. Spence (Eds). *The psychology of learning and motivation* [C]. London: Academic Press, 1968.

[7] 李雪莲.促进学习的课堂评价及学习目标的自我管理研究[J].现代外语，2016(3).

[8] 鲁子问、康淑敏.英语教学方法与策略[M].上海：华东师范大学出版社，2015.

[9] 鲁子问、王笃勤.新编英语教学论[M].上海：华东师范大学出版社，2006.

[10] 张光明等.直击新课程学科教学疑难　高中英语[M].北京：教育科学出版社，2014.

[11] 龚亚夫.英语教育新论：多元目标英语课程[M].北京：高等教育出版社，2015.

[12] 史新蕾.“学用一体”与英语学科核心素养落地的若干问题——本刊执行主编访谈录[J].英语学习，2018(1).

[13] 温爱英.从学生的综合语言运用看教学目标的达成——课堂教学效果评估方式之一[J].英语学习，2018(2).

[14] 刘正芳、郜焕.高中英语课堂教学低效现象研究[J].英语新世纪，2011.10.

后记

当很多朋友在朋友圈晒“诗和远方”的时候，我们正在书斋为这本书稿做最后打磨，我们感觉，诗和远方，也在书房，“没有任何快艇像一本书，把我们带到遥远的地方”。

这本书稿，也把我带到了遥远的过去。三十年前，我还是一个青涩的教师，很多时候，很多场合，经常会有一些话语在我耳边回响、在我的书本里呈现、在我的心头纠结。诸如教无定法、英语思维和全英语教学等。教无定法，适合于所有的教师所有的场合，但对于教师个体，经过超过五年的教学，是否应该有自己的风格和特色？是否应该在此基础上总结形成自己的特色教学方法？我们说这个老师有一套，是有一套什么呢？应该是指有一套自己的方法。不存在一统天下的方法，应该将各种方法兼收并蓄(eclectic)，各取所长，虽看不出门派，但看得出特色，看得出效果。也就是说，每个教师还是应该总结提炼自己的教学方法。在此基础上，提取老师们共同的东西，总结提炼适合该学校的特色教学法。这种自下而上的过程，避免一个学校或者一个教育局由行政命令推行一种模式一种教学法，然后往往老师们说，这个不适合我，不适合我们学校。这种推行往往很难，半途而废，劳民伤财。

从十年前，我每次听课必看教师们的教案，而且固执地坚持老师们一定要把自己的教学特色写在最前面。到五年前，要求写教案必须把学校的教学特色写在最前面。这个过程，其实就是这本书的准备过程。这样一次次提炼、一次次打磨，老师们对自己的教学方法不断改进，不断提炼，形成文字。在自己的教学实践中，不自觉地去实验这些方法，然后再总结再提炼，这样一个反复的过程，是一个精益求精的过程；这样的一个过程，是自下而上的过程，自下而上能够做到从老师们中来、再到老师们中去，经过这样的蜕变进而涅槃。于是，形成了适合自己、适合学校的特色教学。

学生核心素养的培养是目前教育界关心的热点问题。核心素养的落地，关键在课堂，在教育教学中的培育和渗透。中学英语教学以培养学生的核心素养作为动力和目标，必将在培养学生正确的价值观、世界观、人生观方面，在培养学生的语言能力、学习能力、文化意识和思维品质等方面发挥主导作用。

本人参与湖南省株洲市教育科学研究院王开和院长主持的“中小学学生学科核心素养培育的途径与策略研究”课题，这个课题是湖南省教育科学“十三五”规划2017年度立项重点课题。经过几年的研究与实践，该课题已经在不同学科和不同层面上取得了重大进展，这本书也是该课题的研究成果。

各位专家在本书的创作过程中付出了智慧和汗水：张光明、柳芳(第一章)，高建军、郭菊芬(第二章)，吴英姿(第三章)，谢建华、胡佳嫣(第四章)，李美英、宁瑜(第五章)，刘知文(第六章)，周奇志(第七章)，舒秀花(第八章)，张南、骆杏元(第九章)，段勇、钟玲(第十章)，刘新群、杨竹(第十一章)，黄钰(第十二章)，唐云(第十三章)，刘正芳、黄黎娜(第十四章)。他们的实力和他们的努力，为这本书的创作注入了动力。

在这本书的创作过程中，我们的领导和同事给予了我们无私的指导和支持。湖南师范大学外国语学院曾艳钰院长的理论指引、湖南省教育科学研究院周宁之博士的研究方法、株洲市第二中学特级教师陈莉双的一线经验，使我们豁然开朗、思路明晰。我们的团队经历过一次次讨论、争论、辩论，有时面红耳赤，总有和而不同。所谓“十年辛苦无人问”，所谓“十年辛苦不寻常”，所谓“十年磨一剑”。但探讨特色教学本身就是一个创新的过程，当然也是一个艰苦的过程，读者们对我们的任何建议、指正和批评，都是我们不断改进的动力。

感谢译林出版社各位领导和编辑老师对本书进行策划和把关，他们的指导和建议具体而专业，高屋建瓴。这些，都是我们不断奋进的动力。

所有这些，感谢两字会显苍白，让我们充满动力前行。

张光明
于神农湖畔月明园
2018年8月